中国法庭判决书语篇实据性研究

吴晶晶　著

厦门大学出版社　国家一级出版社
XIAMEN UNIVERSITY PRESS　全国百佳图书出版单位

语料开展判决书语篇研究;第二,对"目的原则"进行反思,提出了适合法庭判决书语篇研究的"目的推进式"实据性分析模式;第三,拓展了实据性理论研究范围,有利于推动汉语本体的实据性研究发展;第四,从语用学和认知语言学角度给法庭判决书研究现状打开新的窗口,进一步认识和理解法庭判决书语篇;第五,本研究的结论为司法裁判文书的撰写和改革提供参考和建议,有助于服务于司法实践和司法教育。

目　　录

第一章

导　论

　　《牛津法律大辞典》中这样写道:"判决,指诉诸法庭或者特等法庭的,或提交给仲裁机构和行政部门的案件的司法审查结论。司法判决是对与争议有关的事实的解释以及或者对原则与法律规则,或者对将原则与法律规则适用于有关的事实或对原则与法律规则的解释持有异议的双方当事人,所寻求的目的"①。法庭判决是法院以中立的立场为解决各种社会冲突所做出的裁决。当今社会生活中,由于社会冲突的不同类型产生了民事诉讼、刑事诉讼、行政诉讼等,相应衍生出民事判决、刑事判决和行政判决。因此,法庭判决是对特定社会冲突做出相应的裁决。

第一节　法庭判决书的定义和功能

　　法庭判决指法院根据其法定职权和法定程序对某一案件(包括民事案件、刑事案件和行政案件等)的实体问题做出的权威性判定。最高人民法院发布新规,法院生效的判决书从 2014 年 1 月 1 日起在互联网全面公布,除涉及国家机密、个人隐私、未成年犯罪以及不宜公布的四类判决书外,公众均可随时查阅。

一、法庭判决书的定义

　　法庭判决书是指法院根据判决写成的文书,是法律界常用的一种

---

①　戴维,沃克.牛津法律大辞典[M].李双元,等,译.北京:法律出版社,2003:309.

脉进行分析,目的在于解释法律规范内容、法律概念的确切含义以避免概念的混用、误用和滥用,为法律的正确适用提供条件"①。法庭判决书要辨别是非曲直,解决互相对立的诉讼争议,对案件事实予以揭示和证明,就必须使用一定的逻辑形式。法庭判决书的逻辑性主要体现在两个方面:(1)采用三段论式结构。早在古埃及和美索不达米亚的司法判决中,这种逻辑形式就已经开始运用。三段论式结构指法庭判决书除首部和尾部外,可概括划分为认定事实、法律理由、判决主文三大部分,三部分之间是三段论的逻辑推理关系,即认定事实是小前提,法律理由是大前提,判决主文是结论。(2)在认定事实和确定责任时,运用逻辑推理的方法进行证明。法官在具体的案件中要以法律的相关条文作为三段论的大前提,将案件事实作为小前提,从而推导出一个司法结论。在判例法国家,法官在进行这种演绎推理之前需要先进行一番归纳推理,即先要搜集上级法院或本院从前的有关判决,从这些司法先例中归纳出一个一般原则,再以演绎之法将此一般原则应用于具体案件中②。

(三) 论理性

正如法国比较法学家达维德所指出:"法律的实施以解释过程为前提"③。当今社会,司法民主已渗透于审判的各个环节,理性审判是法院"公正与效率"主题的必然要求,增强说理性,以理服人是司法判决的内在需要。法庭判决书的论理性体现在两个方面:(1)一切诉讼活动归根到底是肯定证据或否定证据的对抗过程,所以判决书的认证部分具有举足轻重的关键作用。法官在制作法庭判决书时,应详尽分析当事人各方的证据及各种证据之间的相互关系,要详细阐述证据采信与否的理由,依照法定的证据规则进行合理的取舍。(2)在法律适用分析上,法庭判决书对涉案的法律关系应定性准确,立论扎实,要详

---

① 刘金国,舒国滢.法理学[M].北京:中国政法大学出版社,1999:17.

② 判决书[EB/OL].http://baike.baidu.com/link? url=Txn9aefMceMD5CnMECcxC63gHYk80y7rTkF0FNfP2pQMIpn2jwg2E99aYtRbus0nTODiQgI-Gx6Q1TA0bRiNhq.

③ 勒内·达维德.当代主要法律体系[M].漆竹生,译.上海:译文出版社,1984:109.

细论述对当事人双方诉辩意见和主张支持与否的根据,把论证过程中的论点与查明的事实有机地结合起来,注重论点与论据之间的逻辑联系,最终自然而合理地导出司法结果①。富于理性含量的法庭判决书,通过透彻的说理、充分的论证,保证了当事人和社会公众知晓、理解裁判结果之所以然。因此,强化法庭判决书的论理性是实现判决公正性的途径与保障。

二、法庭判决书的撰写

法庭判决书是国家诉讼制度的综合表现,是展示国家法律制度、法治理念和法律文化的窗口。法庭判决书的撰写,在形式上应当具备规范性、创新性、公开性、法律性和准确性的特点。

(一) 规范性

为了提高诉讼文书的质量,最高人民法院制订了规范、标准且实用的各类司法判决的文书样式。法庭判决书的制作有规范化要求,其文字、法律用语、法律条文专业性较强,文书字体、标点符号及数字的运用也有严格的技术规范。因此,各类法庭判决书的写作程序,应当符合最高人民法院关于制作判决书的规范要求。

(二) 创新性

各类案件之间、相同种类的具体案件之间千差万别,因此法庭判决书不能拘泥于习惯格式,不能千案一律,应在规范的基础上不断创新。法庭判决书为适应案件变化,强化司法判决的理性含量应在制作方法上进行变革,行政和民商案件常见的创新体例是:

1. 在当事人诉辩称之前,简要叙述争议事项;

2. 在阐述当事人的诉辩意见之后,列明原、被告双方提交的证据及拟证明的事实;

3. 详细记载法院质证及认证的经过;

---

① 判决书[EB/OL].http://baike.baidu.com/link? url=Txn9aefMceMD5CnMECcxC63gHYk80y7rTkF0FNfP2pQMIpn2jwg2E99aYtRbus0nTODiQgI-Gx6Q1TA0bRiNhq.

4. 在充分质证认证的基础上,以居中的语言陈述查明的案件事实;

5. 通过分段递进式的论理,得出裁决结果。

此种创新改革的判决书格式使法庭判决的各个构成要素之间相辅相成,有机联系形成了统一整体①。

(三) 公开性

最高人民法院发布,法院生效的判决书从 2014 年 1 月 1 日起在互联网全面公布,除涉及国家机密、个人隐私、未成年犯罪以及不宜"晒"的四类判决书外,公众均可随时查阅。法庭判决书是对诉讼当事人双方权利义务关系结论的证明,是对结论产生的合法性、正确性的证明,也是对审判程序正确性、公正性的证明。法庭判决书作为审判活动的最终载体,应当体现公开审判的原则。

(四) 法律性

法庭判决书是具有很强法律性的专业性文书,是法院依照法定职权按照法定程序制作的法律文书。因此,判决书的语言必须是规范性的法律用语,即通常所说的"法言法语"。司法审判是各种纷争的最终解决方式,要求法官要运用法律术语进行观察、思考和判断,用专业知识在法庭判决书中进行法律概念和规则的阐述②,同时也应以社会普通公众的理解认知为限度,撰写出能为公众所理解的内涵丰富的法庭判决书。充分说理、绵密分析、文采飞扬、风格精美的法庭判决书,不仅是法律职业者所推崇的,也是社会公众所期盼的。

(五) 准确性

法庭判决书的准确性包括四个方面:

1. 遣词用句严谨,不生歧义;

2. 用词客观持中,不使用形容词,不能淡化或夸张涉案情节;

---

① 判决书[EB/OL].http://baike.baidu.com/link? url＝Txn9aefMceMD5CnMECcxC63gHYk80y7rTkF0FNfP2pQMIpn2jwg2E99aYtRbus0nTODiQgI-Gx6Q1TA0bRiNhq.

② 黄文艺.论法律自治[C]//郑永流.法哲学与法社会学论丛.北京:中国政法大学出版社,2000:3.

3. 语言简练精确,无赘语病句;

4. 语句规范,无俚语方言或攻击性词语。

范例性的法庭判决书,应当通篇无赘语病句,陈述和分析过程中应使用中性、客观的文句和语气,无倾向性和带感情色彩的语言,不追求辞藻华丽和修饰效果;在叙述当事人的诉辩意见时,应完整反映当事人的意见,无断章取义之嫌;在质证认证、查明事实及分析法律适用时,应言简意赅,用词精当;遣词用句应清晰准确,叙述全面客观,以给阅读者留下严肃持中、清新悦目的深刻印象。

第三节 语料说明

针对国内的研究现状,笔者收集了海峡两岸和香港、澳门各级法院共计 116 篇真实案件的法庭判决书,案件类型涉及 57 件刑事案件、54 件民事案件和 5 件行政案件,案件内容包括谋杀、抢劫、合同纠纷、财产纠纷等不同罪责程度案件情节,整理语料 174 万字,再对其相关实据性成分标注标记,建设"中国法庭判决书语料库"。本书的语料都来自笔者建设的"中国法庭判决书语料库",下面将海峡两岸和香港、澳门法庭判决书语料情况用表格形式详细列出:

表 1-1 大陆(内地)法庭判决书语料说明

序号	案由	案件类型	字数	年份
语料 1	绑架	刑事判决书	7 888	2014
语料 2	薄熙来受贿、贪污、滥用职权案	刑事判决书	49 179	2013
语料 3	不正当竞争纠纷	民事判决书	13 719	2014
语料 4	财产损害赔偿纠纷	民事判决书	4 723	2013
语料 5	播淫秽物品牟利	刑事判决书	2 808	2014
语料 6	合作创作合同纠纷	民事判决书	19 353	2014
语料 7	单位行贿	刑事判决书	13 026	2014
语料 8	妨害信用卡管理	刑事判决书	9 129	2014

（续表）

序号	案由	案件类型	字数	年份
语料 9	房屋租赁合同纠纷	民事判决书	10 306	2014
语料 10	非法买卖制毒物品	刑事判决书	10 352	2014
语料 11	股权转让纠纷	民事判决书	4 944	2013
语料 12	广州人力资源和社会保障局行政诉讼	行政判决书	6 071	2014
语料 13	合同诈骗	刑事判决书	51 259	2013
语料 14	机动车交通事故责任纠纷	民事判决书	15 368	2013
语料 15	金融借款合同纠纷	民事判决书	2 723	2014
语料 16	离婚纠纷	民事判决书	2 279	2014
语料 17	利用邪教组织破坏法律实施	刑事判决书	2 757	2001
语料 18	买卖合同纠纷	民事判决书	11 401	2013
语料 19	强奸、抢劫	刑事判决书	5 167	2014
语料 20	抢劫	刑事判决书	10 088	2014
语料 21	侵害商业秘密纠纷	民事判决书	12 824	2013
语料 22	侵害外观设计专利权纠纷	民事判决书	6 251	2013
语料 23	深圳市社会保险基金管理局行政诉讼	行政判决书	6 182	2014
语料 24	受贿	刑事判决书	39 577	2014
语料 25	房屋确权纠纷	民事判决书	7 352	2014
语料 26	贪污、受贿、巨额财产来源不明	刑事判决书	19 865	2014
语料 27	肖像权纠纷	民事判决书	4 658	2014
语料 28	诈骗	刑事判决书	3 896	2014
语料 29	招摇撞骗	刑事判决书	14 577	2014
语料 30	著作权侵权及虚假宣传纠纷	民事判决书	12 947	2013
语料 31	走私普通货物、物品	刑事判决书	2 194	2014

表 1-2 香港法庭判决书语料说明

序号	案由	案件类型	字数	年份
语料 1	参加三合会社团的集会（黑社会）	刑事判决书	11 256	2012
语料 2	处理已知道或相信为可公诉罪行的得益	刑事判决书	10 266	2014
语料 3	盗窃、以欺骗手段逃避法律责任	刑事判决书	10 297	2014
语料 4	盗窃	刑事判决书	15 639	2012
语料 5	房屋租赁纠纷	民事判决书	10 683	2013
语料 6	非法贩运危险药物	刑事判决书	5 702	2013
语料 7	非礼、布儿童色情物品	民事判决书	5 712	2014
语料 8	诽谤	民事判决书	13 653	2011
语料 9	公职人员索取利益	刑事判决书	12 199	2014
语料 10	医疗纠纷、故意伤害	民事判决书	22 643	2013
语料 11	雇员追讨薪金、解雇补偿	民事判决书	28 038	2011
语料 12	串谋使代理人接受利益（贿赂）	刑事判决书	20 946	2011
语料 13	劳资纠纷	民事判决书	28 038	2013
语料 14	勒索、恐吓	刑事判决书	5 955	2013
语料 15	破产呈请	民事判决书	3 634	2013
语料 16	欺诈	刑事判决书	7 405	2013
语料 17	追讨欠款	民事判决书	4 593	2011
语料 18	非法及恶意导致他人身体受严重伤害	刑事判决书	6 318	2013
语料 19	意外人身伤亡	民事判决书	9 093	2012
语料 20	售货及付款纠纷	民事判决书	11 604	2011
语料 21	剔除命令上诉	民事判决书	8 151	2012
语料 22	危险驾驶引致他人身体受严重伤	刑事判决书	9 999	2014

（续表）

序号	案由	案件类型	字数	年份
语料 23	危险驾驶引致他人死亡	刑事判决书	8 332	2012
语料 24	危险驾驶引致他人死亡、使用欠妥车辆	刑事判决书	7 146	2012
语料 25	猥亵侵犯	刑事判决书	6 039	2012
语料 26	物业所有权益纠纷	民事判决书	7 279	2011
语料 27	处理已知道或相信为代表从可公诉罪行的得益的财产（洗黑钱）	刑事判决书	10 880	2013
语料 28	信贷纠纷	民事判决书	7 650	2011
语料 29	遗产继承纠结	民事判决书	39 030	2012
语料 30	银行侵权纠纷	民事判决书	4 968	2012

表 1-3　澳门法庭判决书语料说明

序号	案由	案件类型	字数	年份
语料 1	保险赔偿纠纷	民事判决书	9 242	2014
语料 2	不动产纠纷	民事判决书	6 837	2001
语料 3	不法拍摄他人	刑事判决书	15 568	2014
语料 4	赌场招揽赌客	刑事判决书	24 612	2000
语料 5	贩毒	刑事判决书	16 070	2014
语料 6	不法贩卖麻醉药品及精神药物	刑事判决书	8 842	2014
语料 7	非法雇用	刑事判决书	11 415	2014
语料 8	非法借贷	刑事判决书	4 656	2014
语料 9	非法再入境	刑事判决书	5 062	2014
语料 10	过失杀人	民事判决书	19 266	2014
语料 11	黑社会	刑事判决书	141 889	2000
语料 12	经济财政司行政诉讼	行政判决书	17 079	2000

（续表）

序号	案由	案件类型	字数	年份
语料 13	加重盗窃	刑事判决书	14 325	2000
语料 14	假释	刑事判决书	10 016	2014
语料 15	过失伤害身体完整性	刑事判决书	9 739	2014
语料 16	解除预约买卖合同	民事判决书	18 263	2003
语料 17	离婚纠纷	民事判决书	6 817	2002
语料 18	买卖合同纠纷	民事判决书	33 906	2002
语料 19	普通伤害身体完整性	刑事判决书	5 644	2014
语料 20	企图杀人	刑事判决书	21 239	2003
语料 21	抢劫	刑事判决书	8 059	2014
语料 22	受麻醉品或精神科物质影响下驾驶	刑事判决书	6 628	2014
语料 23	逃避责任	刑事判决书	6 150	2014
语料 24	协助偷渡	刑事判决书	6 068	2014
语料 25	经济财政司行政诉讼	行政判决书	27 749	2002
语料 26	伪造具特别价值之文件	刑事判决书	9 003	2014
语料 27	不法贩卖、吸食麻醉药品及精神药物	刑事判决书	15 941	2014
语料 28	严重伤害身体完整性未遂	刑事判决书	19 624	2014
语料 29	醉酒驾驶	刑事判决书	5 997	2014

表 1-4 台湾法庭判决书语料说明

序号	案由	案件类型	字数	年份
语料 1	拆屋还地	民事判决书	12 269	2013
语料 2	陈水扁案	刑事判决书	26 798	2009
语料 3	返还土地所有权	民事判决书	13 868	2012

（续表）

序号	案由	案件类型	字数	年份
语料 4	妨害风化	刑事判决书	41 627	2013
语料 5	分割共有物	民事判决书	8 612	2013
语料 6	分割遗产	民事判决书	9 637	2012
语料 7	国家赔偿	民事判决书	13 428	2011
语料 8	交还土地	民事判决书	14 362	2014
语料 9	马英九贪污案	刑事判决书	38 082	2007
语料 10	清偿借款	民事判决书	10 702	2004
语料 11	确认股东会决议无效	民事判决书	6 100	2007
语料 12	确认雇佣关系存在	民事判决书	34 630	2010
语料 13	确认通行权存在	民事判决书	16 319	2012
语料 14	确认外国离婚判决有效	民事判决书	8 097	2012
语料 15	容忍时效取得地上权登记	民事判决书	5 814	2007
语料 16	杀人	刑事判决书	43 775	2011
语料 17	杀人未遂	刑事判决书	6 084	2006
语料 18	损害赔偿	民事判决书	12 795	2014
语料 19	所有权登记	行政判决书	9 280	2004
语料 20	贪污	刑事判决书	48 545	2006
语料 21	涂销所有权登记	民事判决书	25 588	2014
语料 22	退抚事务	民事判决书	32 186	2013
语料 23	移转所有权登记	民事判决书	15 379	2013
语料 24	诈欺	刑事判决书	17 198	2005
语料 25	违反证券交易法	刑事判决书	7 870	2004
语料 26	租佃争议	民事判决书	18 030	2006

表 1-5　中国法庭判决书语料说明

案件类型 地域	刑事判决书	民事判决书	行政判决书	总字数
大陆（内地）	15 篇	14 篇	2 篇	382 863
香港	15 篇	15 篇	0 篇	353 148
澳门	21 篇	6 篇	2 篇	505 706
台湾	8 篇	17 篇	1 篇	497 075
总计	58 篇	53 篇	5 篇	1 738 792

　　本语料库的建设过程如下：收集真实法庭判决书的文本，观察语料并对语料进行抽样，对语料进行整理与标注，定期扩展语料库。现有的语料采集的途径主要有以下两种：一是互联网下载，大陆法庭裁判文书已于 2014 年逐步实现网络公开；二是联系相关部门，以合作共建的方式与该部门建立合作关系，获得该部门存档的文本资料。其中，第一种语料占多数。在本书的定性分析中，笔者也将参考借鉴其他学者的研究资料，这些都将在引用时标明出处。

第二章

法庭判决书与实据性的研究历史

随着西方哲学的语言转向形成潮流深入发展,语言问题及其中心地位在 20 世纪人文科学研究领域得到了前所未有的关注和重视。德国哲学家阿佩尔(Karl-Otto Apel)曾说"这个世纪几乎所有的思想家都达成这样一种共识:语言是人类知识的可能性和有效性的决定性条件"①。不同学科越来越多的研究者都认识到,语言确实是一个根本问题,纷纷把语言和语言问题当作思考和研究的切入点或对象,借鉴语言哲学所提供的一系列理论(如会话含义理论、言语行为理论)和方法(如语用分析、语义分析),在各自领域开展各种语言学或非语言学式的语言研究。20 世纪初期以来在西方哲学界发生的语言转向,其影响已经大大超出了哲学本身,语言哲学的一些理论和方法渗透到了其他的学科领域,如语言学、社会学、心理学、人类学、法学、文艺理论和文艺批评等。产生这一转变最重要的原因就在于语言学和语言哲学提供了一种关于人类现实的符号学的描述和说明模式。

在西方哲学语言转向的大背景下,伴随着语言学的语用学转向,语言分析在法律社会学研究中的重要性及其应用越来越为众多学者所认识,法律与语言的研究始于 20 世纪 70 年代。美国学者 John M. Conley 和 William M. O'Barr 通过考察得出结论:"随着社会法学者将法律语言纳入他们研究的范围之内以及语言学家开始关注法律领域

---

① 章国锋.语言学转向与西方文学的"范式转换"[C]//思想文综编委会.思想文综:语言与思想文化专集.广州:暨南大学出版社,1995:101.

中的语言问题,法律与语言作为一门学问在 20 世纪 70 年代诞生了。①"语言与法律之间一直关系密切,相互作用:一方面,法律是由语言构成的;另一方面,法律制约着语言行为。随着人们渐渐认识到语言是法学研究中不可或缺的工具,语言学者和法律学者开始重视法律语言的研究。英国法律语言学家 John Gibbons 认为"法律作为一个社会价值系统,在日常生活中,人人都离不开法律。同时,法律由语言所构成,通过语言得到体现,法律法规、法庭审判,甚至各个司法程序都要通过语言实现"②。

第一节　法庭判决书研究概况

目前的法律语言学研究有"立法与司法语言两分说"和"三大领域说"之分。"立法与司法语言两分说"源自法务部门主要由立法和司法两大部门构成,而这两大部门都有其独特的语言特点和语言系统。刘蔚铭赞成这种观点,主张将立法语言与司法语言分开作为法律语言学的两个研究内容和研究对象,并在《法律语言学研究》一书中对"立法与司法语言两分说"做了一个精辟的归纳③,如图 2-1 所示。

---

① 　CONLEY JM, WILLIAM MO. Just Words: Law, Language, and Power[M]. Chicago: The University of Chicago Press, 1998:1-2.

② 　JOHN GIBBONS. Forensic Linguistics: An Introduction to Language in the Justice System[M]. Oxford: Blackwell Publishing Ltd., 2003.

③ 　刘蔚铭.法律语言学研究[M].北京:中国经济出版社,2003:31.

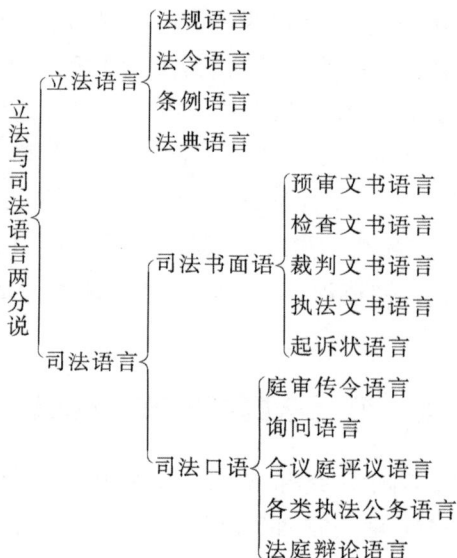

图 2-1 立法与司法语言两分说

吴伟平在对国外法律语言学研究的基础上提出了"三大领域说"，他认为法律语言学的研究对象主要包括口语、书面语和双语，继而又可以划分出法律语言学研究的一些重要焦点分支①，如图 2-2 所示。

吴伟平的"三大领域说"简单明了、有条有理地归纳出了法律语言学的研究要旨，把众多研究分支关系统揽于口语、书面语和双语这三大领域之下，明确提出了与现实紧密关联的研究内容和研究方向，涉及法律界所必须面对的一些具体语言问题。而法庭判决书既是司法语言也是书面语言，浓缩了一个国家的诉讼制度，是其法律制度、法治理念和法律文化的综合表现，具有极其重大的研究及现实意义。

---

① 吴伟平.语言与法律——司法领域的语言学研究[M].上海：上海外语教育出版社,2002:19-27.

```
                          ┌ 法律语言学和语音识别
                  ┌ 口语研究 ┤ 录音会话分析
                  │         │         ┌ 单向口语
                  │         └ 司法口语 ┤ 双向口语
                  │                   └ 口语笔录
     法                     ┌ 立法语言
     律          ┌ 书面语研究 ┤ 准法律文字
     语          │          └ 笔迹学及书面语
     言          │          ┌ 司法界的翻译问题
     学 ┤                   │ 双语法律及法律翻译
                  └ 双语问题研究 ┤        ┌ 翻译中的语言问题
                              └ 语言证据 ┤
                                        └ 翻译中的文化问题
```

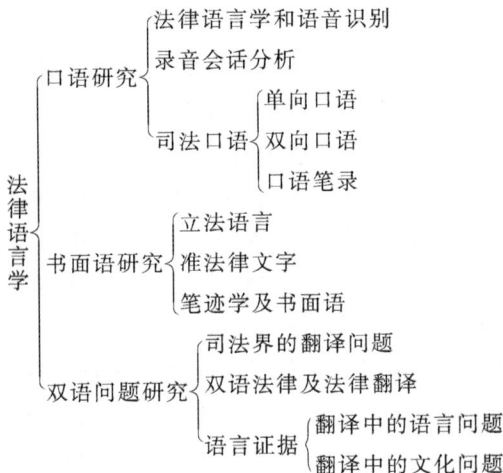

图 2-2　三大领域说

一、国外研究

文字出现前，法律事务的处理只能通过各种口头形式完成，而文字的产生和发展，使记录这些法律事务的处理过程成为可能，并且很多国家的文字早期功能都体现在合同、遗嘱和法典中。早期的法律文本主要承担对口头传达行为的证明性作用而非规范或处分性作用，如英国早期的法律文本主要是关于遗嘱和土地或不动产的转让与赠予，历经数个世纪，才形成了法律文件的书面形式和签名或封印一起构成有效法规或裁决的局势。法庭判决书即是法院以中立立场为解决各种社会冲突所做出的裁决。国外对法庭判决书的研究主要集中在法学、法理解释领域，而法庭判决书的语言则涵盖在对法律文本的研究中，法律文本书面语的传统研究常侧重于法律条文的措辞和句法结构。因此，国外对法庭判决书的研究可以分为法理研究和语言研究两方面。

（一）法理研究

无论是大陆法系还是英美法系国家，都认为法庭判决书中必须表述判决理由，只是重视程度不同，"意大利从十六世纪起，而德国从十八世纪开始逐步确立起判决要说明理由的做法，而在这点上，法国只

(1)事实、案件报告和案件相关历史的记录;(2)事实或法律问题或两者兼之;(3)推理;(4)结论,原则性或规则性的声明适用于该案;(5)裁决命令。这种列举的体裁结构与 Bhatia 在 1993 年提出的典型的四步结构在一定程度上相似。Maley 还研究了法庭判决书的人际关系意义,案件事实的呈现和互文性,认为在判决书中,个人品位或机构功能由不同形式的复杂形态反映出来,道德说教和调解是体现法庭判决书辩护和宣示功能的主要语言手段,当然也承担了人际关系意义。此外,他还提出事实要素总是表现为叙述,案件事实如何总结以及如何呈现在法庭判决书中可以反映出法官以其个人视角审视案件和行使权力的方式。互文性是 Maley 研究法庭判决书的另一个视角,他认为许多不同方面的互文性渗透于司法语篇,甚至所有实行的判决先例都是一个互文性问题,以往的司法语篇对于解释当前的判决至关重要[①]。另外,Gibbons 也对立法和司法语篇的人际意义进行了深入研究[②]。

Bell 和 Pether 提到"如果法庭判决书涉及不同层次文本间的协商,那么它至少要能在实际情况下同时有效地使用不同文本,也要兼顾偶然性、政治和意识形态的功能以及社会习俗性"[③]。Kurzon 对美国和英国的法庭判决书进行研究,探讨了英美判决书中的礼貌现象,指出美国和英国的判决言语行为有很大不同,特别是美国的上诉法官通常不理会来自同级或下级法院法官的批评和不同意见[④]。Lawrence 细致地分析了英文法庭判决书中的反身代词,认为指代的模糊性会给判决书作者造成潜在的灾难性后果,所以最好避免使用反身代词。事实

---

① MALEY Y. Language and the Law[M]//JOHN GIBBONS. Language and the Law. London: Longman, 1994.

② JOHN GIBBONS. Language and the Law [C]. New York: Longman Publishing, 1994.

③ BELL D, PETHER D. Rewriting Skill Training in Law Schools-legal Literacy Revisited[J]. Legal Education Review, 1998.

④ KURZON D. The Politeness of Judges: American and English Judicial Behavior [J]. Journal of Pragmatics, 2001(33): 61-85.

上,法律文书作者们的确力图避免使用反身代词和其他类似的形式①。从目前的研究成果来看,国内还缺乏这些细致的分析结论,如果对中国法庭判决书的撰写研究也能达到这种细致程度,将对判决书写作实践具有更准确的指导意义。

二、国内研究

中国是历史悠久、文化繁荣的文明古国,法庭判决书(古称判词)的发展也源远流长。据现有文献记载,最早的判词是 1975 年出土于陕西省岐山县董家村的西周晚期铭文,记载了牧牛奴隶买卖纠纷案的判决结果和执行过程②。清代时期出现了较为完整的有关法律语言和司法文书制作的著述,如王又槐的《办案要略》一书较科学、系统地提出司法文书在用词遣句上要做到"供不可文,供不可野,供不可混,供不可多,供不可偏,供不可奇,供不可假,供不可忽";在篇章结构上要注意"前后层次,起承转合,点题过脉,埋伏照应,消纳补翰,布局运笔"③。在清末的"变法修律"潮流中,沈家本编纂的《考试法规必要》对刑事判决书的格式做出明确规定,其中包括:罪犯姓名、籍贯、年龄、住所、职业;犯罪事实;证明犯罪的理由;援引法律条文;援引法律的理由④。随着我国法制建设的发展,法律语言学作为一门新兴的学科,吸引了各界学者的广泛关注,对法律文本、司法话语的研究兴趣日益增长,目前国内对于法庭判决书的研究主要集中在法理学、语言学、社会学和文学四个方面。

(一) 法理学视角对法庭判决书的研究

从法理学的角度研究法庭判决书,是为了解决司法过程中的实际问题,为当前法学界的热点问题判决文书的改革提供借鉴。一些学者认为,目前的法庭判决书有很多需要纠正的问题,如无法显示审判的

---

① 劳伦斯·索兰.法官语言[M].张清,王芳,译.北京:法律出版社,2007:154-155.

② 汪世荣.中国古代判词研究[M].北京:中国政法大学出版社,1997:26-36.

③ 王又槐.办案要略[M].北京:群众出版社,1987:69.

④ 周道鸾.法院刑事诉讼文书样式的修改与制作[M].北京:人民法院出版社,1999:9.

全过程,论证不充分,引用法律条文不当,过于情绪化,行文复杂等。法庭在案件事实和证据的基础上根据法律程序做出公正的裁决是人民法院的审判职能。听证是前提,判决是结果,而判决书是法庭裁决的载体。司法实践表明,判决书在解释和宣传法律法规,传播法律思想,改造被告人和教育公众中发挥重要的作用。目前从法理学视角对法庭判决书的研究主要有以下三个方面:

第一,法庭判决书的论证说理。对不同国家的判决书进行比较研究发现,在相似的案件中,德国法庭判决书平均使用 2 000 字,法国法庭判决书平均使用 3 000 字,而美国法庭判决书平均约用 8 000 字,其中还不包括附带的不同意见①。就法庭判决书的论证说理而言,英美法系的法庭判决书展现出说理充分、分析绵密、涉猎广博甚至是文采斐然的风格,特别是美国联邦最高法院的一些重要判决意见动辄上百页,甚至足以构成一篇精美的论文。而相比之下,由于法律渊源、陪审制度、判决书制作与署名方式等方面的差异,大陆法系的法庭判决书就大为逊色了。受大陆法系的传统影响,我国法庭判决书的论证说理没有制度化,甚至在长时间纠缠于是否需要制度化的讨论中。一些学者主张中国的法庭判决书应该学习英美法系,不仅记录判决书的裁定内容,也要描述细节的推理过程,如左卫民的《司法判决书制度新论》②、潘荣伟的《大陆法系的司法判例及其启示》③、唐仲清的《判决书制作应确立判决理由的法律地位》④等。

唐文提出"法庭判决书是判决理由的最终载体,也是整个审判的再现,但目前的判决书缺乏判断推理"⑤。周道鸾认为"所有案件的判决书是几乎相同的,没有足够的说理,人们很难理解法庭判决书是如

① 张志铭.法律解释操作分析[M].北京:中国政法大学出版社,1999:211.

② 左卫民.司法判决书制度新论[J].现代法学,1992(3):63-67.

③ 潘荣伟.大陆法系的司法判例及借鉴[J].山东法学,1998(4):52-54.

④ 唐仲清.判决书制作应确立判决理由的法律地位[J].现代法学,1999(1):88-90.

⑤ 唐文.法官判案如何讲理:裁判文书说理研究与应用[M].北京:人民法院出版社,2000.

何裁定的,这严重影响了法律的正当性"①。万毅等通过比较分析得出说理主体、说理对象等是判决书说理的前提,并提出"判决说理是正当性、制度性的内在需求:一方面,法官权力公开化就必须在判决书中论证说理;另一方面,判决说理是司法职能现代化的内在需求,力求让当事人内心信服的司法追求"②。王仲云总结出目前法庭判决书主要存在"说理不充分,缺乏逻辑性,缺乏针对性,欠缺程序性说理"等问题,并分析其四点原因:"一是水平不高,没有能力说理;二是枉法裁判,不敢说理;三是缺乏督促措施,不愿下功夫说理;四是现行司法制度不完善"③。彭海青认为法庭判决书应在判决理由个性化、程序法理由阐释、量刑理由以及判决书制作者公开这四个方面加以完善④。总之,目前大部分的国内研究都主张法庭判决书的论证说理有助于提高法官素质,化解矛盾,实现司法公正,稳定社会秩序,如胡超蓉的《民事判决书理性化探讨》⑤、高升的《论判决书应详述判决理由》⑥、王贵东的《德国刑事判决书说理方法之考察及其启示》⑦。

第二,法庭判决书对司法改革的意义。苏力在《判决书的背后》一文中详细论述了影响法庭判决书撰写的一系列制度因素,其中包括不同国家的法庭判决书写作激励机制,在不同法系中法庭判决书的不同司法制度功能,判决书论证说理的不同社会需求以及不同国家的法庭判决书预期受众等等。苏力认为基于中国司法已有的大陆法系传统和相应制约,应侧重借鉴大陆法系国家的相关经验,完善相应的制度

①　周道鸾.民事判决书改革与实例评析[M].北京:人民法院出版社,2001.

②　万毅,林喜芬.从"无理"的判决到判决书"说理"——判决书说理制度的正当性分析[J].法学论坛,2004(5):28-34.

③　王仲云.判决书说理问题研究[J].山东社会科学,2005(8):84-86,156.

④　彭海青.论刑事判决书的说理[J].湘潭大学学报(哲学社会科学版),2007(9):30-33.

⑤　胡超蓉.民事判决书理性化探讨[J].四川大学学报(哲学社会科学版),2001(3):122-125.

⑥　高升.论判决书应详述判决理由[J].当代法学,2002(6):86-88.

⑦　王贵东.德国刑事判决书说理方法之考察及其启示[J].法律适用,2010(1):92-95.

激励机制①。黄金兰等认为法庭判决书所具有的价值意义不仅仅是还当事人一个公正,还对法官、法律、社会都存在着影响,法庭判决书甚至可能是解决司法改革困境的突破口,在当下中国具有特殊的意义②。

第三,法庭判决书的撰写制作和评价。左卫民等认为案卷制作,尤其是法庭判决书的制作是司法过程中最有影响的因素之一。他通过分析民事判决书,从现代案卷制度,案卷制作中的法官、当事人与法律叙事,判决书中的修辞性技巧,我国法院案卷的制度构成及完善四个方面讨论了法院案卷撰写制作技术兴起的原因及其对司法制度和实践产生的影响③。田荔枝等分析了当前地方法庭判决书实际用语的不规范:方言土语混杂,口语化痕迹明显,语句锤炼欠佳④。随着论证说理成为法庭判决书的基本职能,判决书撰写的论证质量开始受到关注。杨贝认为以往"一事一议"的个案式评价方法无法客观认识法庭判决书撰写的论证质量,因此,需要较为客观统一的标准来衡量法庭判决书的论证质量,通过预设基本的论证结构,根据此结构分析出能够反映判决书论证质量的论证参数,并用于衡量判决书撰写的论证质量⑤。

(二)语言学视角对法庭判决书的研究

随着法律语言学的兴起,对于法庭判决书的研究也引起了语言学学者的关注,其中一些学者的研究已经取得了一些成就,对中国法律语言学发展未来影响深远。目前从语言学视角对法庭判决书的研究主要有以下四个方面:

第一,法庭判决书的语篇研究。潘庆云是法律语言研究领域最杰

---

① 苏力.判决书的背后[J].法学研究,2001(3):3-18.

② 黄金兰,周赞.判决书的意义[J].法律科学(西北政法大学学报),2008(2):13-19.

③ 左卫民,谢鸿飞.法院的案卷制作——以民事判决书为中心[J].比较法研究,2003(5):39-51.

④ 田荔枝,张文录.规范与习惯的冲突——论判决书语言运用问题[J].河北法学,2005(1):158-160.

⑤ 杨贝.民事判决书论证参数构想——彭宇案一审判决书的重新审视[J].山东大学学报(哲学社会科学版),2012(4):47-53.

出的学者之一,在其所著《跨世纪的中国法律语言》一书中列举了中国
司法语言的词汇、句法和篇章特征①。随后,他在《法律文书评论》中对
民事和刑事判决书提出专业评论,主要关注文字、修辞效果和法律原
则在判决书中的体现②。潘庆云在《中国法律语言鉴衡》一书中重点阐
述了法律文本的句法结构,指出法庭判决书是其中非常重要的一部
分。他认为判决书中普遍使用平行结构的长句,特别是在开头部分,
因为案件的起因、动机,审问形式,案件相关的各方需要非常明确地呈
现出来,而长句对于以简洁但逻辑的方式呈现这些信息很有帮助。他
还总结了法庭判决书语篇的基本特点:结构完整严谨,详略得当,条理
贯通,逻辑性强,程序稳定,不容更易等③。

　　陈炯对中国法律语言进行了深入广泛的调查,他在《法律语言学
概论》中用一个章节专门详述了法庭判决书的语言。他详细列举了判
决书三个鲜明的语言特征,即准确性、严肃性和简洁性,然后从修辞和
文体的角度详细阐述了起草刑事判决书的语言技巧④。此外,孙懿华
和周广然也从修辞和文体的角度对中国司法文本进行分析⑤。

　　王培光和杨海明对内地和香港的法庭判决书语言进行了比较研
究。内地的法律制度属于大陆法系,而香港属于英美法系,内地与香
港分属不同法系但共享相同的语言是此专题研究的特点。香港从
1987 年开始同时使用中文和英文立法,直到 1995 年香港开始使用第
一篇中文法庭判决书。王培光提出,香港法庭判决书比内地判决书使
用更多的法律术语和粤语,语法也较为复杂,因为其不仅使用汉语语
法,还使用方言和英语的语法;香港法庭判决书推理部分占全文的

①　潘庆云.跨世纪的中国法律语言[M].上海:华东理工大学出版社,1997.
②　潘庆云.法律文书评论[M].上海:上海人民出版社,1999.
③　潘庆云.中国法律语言鉴衡[M].上海:汉语大词典出版社,2004:323-325.
④　陈炯.法律语言学概论[M].西安:陕西人民出版社,1997.
⑤　孙懿华,周广然.法律语言学[M].北京:中国政法大学出版社,1997.

50.36%,而内地只有 28.9%①。杨海明从语篇的语言程序性视角研究了海峡两岸和香港刑事判决书的特点,指出运用语言的"间接概约化归纳、间接转述、间接概括、直接转述、直接引用"等能建立构成案件各事实要素的内在联系,使案件事实完整、具有逻辑性、有着自身特性地呈现出来,达到"事实清楚""证据确凿""足以认定"等程序度极高的法律语言②。他还提出,相对于内地法庭判决书更重视文本结构,香港法庭判决书则更关注语言的情感色彩,内地法庭判决书仅使用间接引言,压制了法律语言的感情色彩,而香港法庭判决书通常既使用间接引言也有直接引语,这有助于唤起人们的同情。导致这两种法庭判决书差异主要来自三个方面:传统文化与不同法系的影响,对行使权利的不同语言理解,在法律语言实施过程中体现人文关怀③。

董敏运用 Hasan 提出的实现语境构型的语义资源构型——语类结构潜势理论(Generic Structure Potential,GSP)为研究框架,展现了中国民事法庭一审判决书的语境构型和语类结构潜势,并根据语境与语篇之间的辩证关系,从法律角度阐述了建立在语类结构潜势基础上的我国民事诉讼司法公正理念与诉讼模式④。董敏还针对目前法庭判决书的推理问题,提出了实践型社会符号语类框架,对判决书语料的推理进行系统的语类分析,并认为当前法庭判决书的案件事实认定和法律规范的适用,主要通过蕴含同义关系链条、对立反义关系链条和"涵射"语义关系链条建构,而演绎形式推理主要通过主位交叉型推进模式、主位派生型推进模式、述位集中型推进模式和三种横向推进

---

① 王培光.香港与内地判决书法律语言的比较研究[J].语言教学与研究,2006(2):35-42.

② 杨海明.两岸三地刑事判决书语程式度比较研究[J].修辞学习,2006(6):30-33.

③ 杨海明.两岸三地刑事判决书语言情感度比较[J].江汉大学学报(人文科学版),2006(5):48-52.

④ 董敏.论当前中国民事一审判决书的语类结构潜势[J].修辞学习,2006(4):33-36.

链条组织法律推理的信息结构①。程乐采用 Fairclough 的互文性分类，通过法理与实例分析论证法庭判决书中普遍存在体裁的互文性②，随后又从语类视角对不同地区和国家的法庭判决书进行分析，强调了语言学研究方法对于法学研究发展的意义③。

第二，法庭判决书的修辞研究。从修辞的角度探讨法庭判决书在司法过程中的实际具体运用，其中包括判决书语言的修辞作用、意义以及社会可接受性的考察。赵静的《中国古代判词的修辞蕴涵：说服与劝导》从传统修辞格角度对中国古代判词进行研究，重点考察其说服与劝导的深层修辞作用④。蔡琳的《修辞论证的方法——以两份判决书为例》指出修辞在法庭判决书的论证说理中具有构成性意义⑤。张纯辉的《司法判决书可接受性的修辞研究》在现代修辞学的理论框架下，结合佩雷尔曼（Perelman）的新修辞学思想、传播学及心理学等多学科理论，对我国的法庭判决书的表达和实践进行了较为系统的描写和分析，揭示出影响法庭判决书的表达和判决可接受性的规律，探索了法庭判决书改革的深层因素⑥。孙光宁探讨了法庭判决书撰写中的消极修辞与积极修辞，认为判决书中的消极修辞主要针对法律职业群体，而积极修辞则更适用于当事人和社会公众，其意义在于区分听众群体，使判决书获得最大限度的可接受性，对提高法庭判决书的写作实践水平具有借鉴意义⑦。余素青认为修辞文本的建构应遵守"有效性"和"适切性"的基本原则，法庭判决书中叙事修辞的可接受性应符合叙事情节的逻辑可接受性、叙事表述的修辞可接受性和叙事说理

---

① 董敏.基于实践型社会符号语类框架的司法判决推理模式研究[J].外语与外语教学,2011(5):24-30.

② 程乐.判决书体裁互文性之鉴衡[J].浙江工商大学学报,2007(2):32-37.

③ CHEN L. A Semiotic Interpretation of Genre: Judgments as an Example[J]. Semiotica,2010(4):89-113.

④ 赵静.中国古代判词的修辞蕴涵:说服与劝导[J].修辞学习,2006(4):72-76.

⑤ 蔡琳.修辞论证的方法——以两份判决书为例[J].政法论坛,2006(9):48-57.

⑥ 张纯辉.司法判决书可接受性的修辞研究[D].上海:上海外国语大学,2010.

⑦ 孙光宁.判决书写作中的消极修辞与积极修辞[J].法制与社会发展,2011(3):62-71.

的论证可接受性①。

第三,法庭判决书的系统功能研究。从这个角度对法庭判决书的研究多以 Hallilay 的系统功能语言学为理论依据,进行情态意义和人际功能的分析。董世忠认为分析法庭判决书的情态意义必须先了解这种特定语篇的结构成分。典型的判决书包括:案件名称、案例出处、审理法院、执笔法官姓名、案由、事实情节、法律争议、法院对争议的分析、结论和判决②。谢静基于 Hallilay 的系统功能语法理论框架,分析总结出美国刑事判决书的情态分布及其特点③。杜碧玉认为民事判决书的情态意义的特点主要表现在三方面:一是以叙述性和命令性语言为主;二是表义务的意态能愿动词频繁出现,表概率和频率的情态意义较为罕见;三是情态意义分布不均,表述理由和判决部分出现频率高,其他部分则较低。这种情态意义的选择和语言实现方式正是民事判决书调解性和强制性人际功能的体现④。李诗芳以大陆二审民事判决书为研究对象,认为带有贬义色彩的词语、表归一度的附加语、意态能愿动词、主观隐喻性小句都是法庭判决书中情态意义的言语实现方式⑤。张清对中美刑事判决书中词语的情态意义进行研究,探讨不同法律体系背景对法庭判决书情态特征的影响,提出刑事判决书有其独特的情态系统,中美刑事判决书中情态意义分布相似,但各个部分情态分布不均⑥。

董敏运用修辞结构理论(Rhetorical Structure Theory, RST) 和功能语言学的情景语境理论描述并解释国内民事一审判决书的语篇

① 余素青.判决书叙事修辞的可接受性分析[J].当代修辞学,2013(3):78-86.

② 董世忠,赵建.法律英语[M].上海:复旦大学出版社,1997.

③ 谢静.美国刑法司法判决书的情态意义研究[J].现代外语,2001(3):311-316.

④ 杜碧玉.中国民事判决书的人际功能分析[J].广东外语外贸大学学报,2003(3):18-22.

⑤ 李诗芳.中文民事判决书的情态意义分析[J].现代外语,2005(8):272-278.

⑥ 张清,宫明玉.中美刑事判决书情态对比研究[J].山西大学学报(哲学社会科学版),2013(1):82-87.

结构,认为民事判决书的交际意图与决定语篇元功能的情景语境具有内在一致性,其修辞结构的功能在于实现其话语范围、话语基调和话语方式的交际意图,即情景语境与修辞结构之间存在功能关系①。李诗芳对国内法庭一审刑事判决书进行研究,分析人际意义在刑事判决书中的语言表现方式及其特点,从情态、语气和指称系统三个方面阐述刑事判决书中的人际意义②。黄萍认为一定数量的模糊限制语在法庭判决书中发挥了重要的人际功能③。

第四,法庭判决书的语用学研究。一些学者认为目前国内对于法庭判决书的文献大多是从语法、说理等角度进行书面文本的研究,这种研究是静态的,尝试从语用学角度对法庭判决书的言语行为功能进行动态的描述和研究。丘昭继从语用学"目的原则"视角分析法庭判决书中的"法官后语",认为法官后语的目的是对当事人进行道德教育,具有独立的语篇地位,其总目的与子目的将语篇连贯成一个整体④。张清把刑事判决书作为动态的话语,从言语行为理论分析"本院认为……"表达式既是说话行为又完成施事行为,是一个完整的言语行为⑤。

(三) 社会学视角对法庭判决书的研究

目前国内从社会学角度对法庭判决书的研究多以古代司法判词为线索,根据判词所描述的法律事实,反映古代社会司法实践的情况,士大夫的司法价值取向,古代援引经义、先例对判例制度的影响及古代

---

① 董敏.一篇中国民事一审判决书的修辞结构分析[J].外语与外语教学,2007(9):21-25.

② 李诗芳.中文刑事判决书语体的人际意义研究[J].外语学刊,2008(2):60-64.

③ 黄萍.法律语篇中模糊限制语的人际意义——以中文判决书为例[J].学术交流,2010(2):159-161.

④ 丘昭继.论判决书中"法官后语"的语篇分析——语用学"目的原则"视角[J].修辞学习,2006(4):29-32.

⑤ 张清.判决书的言语行为分析——看"本院认为"的言语行为[J].政法论坛,2009(5):144-149.

意义①。对此,本书收集了海峡两岸及香港、澳门各级法院共计 116 篇真实案件的法庭判决书,内容涉及 57 件刑事案件、54 件民事案件和 5 件行政案件,整理语料 176 万字,建设了"中国法庭判决书语料库",用定性分析和定量分析相结合的方法对法庭判决书进行描写研究,使定性分析具有一定的客观性和科学性。此外,本书试图从认知语言学角度给我国法庭判决书现状打开一个窗口,对中国法庭判决书的实据性模式构建进行目的阐释,为司法部门和法律实践工作者提供一个新的认识视角,使广大群众对和自己生活息息相关的法庭判决书有进一步的了解。

第二节　实据性研究概况

语言是人类最重要并且独有的交际工具,而人类使用语言进行交际的目的就是为了传递信息。可是信息存在着真伪之分,因此当人类需要证明自己所传递的信息是真实可靠的时候,就必须运用各种手段来证明其真实性,使信息得到交际对象的接受认可。那么,人们在交际中运用了哪些手段来证明所传递的信息的真实性呢? 这就是"实据性"的研究内容,即语言是如何做到言之有据的。

一、实据性的定义

1911 年,美国人类语言学家 Franz Boas 在《美洲印第安语手册》(*A Handbook of American Indian Languages*)一书中首次提到了"evidential"的语义概念。他发现,印第安夸扣特尔语(Kwakiutl)中,"为了使语义明确,说话人必须表达数和时间,还存在着一种必须表达的范畴,即信息来源,是看到的,听到的,还是推理所得"②。Franz Boas 在 1947 年撰写《垮扣特尔语语法》(*Grammar of Kwakiutl*)一书

---

① 　吴晶晶.语用模块刍议[J].四川大学学报(哲学社会科学版),2015(5):160.

② 　JACOBSEN JR WH.The Heterogeneity of Evidentials in Makah[C]//CHAFE W, NICHOLS J. Evidentiality: The Linguistic Coding of Epistemology. Norwood, New Jersey:Ablex,1986:3-28.

中提到夸扣特尔语中有一组动词后缀被用来表达信息来源和肯定程度，并首次明确提出了"evidentiality"一词①，但并未引起关注。直到 Roman Jacobsen 于 1957 年出版的语言学著作《变换词、动词范畴和俄语动词》(*Shifter，Verbal Categories，and the Russian Verb*)中把 evidential 看作和时态、人称类似的标记词，并和语气区分开，从情态系统中独立出来成为标识信息来源的语法范畴。"evidentiality"和"evidential"才在语言学界引起广泛关注和使用②。"实据性"成为语言学家研究的热点是在 20 世纪 80 年代初，1981 年在美国伯克利第一次召开了关于实据性研究的会议。这次会议的论文集《言据性：认知的语言编码》(*Evidentiality：The Linguistic Coding of Epistemology*)使"实据性"成为一个独立的研究课题，确立了其在语言学研究领域中的牢固地位③。

(一) Evidentiality 的翻译

国内学者对 evidentiality 的研究起步较晚，到目前为止主要以介绍性研究为主且较为零散，甚至对 evidentiality 和 evidential 这一对术语的译名还没有统一界定。因此有必要对 evidentiality 的翻译进行简要回顾，并阐明本书选择所用译名的理由。目前国内学者对这对术语的译法主要有以下四种：

第一，胡壮麟将 evidentiality 翻译为"可证性"，evidential 为"证素"，他认为语言交际者能够证明自己所提供信息的来源和可信度，当代语言学家开始重视语言可证性的研究，并在不同语言中发现了表示

---

①　BOAS F.Kwakiutl Grammar，with a Glossary of the Suffixes[J].Transaction of the American Philosophical Society，1947(37)：201-377.

②　JAKOBSON R.Shifters，Verbal Categories and the Russian Verb[D].Harvard University：Department of Slavic Languages and Literatures，1957.

③　DENDALE P，TASMOWSKI L.Introduction：Evidentiality and Related Notions [J].Journal of Pragmatics，2001(33)：339-348.

可证性语义的证素①。后续一些学者的研究也沿用了这一译法②③。

第二，张伯江将 evidentiality 翻译为"传信范畴"，此译法源于吕叔湘 1944 年出版的《中国文法要略·表达论》里论述的"与认识有关"的"传信"和"传疑"两个范畴④，严辰松在此基础上将 evidential 翻译为"传信语"，因为语言表达传信有不同的方式，既可以是词汇，也可以是语法形态，所以表达传信的词语叫作"传信语"⑤。之后一部分研究者沿用了"传信范畴"和"传信语"这一对译名⑥⑦。

第三，徐盛桓根据 evidence 在《韦氏新大学词典》(*Webster's New Collegiate Dictionary*)中的解释为"一种外在的迹象；或可以作为证据的事物"，认为 evidence 可以用来探究语法范畴产生的理据，所以将 evidentiality 翻译为"实据性"，evidential 为"实据"⑧。根据 Anderson 对 evidential 的定义"表示人们陈述事实所依据的各种各样的证据"⑨，牛保义对 evidentiality 也采用了"实据性"的译法，他认为实据性在语言中通常是通过一定的词法形式来实现的，既可以是一个独立的词，也可以是一个词缀，因此将 evidential 翻译为"实据性成分"⑩。

第四，房红梅将 evidentiality 翻译为"言据性"，evidential 为"据

① 胡壮麟.语言的可证性[J].外语教学与研究,1994(1):9-15.

② 王天华.复述话语语用策略中的可证性分析[J].外语学刊,2006(3):64-67.

③ 孙自挥.科学语篇可证性的哲学探究[J].西南民族大学学报(人文社科版),2007(12):117-120.

④ 张伯江.认识观的语法表现[J].国外语言学(当代语言学),1997(2):15-19.

⑤ 严辰松.语言如何表达"言之有据"——传信范畴浅说[J].解放军外国语学院学报,2000(1):4-7.

⑥ 陈颖.现代汉语传信范畴研究[M].北京:中国社会科学出版社,2009.

⑦ 乐耀.国内传信范畴研究综述[J].汉语学习,2011(1):62-72.

⑧ 徐盛桓.逻辑与实据——英语 if 条件句研究的一种理论框架[J].现代外语,2004(4):331-339.

⑨ ANDERSON LB.Evidentials,Paths of Change and Mental Maps:Typologically Regular Asymmetries[C]//CHAFE W,NICHOLS J.Evidentiality:The Linguistic Coding of Epistemology.Norwood,New Jersey:Ablex,1986:273-312.

⑩ 牛保义.国外实据性理论研究[J].当代语言学,2005(1):53-61.

素",取自"言之有据"的含义①,目前大部分学者的研究基本沿用了这一译法②③④⑤。

本书按照 Anderson 对 evidential 的定义"表示人们陈述事实所依据的各种各样的证据",认为 evidentiality 既传递信息,也证明信息,因此采用徐盛桓的译法,将 evidentiality 翻译为"实据性","据"体现了信息来源、语言理据和说话人的主观态度,"实"是为了"证",实据性不仅能指明信息来源,同时也能体现出说话人对所传达信息的各种态度,包含了说话人对信息可靠性的评估。evidential 作为显性的语言表征,是表达信息来源的类型或信度的多种语言形式,不用于通过屈折或粘着成分表达实据性的语言系统,汉语的实据性语言表征是通过词汇和句法手段实现的,因此,本书按照牛保义的译法,将 evidential 译为"实据性成分"。

然而,实据性成分在标识信息来源和说话人主观态度时,并不是泾渭分明、非此即彼的,这就使得实据性在概念和研究范围等方面存在着许多分歧。综观前人研究文献表明,实据性的定义分为广义和狭义两类,区别主要在于:实据性及其成分是如何区分信息来源,以及是否包含说话人对所述信息的认知态度和评价。

(二) 广义的实据性

在 Chafe 和 Nichols 于 1986 年合编的论文集《言据性:认识的语言编码》(*Evidentiality: The Linguistic Coding of Epistemology*)中,Chafe 撰写了《英语会话和学术写作中的言据性》(*Evidentiality in English Conversation and Academic Writing*)一文,文中对实据性进行定义、分类和分析,并对英语的实据性系统进行了分析和归类。

①　房红梅.言据性研究述评[J].现代外语,2006(2):191-196.
②　朱永生.试论现代汉语的言据性[J].现代外语,2006(4):331-337.
③　汤斌.英语疫情新闻中言据性语篇特征的系统功能研究[D].上海:复旦大学,2007.
④　罗桂花.法庭话语中的言据性[J].语言研究,2013(4):92-95.
⑤　陈征.基于言据性的语篇可信性语用分析[J].当代外语研究,2014(4):23-28.

Chafe 认为"尽管英语不像一些加州印第安语那样拥有一套条理分明的动词后缀系统,但仍有丰富的实据性表征形式,如情态助词、副词以及多种多样的习语表达。两者的区别不在于是否有实据性成分,而在于实据性是否通过语法化的形式来表现(如后缀、副词等);什么样的信息类型能最稳定地传递实据性(如推理、传闻等);哪种类型的实据性成分最常用等[①]。"

Chafe 认为实据性是个广义的范畴,包括所有针对信息的态度,即真理、权威、肯定、信任、怀疑、推断、期望等,能标记出说话人的认知立场,传递实据性的语言形式不一定局限于语法表征。Chafe 把广义的实据性定义为:"There are…Things people are less sure of, and some things they think are only within the realm of possibility. Languages typically provide a repertoire of devices for conveying these various attitudes towards knowledge."[②](有些事人们不太确定,还有些事他们认为仅仅是有一定的可能性。语言有一整套表达方式来传递人们对于各种信息所保持的不同态度。)

因此,广义的实据性意义不仅包括信息的来源,也包含了说话人对所传达信息的不同认知态度。许多学者也赞同实据性意义将信息来源和说话人认知态度联系起来。Jacobsen 引用了 Boas 的观点,在印第安夸扣特尔语中动词部分后缀表达了信息来源和确定性[③]。Mithun 在对北易洛魁族语研究中,认为实据性意义能表明信息来源,一个范畴的精确度或真实性或适当性,一个真理的可能性以及一个陈

①　CHAFE W. Evidentiality in English Conversation and Academic Writing[C]// CHAFE W, NICHOLS J. Evidentiality: The Linguistic Coding of Epistemology. Norwood, NJ: Ablex, 1986: 261.

②　CHAFE W. Evidentiality in English Conversation and Academic Writing[C]// CHAFE W, NICHOLS J. Evidentiality: The Linguistic Coding of Epistemology. Norwood, NJ: Ablex, 1986: 272.

③　JACOBSEN JR WH. The Heterogeneity of Evidentials in Makah[C]//CHAFE W, NICHOLS J. Evidentiality: The Linguistic Coding of Epistemology. Norwood, New Jersey: Ablex, 1986: 4.

述的可能性的期待①。Friedman 提出"实据性主要是一种依赖语境变量的意义",具有主观性并受到具体语境制约,因此不能将信息来源和说话人对所述信息的态度评价分开②。Sapir 在对印第安 Takelma 语的研究中提出特定的语言形式能表达说话人信息的来源和本质③。Ifantidou 运用 Sperber 和 Wilson 的关联理论来研究实据性表述,将信息来源和说话人认知态度包含在实据性研究的语义语用理论框架内④。Aikhenvald 也认为实据性在标记信息来源和说话人认知态度之间的语义关联性,"不同的补语标记可以表达信息来源,以及说话人对认知动词、句子补语中所表述的命题的信仰或责任"⑤。

(三) 狭义的实据性

根据 Jacobson 的综述和胡壮麟的介绍⑥,关于实据性的定义五花八门,在众多关于实据性理论研究的专著和论文集中,学者们对于实据性的具体定义大多通过实据性的语言表征,即实据性成分,对这个新的语言范畴进行描述,详见表 2-1。

①　MITHUN M. Evidential Diachrony in Northern Iroquoian [M]//CHAFE W, NICHOLS J. Evidentiality: The Linguistic Coding of Epistemology. Norwood, New Jersey: Ablex,1986:89-112.

②　FRIEDMAN VA. Evidentiality in the Balkans: Bulgarian, Macedonian, and Albanian [M]//CHAFE W, NICHOLS J. Evidentiality: The Linguistic Coding of Epistemology. Norwood,New Jersey:Ablex,1986:168.

③　SAPIR E.Takelma[C]//BOAS F.Handbook of American Indian Languages,Part 2.Washington:Government Printing Office,1922:114.

④　IFANTIDOUS E.Evidentials and Relevance[M].Amsterdam/Philadelphia:John Benjamins Publishing Company,2001:2.

⑤　AIKHENVALD AY. Evidentiality in Typological Perspective[C]//AIKHENVALD AY, DIXON RMW. Studies in Evidentiality. Amsterdam/Philadelphia: John Benjamins Publishing Company,2003:19.

⑥　胡壮麟.语言的可证性[J].外语教学与研究,1994(1):9-15.

表 2-1　实据性定义汇编

学者	年份	定义
Sapir	1922	实据性成分是"说话者知识的来源或本质"①。
Lee	1938	实据性成分是"提供信息来源的后缀"②。
Swadesh	1939	实据性成分是"有关证据的方式"③。
Jakobson	1957	实据性成分编码了"所述言语事件的信息来源"④。
Weinrich	1963	实据性成分是"说话者的不肯定或不承担责任的有动因的情况"⑤。
Sherzer	1968	实据性成分是"言语信息来源的标记"⑥。
Hoijer	1985	实据性成分是"在一些语言中,将陈述分类为来自说话者的经验、传闻或文化传统的技巧"⑦。
Bybee	1985	实据性成分是"指明命题信息来源的标记"⑧。

---

①　SAPIR E.Takelma[C]//BOAS F.Handbook of American Indian Languages,Part 2.Washington:Government Printing Office,1922:114.

②　LEE DD. Conceptual Implications of an Indian Language [J]. Philosophy of Sciences,1938(5):102.

③　SWADESH M. Nootka Internal Syntax[J]. International Journal of American Linguistics,1939(9):82.

④　JAKOBSON R.Shifters,Verbal Categories and the Russian Verb[D].Department of Slavic Languages and Literatures,Harvard University,1957:4.(Reprinted in Selected writings 2:Word and Language.Jakobson,R.ed.the Hague and Paris:Mouton,1971:130-147.)

⑤　WEINRICH U. On the Semantic Structure of Language [M]//JOSEPH H. Universals of Language.Combridge:MIT Press,1963:53.

⑥　SHERZER E.An Ariel-Typological Study of the Americanindian Languages[D]. North of Mexico:University of Pennsylvania,1968.Requoted from W.Jacobson,1986.

⑦　HOIJER H.Some Problems of American Indian Linguistic Research[C]//Papers from the Symposium on American Indian Linguistics Held at Berkeley.Berkeley and Los Angeles:University of California Press,1985:10.

⑧　BYBEE JL.Mophology:A Study of the Relation between Meaning and Form[M]. Amsterdam/Philadelphia:John Benjamins Publishing,1985:184.

（续表）

学者	年份	定义
Chafe & Nichols	1986	实据性是"一整套传递人们对于各种信息所保持的不同态度的手段"①。
Anderson	1986	实据性成分是"用以指明说话人在做出有关事实的声明时所持有的证据类型"②。
Friedman	1986	实据性主要"是一种依赖语境变量的意义。③"
Willett	1988	实据性成分是"标记认识性情态的部分内容"④。
Matlock	1989	实据性成分是"是部分由认知情态组成的语言单位,编码了说话人的信息来源,以及对信息的肯定程度"⑤。
Mayer	1990	实据性是"与信息的确定性和来源如何评估有关的内容"⑥。
Hill & Irvine	1993	实据性是"说话者对信息态度的表达,而不是知识如何获得的说明"⑦。

---

① CHAFE W. Evidentiality in English Conversation and Academic Writing [C]// CHAFE W,NICHOLS J. Evidentiality:The Linguistic Coding of Epistemology. Norwood,NJ: Ablex,1986:261-272.

② ANDERSON LB. Evidentials,Paths of Change and Mental Maps:Typologically Regular Asymmetries[C]//CHAFE W,NICHOLS J. Evidentiality:The Linguistic Coding of Epistemology. Norwood,New Jersey:Ablex,1986:273.

③ FRIEDMAN A. Evidentiality in the Balkans:Bulgarian,Macedonian,and Albanian [C]//CHAFE W, NICHOLS J. Evidentiality: The Linguistic Coding of Epistemology. Norwood,New Jersey:Ablex,1986:168.

④ WILLETT TA Cross-linguistic Survey of the Grammaticization of Evidentiality [J]. Studies in Language,1988(12):52.

⑤ MATLOCK T. Metaphor and the Grammaticalization of Evidentials [C]. Proceedings of the Annual Meeting of the Berkeley Linguistics Society,1989(15):215.

⑥ MAYER R. Abstraction,Context and Perspectivization:Evidentials in Discouse Semantics[J]. Theoretical Linguistics,1990(16):103.

⑦ HILL JH, IRVINE JT. Responsibility and Evidence in Oral Discourse, Cambridge: Cambridge University Press,1993.

（续表）

学者	年份	定义
Bussmann	1996	实据性成分是"说话人通过各种结构形式编码所述信息来源的语法结构"①。
Crystal	2001	实据性是"一种认识情态，它表示所提供的命题可能被听者挑战，需要进一步验证。实据性成分表达了说话者根据已有证据对命题做出的承诺的强度。②"
Ifantidou	2001	实据性"常被认为是一个语义范畴，是对所提供信息的来源和可靠性的语言编码。而实际上，说话者的认识来源和确定性程度都是可以做出语用推论的"③。
Rooryck	2001	实据性成分是"就语句中信息的来源以及语句中真值可以被核实或验证的程度对语句真值做出的客观评估"④。
Aikhenvald	2003	实据性是"信息来源的语法表现"⑤。
Cornillie	2007	实据性是"一个功能范畴，指的是做出实据性行为的知觉和/或认识基础"⑥。

根据 Chafe 的定义，广义的实据性包括了说话人对所述信息客观真实性的态度，而狭义的实据性只标明出信息的来源⑦。Anderson 认

---

① BUSSMANN H.Routledge Dictionary of Language and Linguistics[Z].London/New York：Routledge，1996：157.

② CRYSTAL DA Dictionary of Linguistics and Phonetics[Z].Oxford：Blackwell Publishing Ltd,2001：127.

③ IFANTIDOU E.Evidentials and Relevance[M].Amsterdam/Philadelphia：John Benjamins Publishing Company,2001：8.

④ ROORYCK J.Evidentiality.Part I[J].Glot International,2001(5)：125.

⑤ AIKHENVALD AY.Evidentiality in Typological Perspective[C]//AIKHENVALD AY，DIXON RMW.Studies in Evidentiality.Amsterdam/Philadelphia：John Benjamins Publishing Company,2003：19.

⑥ CORNILLIE B.Evidentiality and Epistemic Modality in Spanish semi-Auxiliaries：A Cognitive-functional Approach[M].Berlin/New York：De Gruyter Mouton,2007.

⑦ CHAFE W.Evidentiality in English Conversation and Academic Writing[C]//CHAFE W，NICHOLS J.Evidentiality：The Linguistic Coding of Epistemology.Norwood，NJ：Ablex,1986：271.

为实据性研究信息的来源,实据性成分的存在是一种特定的语法现象,表达人们进行事实性宣称时所用的各种证据①。Faller 发现在盖丘亚语(Quechua)中,实据性编码了说话人在发出言语时所持有的理据②。Aikhenvald 是实据性狭义研究领域的倡导者,他认为目前对于实据性的定义误区之一就是过分扩大这个术语的研究范围,包含了所有表达不确定性、可能性的语言方式以及说话人对所传达信息的态度,不管是语法的还是词汇的表达方式,也不考虑实据性的核心意义,或者说,是广义上的实据性研究。这无助于实据性研究并且过于概括,甚至会模糊实据性在语言中区别于情态、时态系统的独立语法范畴地位③。

　　一些学者也从狭义的角度对实据性的研究范畴进行了界定,主要关注于信息来源类型的分类和语法化的实据性成分表述形式。Willett 将信息来源类型分为三类:一是证实的信息,即说话人通过视觉、听觉等感官获得的信息;二是报道的信息,即通过传闻或民间传说获得的信息;三是推断的信息,即通过观察到的证据或逻辑推理、本能推测等获得的信息④,如图 2-3 所示。

————————

　　①　ANDERSON LB.Evidentials,Paths of Change and Mental Maps:Typologically Regular Asymmetries[C]//CHAFE W, NICHOLS J.Evidentiality:The Linguistic Coding of Epistemology.Norwood,New Jersey:Ablex,1986:273.

　　②　FALLER M.Semantics and Pragmatics of Evidentials in Cuzco Quechua[D].Palo Alto:Stanford University,2002:2.

　　③　AIKHENVALD AY. Evidentiality in Typological Perspective [C]// AIKHENVALD AY,DIXON RMW.Studies in Evidentiality.Amsterdam/Philadelphia:John Benjamins Publishing Company,2003:19.

　　④　WILLETT TA Cross-linguistic Survey of the Grammaticization of Evidentiality [J].Studies in Language,1988(12):52.

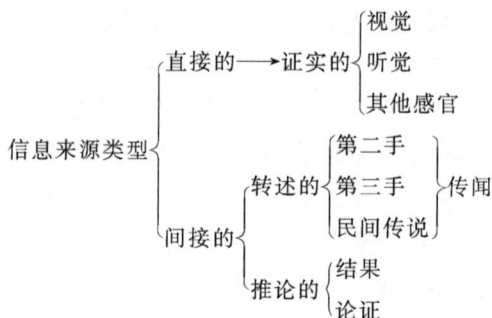

图 2-3 Willett 的信息来源类型

Plungian 认为 Willett 的"报道的信息"(Plungian 称为"引用的知识")是推论的知识的一部分。他将信息来源类型分成两类:观察到的知识和推理的知识。观察到的知识属于直接证据,分为视觉的(visual)和非视觉的(non-visual)两种方式,非视觉的再分为感官和内心的;推理的知识属于间接证据,分为推断(inference)和论证(reasoning)两种方式,推断再分为同时发生的(synchronic)和过去发生的(retrospective)①,如图 2-4 所示。Lazard 认为 Plungian 的分类应该再加入从传统或者常识中得到的知识,因为这种知识不同于报道的知识,常常是说话者和听话者都已经知道的,并且有的语言里表达常识与传闻的实据性成分是不同的②。

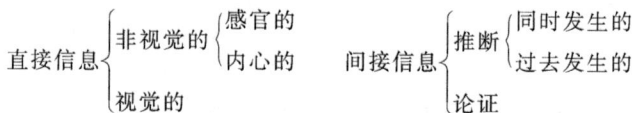

图 2-4 Plungian 的信息来源类型

在通过词形变化或形态证素来传递实据性意义的语言系统中,学者们对实据性的狭义解释主要集中于实据性成分表述形式的语法化

---

① PLUNGIAN VA. The Place of Evidentiality within the Universal Grammatical Space[J].Journal of Pragmatics,2001(33):349-357.

② LAZARD G. On the Grammaticalization of Evidentiality [J]. Journal of Pragmatics,2001(33):359-367.

方面。Palmer 提出在许多具有语法化实据性标记的语言中,"是否有必要为了区分信息来源专门列出了一个特定的语法范畴,信息来源是否只是这个语法范畴中的一个规约含义,这两者间并没有明确的解释和区分"①。Mushin 认为实据性的语言研究主要关注实据成分和实据意义在形态系统中所处的位置②。Aikhenvald 认为"实据性在本质上是一种动词性的语法范畴,与命题真值、声言的有效性或说话人责任之间并没有直接联系"③。

综上所述,狭义的实据性研究主要关注于信息来源,比如其分类、表征形式的语法成分、与说话人客观真实性概念之间的关系等。而广义的实据性研究还包括信息来源的可靠性,即说话者人对所述信息所持的态度。

二、实据性研究的理论类型

目前,国内外学界对于实据性的核心语义和研究范畴一直没有统一的认识,罗桂花把实据性定义的研究历史分成三个阶段:第一阶段,将实据性定义为纯粹的语法现象,代表学者有 Bybee、Anderson。第二阶段,将实据性看作是一种语义现象,视为语言的编码,代表学者有 Mayer、Crystal。第三阶段,认为实据性与编码无关,而是一种交际功能或是语用现象,代表学者有 Ifantidou、Cornillie④。本书根据实据性研究范畴,将实据性研究理论分为三种类型:认知评价型、命题情态型和语法标记型。

(一) 认知评价型

实据性在人类语言中具有一定的普遍适用性,但是许多欧洲和亚

---

① PALMER FR.Mood and Modality[M].Cambridge:Cambridge University Press,1986:51.

② MUSHIN I.Evidentiality and Epistemological Stance:Narrative Retelling[M] Amsterdam/ Philadelphia:John Benjamins Publishing Company,2001:19.

③ AIKHENVALD AY.Evidentiality[M].Oxford:Oxford University Press,2004:3.

④ 罗桂花.法庭互动中的立场研究[D].武汉:华中师范大学,2013:100.

洲语言中并没有语法化的表征形式来编码实据成分和意义,例如英语和汉语。认知评价型的实据性理论研究代表学者是 Chafe,他在研究英语口语和书面语的实据性时,注意到英语中几乎没有语法化的实据性成分,所以他扩大了实据性的研究范围,不仅包括信息的来源,还包括说话人对所传达信息的认知方式、可信程度,以及传递实据性意义的言语手段和预期结果。在 Chafe 的实据性模式中,知识来源指出说话人获取信息的不同方式,而认知方式则表现出说话人具有不同类型的认知模式,并对信息的可靠程度相应的产生态度差异,最后影响实据性意义的言语手段和预期程度[①],如图 2-5 所示。

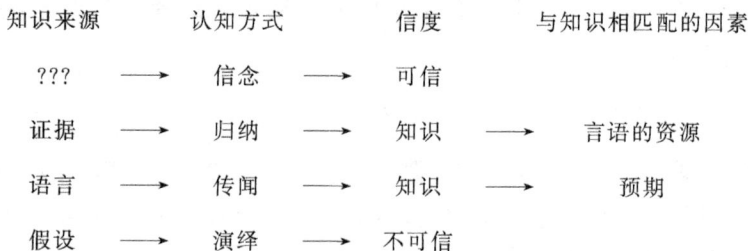

知识来源		认知方式		信度		与知识相匹配的因素
???	→	信念	→	可信		
证据	→	归纳	→	知识	→	言语的资源
语言	→	传闻	→	知识	→	预期
假设	→	演绎	→	不可信		

图 2-5 Chafe 的实据性理论框架

因此,Chafe 的实据性理论框架核心在于根据信息的信度使不同的信息获取方式与认知模式相匹配,即认知评价型实据性理论。Oswalt 也提出认识论描述了说话人对现实世界和可能世界的认知,而实据性成分能根据说话人的信息来源对现实世界进行评估[②]。

(二)命题情态型

实据性和情态系统之间的关系一直没有清晰的认识,是目前实据性理论研究的主要问题之一。Dendale 和 Tasmowski 提出实据性和

---

① CHAFE W.Evidentiality in English Conversation and Academic Writing[C]// CHAFE W,NICHOLS J.Evidentiality:The Linguistic Coding of Epistemology.Norwood,NJ: Ablex,1986:262.

② OSWALT RL.The Evidential System of Kashaya[C]//CHAFE W,NICHOLS J. Evidentiality:The Linguistic Coding of Epistemology.Norwood,New Jersey:Ablex,1986:43.

情态之间的关系分为三种：一是分离，两者都是独立的概念，互不兼容；二是交叉，两者的研究范围重叠；三是包含，两者之间是主体与局部的关系，一方处于另一方的研究领域内①。命题情态型的实据性理论研究代表学者是 Lyons 和 Palmer。Lyons 提出情态是说话人"对所传达信息或信息描述的情况所持的观点和态度，并涉及可能性与必然性"②。Lyons 还将情态可以分为认知情态和责任情态，表达说话人对所述命题真值的程度、信息所负责任或态度以及评估，认知情态动词"关注信息的本质和来源"③，这与实据性研究范畴有相似之处。Palmer 将情态分为命题情态（说话人对命题的判断）与事件情态（说话人对某个潜在未来行为的态度），并认为认识情态和实据性同属于命题情态，如图 2-6 所示。Palmer 认为两者都关注说话人对于命题的真值或事实性状态的态度，认识情态侧重说话人关于命题的事实性状况的判断，而实据性侧重说话人对命题的真实性状况的证据④。

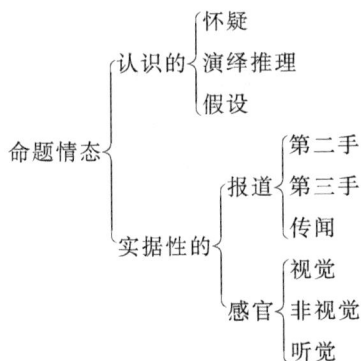

图 2-6　**Palmer 的命题情态与实据性**

---

①　DENDALE P，TASMOWSKI.Introduction：Evidentiality and Related Notions[J]. Journal of Pragmatics，2001(33)：341-342.

②　LYONS J.Semantics[M].Cambridge：Cambridge University Press，1977：452.

③　LYONS J.Semantics[M].Cambridge：Cambridge University Press，1977：739.

④　PALMER FR.Mood and Modality[M].Cambridge：Cambridge University Press，1986：51.

成分是根据肯定性和信息来源区分信息等级的标记"①。Lazard 提出语法化的实据性成分是语法系统中的特定的语法形式,其语义语用功能主要是用来表达话语的信息来源,因此不是所有的语言都有实据性这一语法范畴。人类语言可分为实据性成分没有语法化的语言、实据性成分正在语法化的语言和实据性成分已经语法化的语言②。

总体而言,实据性逐渐成为语言学研究的一个热点,三种不同类型的实据性理论关注不同的研究重点和研究范畴。认知评价型研究的是广义的言据性,适合汉语这类没有语法化的表征形式来编码实据成分和意义的语言,命题情态型关注的重点在于实据性与其他研究范畴的交叉和定位,而语法标记型研究的是狭义的实据性,适合通过词汇曲折和派生形态变化传递实据性意义的语言系统。因此,本书根据汉语传递实据性意义的"非语法化"形式特征,选用认知评价型实据性理论为理论研究基础。

三、汉语中的实据性系统

汉语实据性研究有着深厚的中国传统语言学渊源,但目前的汉语实据性研究现状要远远落后与其他语言,且研究成果较为零散、不够系统。本书主要回顾汉语中实据性的系统研究,目前国内学界普遍认为汉语实据性的系统研究始于马建忠的《马氏文通》,他从实据性的概念、实据性的方式与类型、信息来源、信息可靠度和实据性成分等方面描述了古代汉语实据性意义表达的系统,还阐述了实据性和情态、时态以及语气等相关范畴的关系③。《马氏文通》中将实据性概念分为"决辞"与"疑辞",方式与类型分为表"事"与表"理",信息来源分为"记官司之行"与"记内情所发",实据性成分分为"有疑""无疑"与"不疑",

---

① MAYER R. Abstraction, Context and Perspectivization: Evidentials in Discouse Semantics[J]. Theoretical Linguistics, 1990(16):103.

② LAZARD G. On the Grammaticalization of Evidentiality [J]. Journal of Pragmatics, 2001(33):359-367.

③ 乐耀.国内传信范畴研究综述[J].汉语学习,2011(1):62.

并以信息可靠度的逐步加强为依据进行区分①,如表 2-2 所示:

表 2-2 《马氏文通》的实据性系统

实据性的概念	决辞:信息是不可怀疑的,表达对事实的确认态度		
	疑辞:不确定、怀疑,传达测度的意味		
方式与类型	表"事":基于事实的高信度的陈述式		
	表"理":基于推理的相对弱信度的虚拟表达		
信息来源	记官司之行:与五官功能对应的		
	记内情所发:心理活动类		
实据性成分	有疑:设问	不可信	
	无疑:拟议		↓
	不疑:咏叹	可信	

吕叔湘在《中国文法要略》中系统描写了汉语语气词的实据性成分功能②。高名凯在《汉语语法论》中通过确定命题和疑惑命题两种句型描写了汉语实据性的各种表征形式,并把疑惑命题分为传疑命题和反诘命题两类,还讨论了一种特殊的假疑惑命题③。

张伯江认为汉语的实据性成分主要有三种形式:一是表示信息来源的形式,多以一些习惯使用的"插入语"来表达的;二是表示说话人对事实真实性的态度,往往用一些副词来表达;三是说话人传达确信的程度,如宣传、解释、断言等,可以用句末语气词表示。他还特别强调实据性研究为汉语句末语气词提供了新的研究视角,如"的"可视为"确认性标记(certainty marker)","吧"可视为"测度性标记(uncertainty marker)"④。

① 马建忠.马氏文通读本[M].上海:上海教育出版社,2000.

② 吕叔湘.中国文法要略[M].北京:商务印书馆,1942.

③ 高名凯.汉语语法论[M].北京:科学出版社,1957.

④ 张伯江.认识观的语法表现[J].国外语言学(当代语言学),1997(2):18-19.

张成福、余光武将汉语的实据性成分分为现行的（或眼见的）、引证的、推断的和转述的四类，对汉语插入语的实据性功能进行研究，认为其具有陈实、总结、引证、推测、阐释、转述六种功能，且信度逐渐降低[①]，如表 2-3 所示：

表 2-3　张成福的实据性成分类型

实据性成分类型	功能	信度
表达现行的插入语	陈实	逐渐降低
	总结	
表达引证的插入语	引证	
表达推断的插入语	推测	
	阐释	
表达转述的插入语	转述	

朱永生提出汉语中没有语法形态变化，只能借助某些句式和词汇手段表示实据性意义，并把汉语中的实据性分为"目击型"和"非目击型"两类，形式标记分为主要句式和词汇标记两种，还讨论了汉语实据性的程度（信度）和取向（主观或客观），如表 2-4 所示[②]。

①　张成福,余光武.论汉语的传信表达——以插入语研究为例[J].语言科学,2003(3):50-58.

②　朱永生.试论现代汉语的言据性[J].现代外语,2006(4):331-337.

表 2-4　朱永生的汉语实据性模式

实据性分类	目击型：以明确的方式交代信息来源	明确交代信息来源于说话人 结构：讲话者＋感知动词/言语动词＋信息内容		
		明确交代信息来源于除说话人以外的任何人 结构：第二方/第三方＋感知动词/言语动词＋信息内容		
	非目击型：以含糊的方式交代信息来源	提供信息，但只以含糊的词语说明信息的来源 结构：某人＋ 感知动词/言语动词＋信息内容		
		提供信息，不提供信息的来源 结构：信息内容		
形式标记	主要句式	投射小句＋不含情态成分的信息内容		
		投射小句＋包含情态成分的信息内容		
		没有投射小句，只有包含情态成分的信息内容		
		没有投射小句，只有不包含任何情态成分的信息内容		
	词汇标记	程度＼词性	强	中	弱
		认知动词	看到，听到	看，认为	估计，猜想
		言语动词	咬定，认定	说，道	听说，据说
		助动词		会，应该	
		副词	肯定，一定	大概，可能	也许，视乎
		形容词	肯定	可能	
		名词		可能性	奇迹

　　樊青杰根据信息疆域理论解释了汉语实据性模式，其中将汉语中实据性的信息类型分为六种：说话者认为听话者不知道的信息、说话者认为听话者也许知道的信息、说话者认为也处于听话者疆域内的信息、说话者不知道的信息、说话者知道的信息、处于说话者和听话者疆域外的信息，又将实据性成分分为八类：直接形式、是非问、疑问句、"你知道"之类、推断、传闻、情态、"我觉得"之类，并认为信息类型和实

据性成分之间有相对应规律,他还认为使用实据性成分是有效的礼貌策略①,如表 2-5 所示:

表 2-5 樊青杰的汉语实据性模式

汉语实据性	直接信息:处于说话者疆域内的信息	A. 说话者认为听话者不知道的信息	实据性成分:直接形式	
		B. 说话者认为听话者也许知道的信息	实据性成分:直接形式、是非问	
		C. 说话者认为也处于听话者疆域内的信息	实据性成分:"你知道"之类	
	间接信息	处于说话者疆域内的信息	D. 说话者不知道的信息(询问)	实据性成分:疑问句
			E. 说话者知道的信息(传闻或推断的证据)	实据性成分:疑问句、传闻
		F. 处于说话者和听话者疆域外的信息	实据性成分:推断、传闻、情态、"我觉得"之类	

陈颖运用了主观性理论研究了汉语实据性的信息来源类型和实据性成分,将实据性的信息来源分为直接型(包括感官、言语)与间接型(包括转述、推测),表达直接型信息来源的实据性成分有言说动词、感官动词和中动句式,表达间接型信息来源的实据性成分有认识类动词、副词、语气词、特定的句法结构、话语标记、插入语、复句②,对汉语的实据性成分进行了较为详细的分类和描写,如表 2-6 所示。

---

① 樊青杰.现代汉语传信范畴研究[D].北京:北京语言大学,2008.
② 陈颖.现代汉语传信范畴研究[M].北京:中国社会科学出版社,2009.

表 2-6　陈颖的实据性成分类型

信息来源	实据性成分
直接型:感官、言语	言说动词(说、讲、声称、回答) 感官动词(视觉、非视觉) 中动句式(NP＋VP＋AP)
间接型: 转述(文化传统、传闻) 推测(归纳、演绎、信念、假设)	认识类动词(认为、以为、觉得) 副词(表或然、表必然、表实然) 语气词("的"、"吧"、"嘛"、"呗") 句法结构(固化结构"说是",看 V、NP 的 VP) 话语标记("我看"、"我觉得"、"不知道……") 插入语(与"说"相关、与"看"相关) 复句(条件句、因果句)

　　乐耀认为实据性的核心意义内涵在于表达信息来源和获取该信息的方式,信度是其意义的外延。他在陈颖的实据性成分类型基础上,将实据性成分分为专职和兼职两类,对汉语实据性模式的信息来源、语言形式和实据性意义进行了分类和描述[①]。乐耀认为实据性的信息来源分为直接(亲历)和间接(包括传闻、推测、引述)两种,其中表达引述传闻的语言形式有词汇、短语、固化结构;表达亲历的语言形式有感官动词;表达推测的语言形式有认识情态词、推测语气词、复句(条件句、因果句);表达推测的语言形式有引语(直接引语、间接引语),并把信源、方式和信度作为三个属性对汉语的实据性意义进行区分,较为细致的描述了现代汉语的实据性系统,如表 2-7 所示。

　　总而言之,国外语言学界的语言实据性理论可以为汉语研究提供新的角度和思路,结合汉语中同类或特有的语言现象和特征,推动汉语本体的研究发展。本书认为汉语实据性理论研究发展的趋势主要体现在以下几个方面:

　　第一,汉语实据性范畴和其他语言范畴的互动研究,例如情态、语气、人称等,其中认知情态和实据性的关联研究一直是国内外实据性

研究的热门话题。汉语实据性范畴和其他语言范畴的互动研究有利于汉语实据性系统的合理构建。

第二,汉语实据性研究应将语言现象的描写与现象背后的社会文化、意识形态等深层运作机制相结合,揭示语言使用的本质。

第三,将汉语实据性理论应用于具体的话语互动分析或语篇分析中,研究实据性与不同文体的语言实际使用之间的关系,例如法庭判决书。对法庭判决书中实据性模式的研究有助于提高判决书撰写实践、增强广大群众对法庭裁判行为公正合理性的信心。

第四,使用跨学科多理论的研究为汉语实据性的研究提供更多的视角,如社会语言学、心理学、元话语理论等等。

第五,注重语料库的建设和使用,目前语篇实据性研究大多数采用自建的语料库,但数据规模都不大,一定程度上影响了数据结果的说服力,所以建设大型共享语料库是未来发展的必行之举。

表 2-7 乐耀的实据性系统概况

	信息来源		语言形式	实据性意义	例子
专职的实据性成分	间接:引述传闻		词汇	[－信源;＋方式]	据说、听说
			短语	[＋信源;＋方式]	据……报道
			固化结构	[＋信源;＋方式]	人说、说什么
				[－信源;＋方式]	说是
兼职的实据性成分	直接:亲历		词汇:感官动词	[＋信源;＋方式]	看见、听见、闻起来
	间接	推测	词汇:认识情态词、推测语气词	[＋信源;＋方式;（＋信度）]	应该、可能、吧
			复句:条件、因果等	[＋信源;＋方式]	因为…所以如果…就
		引述	引语	[＋信源;＋方式;（＋信度:高）]	直接引语
				[＋信源;＋方式;（＋信度:低）]	间接引语

第三节　本章小结

　　国内对法庭判决书研究主要侧重于法理学和语言学视角，也有社会学和文学方面的一些研究，而从语用和认知的角度对法庭判决书进行的研究还较为缺乏。目前国外对法庭判决书的研究主要集中在法学、法理解释领域，而对判决书语言的研究侧重于不同法系国家判决书语篇风格的对比、分析判决书构建结构、人际功能和句法结构。从语用和认知的角度对法庭判决书的实据性进行阐释，提高对法庭判决书语篇的认识。长期以来受大陆法系传统影响，我国法庭判决书在阐述已认定的事实后，便直接做出裁判结论，而对于如何从认定的事实中得出某种裁判结论往往一笔带过，使裁判结果缺乏说服力。因此，通过分析语言显性标记构建法庭判决书实据性模式，可以对判决书中起诉主张的事实及其依据的证据进行充分描述，使认定案件事实的过程在判决书中得到体现，促进判决书撰写实践的发展。

　　实据性是语言"信而有征"的表现形式，是信息"有据可查"的具体编码，是语篇"实之有据"的显性标记，因此，通过分析法庭判决书实据性的构建模式，有助于探究其如何在有限的篇幅内，有效表述观点、阐释理由、构建语篇信度。从 20 世纪 80 年代至今的 30 多年的时间里，实据性逐渐成为语言学研究的一个热点，国外语言学界对不同语种实据性的研究文献较多。而国内语言学界对汉语实据性研究还显得很单薄，多数文献还停留在简单介绍国外实据性理论研究成果。因此，分析法庭判决书实据性的构建能进一步推进补充汉语的实据性理论系统，揭示语言形式背后的认知机制，对汉语实据性系统的理论发展有积极促进作用。

　　由于历史原因，海峡两岸和香港、澳门虽然同文同种，却都有其独立的法律法规，即"一国两制三法四域"，伴随着香港和澳门的顺利回归，尽早实现海峡两岸的和平统一已经提升到国家的重要议程。因此，在目前海峡两岸和香港、澳门四地多种法律体系并存的大背景下，对判决书的研究有助于实现内地和香港之间大陆法系与判例法系的交流平衡,加强同为大陆法系的海峡两岸和澳门在法庭判决书领域的沟通,促进海峡两岸和香港、澳门法学、语言学研究领域的交流。本书试图从语用学和认知语言学角度给我国法庭判决书现状打开一个窗口,以期司法部门和法律实践工作者对法庭判决书有一个新的认识视角,同时也望广大群众对和自己生活息息相关的法庭判决书有进一步的了解。人们对司法审判的认识、对法律公正的概念通常是从案件的判决获得的,因此,"实之有据"的法庭判决书能增强人们对法庭裁判行为的公正合理性的信心,助于推动我国司法工作的开展。

第三章

实据性分析框架的构建

　　语言是人类传播知识和提供信息的主要媒介,实据性是编码信息来源,表达说话人态度和可靠性的语言范畴。胡壮麟认为,虽然汉语不是屈折语言,但仍有很多方式表示实据性,进行实据性分析能从一个侧面反映出语篇的文体特征,因为不同语篇对实据性成分的选择有不同的要求,且有些实据性成分超越了句子界限,只有在语篇领域中才能理解[①]。

第一节　理论基础

　　本书关于中国法庭判决书的实据性研究将以 Chafe 的实据性理论框架和"目的原则"为基本的理论基础,对法庭判决书中的各种实据性来源、功能、形式以及信度进行细致的观察和充分的描写,分析海峡两岸和香港、澳门法庭判决书实据性的异同,并给予合理的解释,从而揭示判决书中实据性模式的建构方式和普遍规律。在构建本书的理论分析框架之前,分别对这两个理论做简要的介绍。

一、Chafe 实据性理论框架

　　实据性在人类语言中具有一定的普遍适用性,而早期的实据性研究片面强调语法化的词缀、句法变化,限制了实据性研究的发展。Chafe 从功能的角度分析语言中的实据性成分,为实据性研究工作开辟了新

---

① 　胡壮麟.汉语的言据性和语篇分析[J].湖北大学学报,1995(2):21.

的领域。他认为不能把后缀看作是实据性的唯一标志,助词、副词及其他形式也可表示实据性,且实据性成分多种多样,并不总是与形式一一对应。实据性的现象是普遍存在的,在各种语言中的体现则不同。语言学家的任务是对实据性成分进行客观描写,观察最常用的实据性成分及其使用场合、原因和方式①。Chafe 从广义的角度界定了实据性研究范畴,不仅包括实据性的信息来源,还包括说话人对所传达信息的认知方式、可信程度以及传递实据性意义的言语手段和预期结果,这种理论模式尤其适合用于解释英语、汉语这样缺少语法化实据性成分标记的语言系统,如图 3-1 所示②。

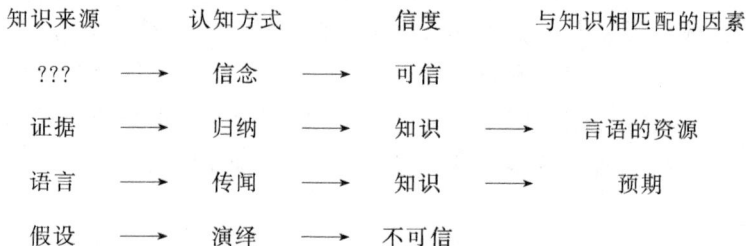

知识来源	认知方式	信度	与知识相匹配的因素
??? ⟶	信念 ⟶	可信	
证据 ⟶	归纳 ⟶	知识 ⟶	言语的资源
语言 ⟶	传闻 ⟶	知识 ⟶	预期
假设 ⟶	演绎 ⟶	不可信	

图 3-1 Chafe 的实据性理论框架

胡壮麟对 Chafe 的实据性模式进行了修正,他认为 Chafe 的模式开始于"信念",但"???"的符号表示产生信念的证据是模糊或不可知的,应更改为"文化证据",因为说话人可以依据自己过去的经验,而任何个体、机构、社会文化的经验最终都储藏于文化之中,各种经验都能在文化中重现。胡壮麟还指出 Chafe 把"语言"和"传闻","假设"和"演绎"混在一起,将"认知方式"作为"传闻"的上坐标词,而把"语言"却列在"知识来源"之下,混淆了两者的概念。此外,Chafe 模式中的"可信的"和"不可信的"也容易产生误解,四种认知方式的排列并不意味着信念比归纳、演绎和传闻更为可信,而是每种认知方式均可在信

---

① CHAFE W.Evidentiality in English Conversation and Academic Writing[C]//CHAFE W,NICHOLS J.Evidentiality:The Linguistic Coding of Epistemology.Norwood,NJ:Ablex,1986:261.

② 胡壮麟.语言的可证性[J].外语教学与研究,1994(1):11.

度的阶上下移动，因此可以用一个箭头取代四个箭头，并把信度放在右侧栏目内①，如图 3-2 所示。

　　胡壮麟将 Chafe 的实据性理论框架应用于汉语语篇实据性分析中，从知识来源（感官、言语、假设和文化传统）、认知方式（归纳、传闻、演绎和信念）、有关知识的其他因素（信度、预期）以及实据性成分的复合应用和省略四个方面描写了汉语中的实据性成分，并对不同文体的语篇进行了分析，得出结论"Chafe 的分类框架，基本上可适用于汉语，但 Chafe 模式中的言语资源界定不清楚，且出现频率很小"②。Chafe 和胡壮麟的实据性理论框架为法庭判决书实据性的研究提供了良好的理论背景和分析思路，不仅为语篇分析提供了信息类型、信息来源等证明语篇信度的语言表征，还能体现法庭判决书的语篇建构过程。法庭判决书作为司法书面语篇的一种，是典型的必须依赖于语言实据性意义构建的语篇类型。

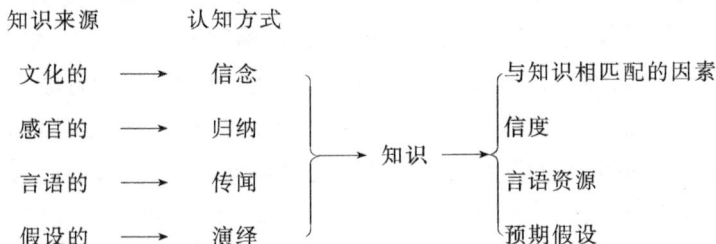

图 3-2　胡壮麟修正的实据性理论框架

二、目的与目的原则

　　很多哲学家、社会学家都认为，人与动物最基本的区别在于，人的活动是有目的的。目的"作为哲学范畴，是主体在认识客体的过程中，按照自己的需求和对象本身的固有属性预先设计的，并以观念的形式存在于主体头脑中的某种结果，体现了对自身的需求与客观对象之间

① 　胡壮麟.语言的可证性[J].外语教学与研究,1994(1):12.
② 　胡壮麟.汉语的言据性和语篇分析[J].湖北大学学报,1995(2):23.

的内在联系"①。历史上众多大哲学家都阐述过目的的定义和作用,对近代哲学、社会学、语言学的发展产生了巨大影响。

(一)目的论

在哲学领域中,古希腊哲学家苏格拉底最早提出用目的论解释世界,他认为世界上存在的事物是出于神的有目的的安排,而万事万物都服从并追求一种目的,即达到自身的圆满状态②。柏拉图认为世界上事物之所以存在并且井然有序,是神作为创造主为宇宙制定了理性目的和方案,"因为世界是这样产生出来的,所以必然照着理性所认识的、永恒不变的模型创造出来的"③。亚里士多德的"四因说"(质料因、形式因、动力因、目的因)是以人的目的性活动为依据,他认为"事物不是偶然或自发性的结果,那就可以断定他们一定是有目的的"④,达到目的必须凭借手段,而手段又是为了达到某个目的。康德认为"有理性者与世界的其他物类的区别就在于有理性者能够为自己立个目的"⑤,而"人是世上唯一无二能够形成目的的概念的存在者"⑥并且"处于整个自然的目的系统的顶端"⑦,因此"对于有机的自然生物,必须进行目的论的考察,即用不同于机械力学因果观念的目的的观点来解释"⑧。黑格尔认为主观目的必须以客观世界为前提,"目的通过手段与客观世界相结合,并且在客观世界中与自身相结合"⑨,即在目的

————————

① 夏甄陶.关于目的的哲学[M].上海:上海人民出版社,1982:3.

② 北京大学哲学系外国哲学教研室.古希腊罗马哲学[M].北京:商务印书馆,1982:167.

③ 北京大学哲学系外国哲学教研室.古希腊罗马哲学[M].北京:商务印书馆,1982:208.

④ 北京大学哲学系外国哲学教研室.古希腊罗马哲学[M].北京:商务印书馆,1982:256.

⑤ 康德.道德形上学探本[M].北京:商务印书馆,1957:51.

⑥ 康德.判断力批判[M].北京:商务印书馆,1964:89.

⑦ 俞吾金,汪行福,王凤才,等.德国古典哲学[M].北京:人民出版社,2009:161.

⑧ 康德.判断力批判[M].北京:商务印书馆,1964:15,87.

⑨ 黑格尔.逻辑学:下卷[M].杨一之,译.北京:商务印书馆,1976:433.

的实现过程中,手段把主观目的同实现目的的客体连接起来。费尔巴哈也提出"人是依照目的而活动的东西"①。随着学科分类的不断细化,很多学科开始从各自的角度关注目的在人类行为中的重要性。

马克思从社会学角度阐述了人类行为中的目的,"劳动过程结束时得到的结果,在劳动开始前就已经在劳动者的表象中存在着,即已经观念地存在着。劳动者不仅使自然物发生形式变化,还在自然物中实现自己的目的,目的是决定了劳动者的活动方式和方法的规律"②。Parisi 和 Castelfranchi 从语用学角度将目的定义为"控制个体,或在更广泛的意义上是控制系统行为的一种状态",分为"有意识的""无意识的""随时确定的""行为常规性的""生物功能性的"和"机构的"等,并且目的是有等级层次之分的③。Bunt 认为"语言交流是一种有目的的、受规则支配的交际行为,旨在合作实现对话目的。语言交流能够形成一个连贯对话的原因在于交际双方希望通过对话来实现他们的总目的"④。顾曰国将目的定义为个体有意识或无意识地期盼的某种事物状态,目的是理解人类言语行为的重要组成部分,因为所有言语行为都是有目的的⑤。宋英辉从法学角度将目的定义为"统治者按照自己的需要和刑事诉讼及其对象固有属性的认识,以观念形式表达的、预先设计的关于刑事诉讼结果的理想模式"⑥。李祖军认为"目的是根据自己的需要和基于对象的属性的认识而事先设计的一种理想

---

① 费尔巴哈.费尔巴哈哲学著作选集[M].上海:三联书店,1962:627.

② 中央编译局.马克思恩格斯全集:第二十三卷[M].北京:人民出版社,1995:202.

③ PARISI D,CASTELFRANCHI CA Goal Analysis of Some Pragmatic Aspects of Language[C]//PARRET H,SBISA M,VERSCHUEREN J.Possibilities and Limitations of Pragmatics.Amsterdam:Benjamins,1981:551-567.

④ BUNT H.Conversational Principles in Question-answer Dialogue[C]//KRALLMANN D,STICKEL G.Zur Theorie der Frage.Tubingen:Narr,1981:119-141.

⑤ 顾曰国.语言学海外自选集:语用学与话语分析研究[M].北京:外语教学与研究出版社,2010:127.

⑥ 宋英辉.刑事诉讼目的论[M].北京:中国政法大学出版社,1995.

结果的模式"①。

总而言之,人的一切社会实践活动都具有目的性,甚至人的存在本身就是一种具有目的生命活动。2002年,廖美珍在梳理总结前人研究成果的基础上,根据近百万字的法庭辩论语料研究分析,在博士论文《问答:法庭话语互动研究》中把人类社会行为的目的性抽象为"目的原则",并在随后的系列论著中进行了系统的论述。

(二) 目的原则

廖美珍从语用学角度将目的定义为"支配主体行为的预先设定的以观念形式存在的一种理想结果"其中关键概念是"支配行为"和"理想结果","支配"表明目的和行为之间的关系,目的是主体意图追求的一种理想的结果,目的不只是存在于观念里,还要通过行为表现出来②。他在随后的系列论著中陆续对"目的原则与目的分析""目的原则与语篇连贯""目的原则与交际模式""目的原则与语境动态性"以及"目的原则与言语行为互动"之间的关系进行了论述,提出了目的的系统论、目的的分析模式、目的的交际观与交际模式,逐步构建起"目的原则"的理论体系。

廖美珍将"目的原则"应用于言语行为和言语活动的解释,把言语行为"目的原则"定义为"任何理性(正常)的人的理性(正常)言语行为都是有目的的,或者说,任何理性(正常)的人的理性(正常)行为都带有目的的保证,即交际目的。说话就是表达目的,说话就是实践(实行)目的,说话就是实现目的。换句话说,目的是言语生成的原因,是言语发展的动力"③。他还提出目的关系是目的原则的核心部分,并从人际关系角度将目的关系归纳为三类:目的一致、目的冲突(包括目的竞争)和目的中性④。在"目的原则"理论体系中,目的是一个有结构、

---

① 李祖军.民事诉讼目的论[M].北京:法律出版社,2000.

② 廖美珍.法庭问答及其互动研究[M].北京:法律出版社,2003:366.

③ 廖美珍."目的原则"与目的分析:上[J].修辞学习,2005(3):2.

④ 廖美珍."目的原则"与目的分析:上[J].修辞学习,2005(3):5.

有层次、有机的系统,即目的的系统论。一个话语活动如果不是由一个话语行为构成的,便有一个总目的,总目的之下有子目的,形成一个目的系统网络。其中,有的子目的是直接指向总目的的,有的是间接指向总目的的,而所有的子目的都受总目的的支配①。在目的的系统论的理论基础上,廖美珍提出了目的分析模式,分为自上而下(从总目的到子目的)和自下而上(从子目的到总目的)两种模式,如图 3-3所示。

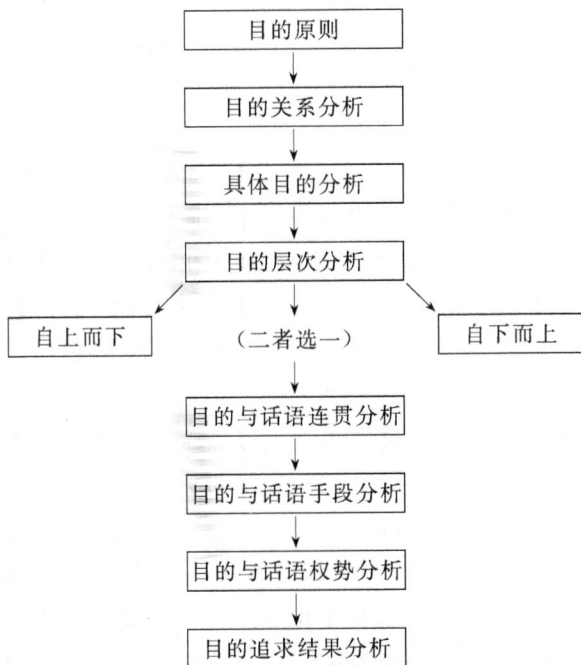

图 3-3　廖美珍的目的分析模式

目的原则的交际观认为"交际是目的催发的,或者目的驱动的,发生在两个或者两个以上主体间的,以目的为主导的,追求目的的言语互动过程"②。有意义、有价值的交际必须有目的,交际是目的的动态

①　廖美珍."目的原则"与目的的分析:下[J].修辞学习,2005(4):5.
②　廖美珍.目的原则与交际模式研究(续)[J].外语学刊,2009(6):101.

互动过程,并在目的推动下互动,是以目的的实现(或者未实现)为结果的互动。交际的主体间(即说话人和听话人)进行互动,共享交际双方的知识和背景,这种"共识"也是围绕目的形成和建构的,如图 3-4 所示。

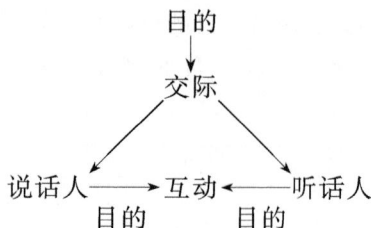

图 3-4　目的原则的交际观

廖美珍通过对目的在互动式和独白式话语中的实现方式的分析和研究,提出了目的原则的交际模式,他认为交际是一种有层面的互动过程,任何一个言语交际行为可以分为四个层面[①]。首先是"基础层面"也称为"预设层面",目的驱使说话人说话,是实施言语行为的保证和前提;第一层是目的的表达和理解层面,说话人通过言语行为表达目的,听话人对说话人言语行为进行理解;第二层是目的的实施和领悟层面,说话人通过言语行为实施目的,听话人领悟说话人目的;第三层是目的的追求和反应层面,说话人通过言语行为追求目的,听话人对说话人目的做出反应,如图 3-5 所示。目的原则的交际模式有效地解释了交际目的与言语行为之间的关系,以有层次的、有结构的交际目的为核心,揭示出交际过程中说话人对交际目的的表达、实施和追求以及听话人对说话人目的的理解、领悟和反映,是言语行为在交际互动中的合理解释。

---

① 　廖美珍.目的原则与交际模式研究(续)[J].外语学刊,2009(6):103.

基础层面：
目的预设

说话人
目的驱使说话人说话
言语行为带有目的保证
实施言语行为的前提

听话人
目的驱使说话人说话
言语行为带有目的保证
话语值得加工的前提条件

第一层
表达和理解层面
（对应于言内行为）

第二层
实施和领悟层面
（对应于言外行为）

第三层
目的追求和反应层面
（对应于以言取效行为）

说话人
目的表达

听话人
表达理解

说话人
目的实施

听话人
目的领悟

说话人
目的追求

听话人
目的反映

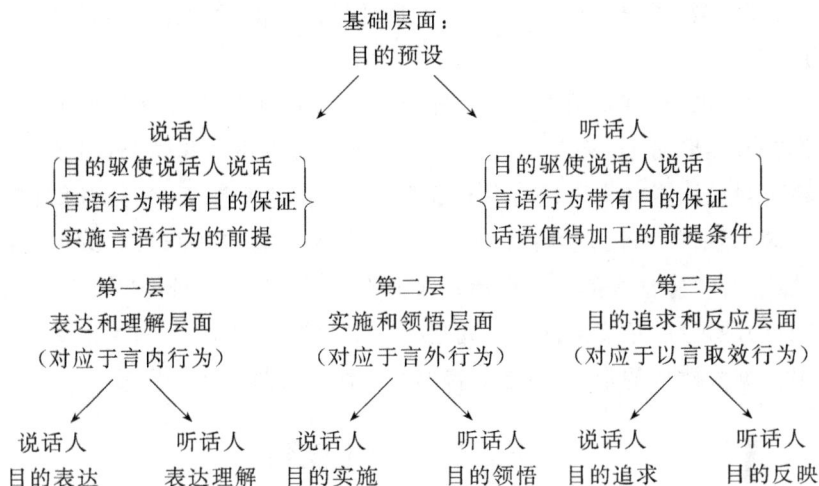

图 3-5　目的原则的交际模式

"目的原则"的提出引起众多学者的广泛关注，并依据其有力的解释性，将其应用于不同类型的话语和语篇分析研究中。黄萍整合了语用综观论和目的原则交际观，对中国警察刑事侦查讯话语的使用现状在微观互动和宏观体裁结构两个方面进行了描写和解释，揭示了侦查讯问中语言使用的变异性、协商性和适应性的动态特征和规律[①]。柯贤兵对法庭调解话语的运作机制和使用现状进行了定性描写和阐释，整合了语言的博弈观、适应观和目的观，提出了调解话语目的博弈论[②]。谢群对商务谈判话语的互动结构进行研究，将其分为前导行为、核心行为与后续行为三部分，分别对各部分的引发语与应答语的组成成分、构成模式以及选择策略进行分析与阐释，并在批判与继承目的原则的基础上，提出适合于商务谈判话语研究的目的协商论框架[③]。张玉宏从种类、数量、语言形式的长度以及生成机制四个方面，对《宪法》《刑法》和《民法通则》及其修正案中的立法语篇的元话语特殊的使

①　黄萍.中国侦查讯问话语语用研究[D].武汉：华中师范大学,2010.

②　柯贤兵.中国法庭调解话语博弈研究[D].武汉：华中师范大学,2012.

③　谢群.商务谈判话语互动研究[D].武汉：华中师范大学,2013.

用特征进行了分析研究,并提出了目的导向的对话性元话语理论和应用模式①。

"目的原则"是国内语用学理论研究的一项突破,基于真实的语言调查和语料分析,将英美分析与欧陆解释理论模式相结合,系统地阐释了目的因素在言语行为中的重要性。从其性质来看,"目的原则"不是规约性准则,而是解释性规则,是分析和解释言语行为和语言使用的原则。"考察人类对象性活动及其创造物,离不开目的"②,因此,从"目的原则"的角度来探讨法庭判决书实据性的建构,有利于把握判决书实据性建构的本质,它是受目的关系制约和推动下的产物。

第二节　分析框架

"任何话语,不管长度如何,也无论是口头的还是书面的,只要构成一个完整的整体,即为语篇。一句话或一个言语行为也可构成一个语篇,但大多数语篇是由一个以上的言语行为构成的"③。法庭判决书是法律界常见的应用型语篇,判决书必须根据法庭判决,在有限的篇幅内有效地表述观点、阐释理由,达到构建判决书语篇信度的目的。目的关系是目的分析模式的核心部分,因此本书要以"目的原则"为理论基础对法庭判决书的实据性进行语篇分析,首先要确定语篇分析中的各种目的关系,再梳理出与法庭判决书中实据性构建相关的成分之间的联系,进而提出本书的理论分析框架——目的推进式实据性分析模式。

一、"目的"的推进

言语交际互动中,交际双方既受到各种目的关系的制约,又影响目的关系的发展变化,目的关系是人际关系和功能的本质。廖美珍把

①　张玉宏.汉语立法语篇的元话语研究[D].武汉:华中师范大学,2014.
②　廖美珍.法庭问答及其互动研究[M].北京:法律出版社,2003:363.
③　廖美珍.目的原则与语篇连贯分析[J].外语教学与研究,2005(5):351.

言语交际互动中目的关系概括为三种：目的一致、目的冲突（包括目的竞争）和目的中性。目的一致关系指言语交际双方的目的一致、相同或相似；目的冲突关系中，互动双方的目的不兼容，或一方的目的对另一方而言是不能接受的，具有冲突对抗性；目的中性的关系中，说话人的目的对于听话人而言无益也无害，处于中性状态中。这三种目的关系可能是事先确定的，也可能是现场即席发生、形成并处于动态变化发展中①。

在语篇分析中，交际双方不存在显性的交际互动，因此目的关系也会随之发生改变。廖美珍提出无论是微观语篇或宏观语篇，在连贯的篇章中两个言语行为之间的目的关系至少有四种：目的支持、目的澄清、目的整合以及目的对比。目的支持指第二个言语行为的目的是为第一个言语行为提供支持；目的澄清指第二个言语行为的目的是让第一个言语行为的目的更容易理解；目的整合指言语行为的目的是提供完整的图式知识；目的对比指第二个言语行为的目的是与第一个言语行为形成对比②。本书认为法庭判决书作为法庭判决的书面表现形式，是整个法院裁判行为的综合再现和最终载体，具有典型的言语行为特征，适用于目的关系的分析模式。例如：

（1）广州市白云区人民检察院指控：2010年5月1日，被告人何某利用自己从事保姆且家长外出未归之机，在本市白云区棠景街百顺台花园小区某栋某房内将婴儿李某荣（案发时一岁四个月）抱走，并随即乘车将李带至广东省高要市白诸镇大基头村。后何琨以电话、短信的方式向李的母亲吴某婷索要人民币100万元。同年5月2日，公安人员在高要市白诸镇大基头村抓获何琨，同时解救李某荣。（目的整合）

公诉机关为证明上述事实当庭出示了书证、鉴定意见、勘验、检查笔录、证人证言、被害人陈述、被告人供述等证据。（目的支持）

公诉机关据此认为，被告人何某无视国家法律，以勒索财物为目

① 廖美珍."目的原则"与目的分析（上）[J].修辞学习,2005(3):5.
② 廖美珍.目的原则与语篇连贯分析[J].外语教学与研究,2005(5):356.

的偷盗婴幼儿,其行为触犯了《中华人民共和国刑法》第二百三十九条第一、三款,应以绑架罪追究其刑事责任。提请本院依法判处。(目的澄清)

在这段刑事判决书中,首先提供了检察机关对案件情节的概括描述,为后续的指控罪名提供了完整的背景图式信息,即目的整合关系;而公诉机关提供的勘验、笔录等各种证据进一步支持了检察机关描述的案件情节的真实性,即目的支持关系;公诉机关就被告人的犯罪情节和触犯国家刑法的条例向法院提请判处追究刑事责任,是对整个指控行为目的的说明,即目的澄清关系。又如:

(2)根据当事人的举证、质证,本院认证如下:被告对原告主张给被告女儿购买笔记本电脑的事实予以认可,对该事实予以认定。原告主张给被告女儿汇款 4000 元,被告质证认可 3000 元,但被告在答辩状中认可 4000 元,被告的质证意见与其答辩意见不一致,但未提供相应证据,应认定为 4000 元。被告对原告提供的农村信用社汇款单无异议,予以采信。(目的整合)

经审理查明:2013 年 9 月 15 日,原被告经人介绍相识。同年 11 月 4 日办理了结婚登记手续。双方均系再婚。2013 年 10 月 5 日,原告给予被告 5000 元,为被告女儿购买三星牌笔记本电脑一台。在共同生活期间,原告给付被告女儿生活费 4000 元。双方因生活琐事发生纠纷,原告于 2014 年 7 月 8 日向法院提起诉讼。(目的支持)

本院认为,婚姻关系应以夫妻感情为基础。原被告双方经人介绍相识,在认识两个月后办理了结婚登记手续,双方均系再婚。婚后双方因为家庭琐事发生纠纷,原告向法院提起诉讼,被告同意与原告离婚,故对原告的离婚诉请予以支持。关于原告要求被告返还给被告女儿购买笔记本电脑所花费的 5000 元及给付的生活费 4000 元,不属于本案的审理范围,原告可另案起诉。被告要求原告赔偿因原告扭伤其胳膊不能动弹所造成的身心损失费 2000 元,未提供充分有效的证据予以证明,原告亦不予认可,故对被告的该主张不予支持。经调解无效,依照《中华人民共和国婚姻法》第三十二条及《中华人民共和国民

事诉讼法》第六十四条第一款之规定,判决如下。(目的澄清)

在这段民事判决书中,首先提供了法院对案件事实部分的认证情况,为后续的法庭判决提供了完整的背景图式信息,即目的整合关系;而后经过审理查明的事实情节为法庭认证情况提供了有力支持,即目的支持关系;法院根据对案件事实多个部分的不同认可情况,对原告诉求予以不同程度的回应,做出依法判决,是对整个判决行为目的的说明,即目的澄清关系。由此可见,无论是刑事判决书还是民事判决书,无论是在判决书的起诉部分还是判决部分,目的整合、支持以及澄清关系都贯穿其中,呈现出目的的逐步推进态势,如图 3-6 所示。

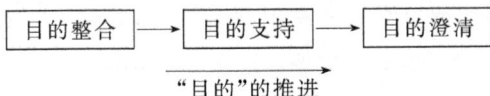

图 3-6　目的推进式

法庭判决书是法院基于对立法意图的合理解释所形成的司法过程所作的判决文书,是法官审理案件程序和经过的具体表现,记录了当事人在诉讼中攻击和防卫的行动和态势。因此,理清法庭判决书中各种目的关系有利于揭示法官表述法庭观点、阐释判决理由的逻辑思路,为构建法庭判决书实据性模式提供解释性规则。

二、目的推进式实据性分析模式

本书将法庭判决书实据性模式的建构建立在真实的判决书语料分析基础之上,以 Chafe 提出、胡壮麟修订的实据性理论框架和“目的原则”理论为研究途径,并在此基础上认为实据性是说话人在交际环境中根据其交际目的运用具有特定功能的语言形式来传递信息的来源和信度的产物,因此法庭判决书中的实据性分析模式是在目的关系推动下,由信息来源、传递信息的语言形式、实据功能以及说话人对所传达信息的信度支持四个方面构成。

(一) 信息来源

Chafe 将信息来源分为模糊或不可知、证据、语言和假设四类,对应信念、归纳、传闻和演绎四种认知方式①，胡壮麟在其对应认知方式的基础上将信息来源分类修订为文化的、感官的、语言的和假设的四类②。通过对所收集的法庭判决书语料进行观察和分析，本书认为胡壮麟修订的分类方法条例清晰，能够涵盖判决书实据性信息来源的各个方面，因此在他的分类基础上将法庭判决书实据性信息来源分为文化信念型、感官亲历型、言语传闻型和推断假设型四种。其中，文化信念型信息来源指的是储藏于文化之中，能在文化中重现的任何个体、机构或社会文化的经验③，因此文化信念型信息来源可以指大众约定俗成的看法、常理，也可以指某一个言语社团共同的认知背景。法庭判决书中作为法律界常见的应用型语篇，其文化信念型信息来源主要指法律法规、辞典、学术论文等出版资料。例如：

（3）案涉房产没有按照《建设工程规划许可证》记载的规划设计要求进行建设，根据最高人民法院《关于审理城镇房屋租赁合同纠纷案件具体应用法律若干问题的解释》第二条之规定，《租赁合同》系无效合同。

本例中，"根据最高人民法院《关于审理城镇房屋租赁合同纠纷案件具体应用法律若干问题的解释》第二条之规定"指明了法庭审判信息来源于法律法规，是典型的文化信念型信息来源。

感官亲历型信息来源指的是"人类作为高级生物，感官器官发展最为平衡，能通过视觉、听觉、嗅觉、味觉、肤觉、运动觉、机体觉、平衡觉等对客观现实个别特性做出反应"④，因此法庭判决书中的感官亲历型信息来源主要通过感官动词表达，如例（4）中的"看到"。

（4）证人吴某城的证言及辨认材料，证实：2010 年 4 月 30 日下

---

① CHAFE W.Evidentiality in English Conversation and Academic Writing[C]// CHAFE W,NICHOLS J.Evidentiality:The Linguistic Coding of Epistemology.Norwood,NJ: Ablex,1986:261.

② 胡壮麟.语言的可证性[J].外语教学与研究,1994(1):11.

③ 胡壮麟.语言的可证性[J].外语教学与研究,1994(1):12.

④ 胡壮麟.汉语的言据性和语篇分析[J].湖北大学学报,1995(2):13.

午,我姐吴某婷邀请我和女朋友到她家吃饭。我下班后 6 点 40 分到
我姐家。我到她家后看到有两个朋友在她家,还有一个她新请回来的
保姆,还有我外甥仔李某荣。

这里的"言语"指的是使用语言的方式,而不是感官的方式,因此
言语传闻型信息来源指说话人所表达信息的来源不是通过自己的直
接感受,而是通过别人亲口或书面形式告知的①,如例(5)中的"我
听……说"。

(5)回公司后,我听吴家宝和舒会计说这些监控设备之所以拆,
是因为三铭鸿宇差我单位钱,所以才拆的,之后因为不是我的事,我也
没过问过。

推断假设型信息来源既非亲身经历,又非道听途说,而是说话人
根据已知或现存的信息在推理或估测的基础上提供的信息来源②,其
中最典型的就是通过假设、因果等逻辑推理过程得到的信息来源,如
例(6)中的"如果……",以及例(7)中的"因为……"。

(6)如果潘某双未按本判决指定的期间履行给付金钱义务,应当
依照《中华人民共和国民事诉讼法》第二百五十三条之规定,加倍支付
迟延履行期间的债务利息。本诉案件受理费 3275 元、财产保全费
2270 元,由上丞公司负担 1109 元,由潘雪双负担 4436 元;反诉案件受
理费 50 元,由潘某双负担。

(7)敬洪涛的供述和辩解。证明:公司与腾飞工艺厂的合同是其
2011 年 4 月 10 号签订的,进场施工时间是 2011 年 5 月 28 日。因为
要交 50 万元的保证金,这家单位没钱交,后来签了补充协议,同意交
17 万元保证金。公司在 2011 年 8 月 16 日与这家单位签订了封样说
明,今年 4 月 3 日签订了样品牌坊进场安装施工通知书,约定 4 月 18
日进场施工。因为施工单位保证金没有交够,所以公司要求施工单位

---

① 胡壮麟.汉语的言据性和语篇分析[J].湖北大学学报,1995(2):14.

② DE HAAN F.The Relation between Modality and Evidentiality[J].Linguistische Berichte,2001(9):201-216.

先行垫资修建。牌坊做好后,施工单位因为喝酒的事情与薛荣荣的父亲打架。所做的牌坊不符合要求,其让程某某把牌坊搬走,后面的牌坊也不给他做了,更不会付钱了。

文化信念型信息来源主要提供法律条文、规范解释等司法审判的背景信息,感官亲历型和言语传闻型信息来源常出现在控辩双方提供人言、物证或书证等证据进行举证和辩论部分,推断假设型信息来源不仅承担了举证和辩论部分的证据推理过程,更为法官根据证据信息进行逻辑推理做出合理审判结果提供了信度支持。总而言之,文化信念型、感官亲历型、言语传闻型和推断假设型信息来源这四种方式共同构成了法庭判决书实据性信息来源的主要途径。

(二)语言形式

不同于依赖语法变化承担实据性意义的语言,汉语中没有语法的屈折或粘着形式能表达实据性意义。朱永生提出汉语没有语法形态变化,只能借助某些句式和词汇手段表示实据性意义,形式标记分为主要句式和词汇标记两种①。本书通过对所收集的法庭判决书语料进行观察和分析,认为判决书中表示实据性意义的语言形式分为词汇、短语和复句形式三类,词汇形式中提供实据性意义的主要有动词(包括言说动词、感官动词、认识动词和情态动词)和副词(表示程度和语气),具有实据性意义的短语形式主要有介词短语和动宾短语,复句形式中主要是条件句和因果句,如图3-6所示。

---

① 朱永生.试论现代汉语的言据性[J].现代外语,2006(4):333.

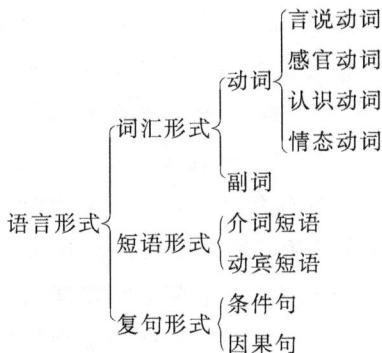

图3-6 法庭判决书中实据性的语言形式

动词是汉语句法结构和语义结构的中心,法庭判决书中能表示实据性意义的动词主要分为言说动词、感官动词、认识动词和情态动词。目前对于言说动词的定义主要分为两种,其一是从言语行为理论的施事行为角度进行定义,刘大为认为言说动词专门用于把语言作为一种行为来谈论,如"说""通知""承认""问""劝告"等,并且由于人类思维活动整体上也是一种内部的言语行为,因此言说动词还包括"想""认为""相信""知道"等心理动词①。钟守满认为言语行为动词是说话人通过言语表达意图和态度,即"以言行事"的动词②。其二是汉语学界对言说动词的定义,陈昌来认为言说动词是表示"言说"意义的动词,如"告诉""打听"等③。汪维辉提出言说动词属于基本词汇的范畴,相当于普通话中语义为"用言语表达意思"的"说"的词统称为"说类词",它是言说语义场中最核心的一个小类④。本书采用汉语学界对言说动词的定义,认为言说动词主要指"言语说话"的动词,主要有"说""问""声称""回答"等,如例(8)中的"说"标记出此段法庭判决书实据性的信息来源为感官亲历型。

① 刘大为.意向动词、言说动词与篇章的视域[J].修辞学习,2004(6):1-7.

② 钟守满.言语行为动词释义及其相关研究[J].外语教学,2008(5):13-17.

③ 陈昌来.论成事及其相关动词[J].汉语学习,2002(3):6-12.

④ 汪维辉.汉语"说类词"的历时演变与共时分布[J].中国语文,2004(4):329-342.

(8) 4 月 30 日中午吃完饭,有个朋友打电话邀请我吃晚饭,我表示不外出,并邀请其来我家吃晚饭。陆某华可能听到我的电话,问了我很多次是否要外出,并表示她可以照顾好孩子,后又说:"你朋友到家来吃饭,我煮的东西不好吃,还是出去吃吧。"我就说我朋友不挑吃。到了下午 3 时许,陆某华对我说:"你孩子哭得好凶,我带他出去玩。"我说:"不用,你跟我去买菜。"然后她就不出声。

感官动词主要指通过人的"五感",即"听觉""视觉""触觉""嗅觉"和"味觉"获得外部信息,通过语言表征为实据性意义提供信息来源。如例(9)中的"看到""听见"标记出此段法庭判决书实据性的信息来源为感官亲历型。

(9) 2013 年 5 月 19 日 0 时左右,我在家里二楼的卫生间内听见我窗子外面的墙角下有女子大叫"救命",跑到围墙外的空地上,看到一个女的全身赤裸,蹲在墙角边哭泣,那个女的对我说他被一个男子强奸和抢劫,后直接用我的手机替女子拨打了 110 报了警,同时我打给她手电,让她自己在附近找到衣服的经过情况。

认识动词在汉语语法研究中主要和人的心理活动相关,方梅把表示认识和见证义的动词统称为"认证义动词"①,陈颖认为体现"见证义"的动词就是"感官动词",所以将体现人类主观认识的这一类动词称为"认识动词",认识动词在语义上一定是表示"心理活动或心理状态"的,主要有"认为""以为""觉得""知道"等②,如例(10)中的"认为"与"由于"连用,标记出此段法庭判决书实据性的信息来源为推断假设型。

(10) 原告对证据 11 质证认为,对该证据的真实性有异议,由于订单上没有香港英卓国际有限公司的确认章,无法证明是该公司向被告所下的订单,即使有订单,也不能证明这些产品使用了原告所提供的

---

① 方梅.认证义谓宾动词的虚化——从谓宾动词到语用标记[J].中国语文,2005 (6):496-507.

② 陈颖.现代汉语传信范畴研究[M].北京:中国社会科学出版社,2009:45.

革基布。

　　情态动词在法庭判决书实据性中主要承担着信息来源的信度支持，乐耀认为"情态主要指说话人对所述命题的承诺，这种承诺主要表现在说话人对命题所承载信息的可能性或必然性的态度上"①，而说话人对信息可能性高低或必然性强弱的判断是基于信息来源的。如例（11）中的"应该"与"根据刑事卷宗中记载"连用，标记出此段法庭判决书实据性的信息来源为文化信念型，而例（12）中的"可能"标记出此段信息来源为推断假设型。

　　（11）第三，根据刑事卷宗中记载，可以证明隆创公司、杰川公司六年多成交量达到 6 个亿，是由于魏某桢、张某良、龙某祥作为高级管理人员，利用自己掌握的客户资料，挖走罗升公司客户进行牟利，因此他们<u>应该</u>承担连带赔偿责任。

　　（12）本案中，魏某桢、龙某祥、张某良等三人均于 2008 年 12 月底全部离开罗升公司，客观上不<u>可能</u>再接触到罗升公司客户名单等相关信息，时至现在，原则上已超过了合理期限，现在与隆创公司、杰川公司交易之客户应属于自主选择，故罗升公司要求魏某桢等停止 2008 年后侵犯其商业秘密之主张，原审法院不予支持。

　　副词也是传递法庭判决书实据性意义的重要语言形式，很多副词能体现说话人对所表达信息真实性的评估，体现出对信息来源的信度支持。这类副词有"大约""大概""仿佛""好像"等，传递出说话人对信息来源持不十分肯定的推测、估计或可能性，如例（13）中的"大约"和例（14）中的"好像"标记出此段法庭判决书实据性的信息来源为推断假设型。

　　（13）<u>大约</u>在 2010 年 4 月、2011 年 6 月、2012 年 6 月，李某 3 次到省废物管理中心办事，每次他都有来自己办公室找自己，每次都送自己人民币 10 000 元。

　　（14）2013 年 11 月 14 日下午 2 时许，其拨通了一个归属地为浙

① 　乐耀.现代汉语传信范畴的性质和概貌[J].语文研究,2014(2):30.

江舟山的电话,其同样跟对方接听电话的男子说他涉嫌王强的案件等内容,等对方同意让其帮将电话接到郑州公安局后,其马上叫赖成佳将电话接走,赖成佳就冒充郑州市公安局的问他有什么事、人在哪里后,对方当时好像有事忙,赖成佳就说半小时后再联系他,后来,因赖成佳又有其他电话接听,所以他叫曾海民来负责接手。

法庭判决书中具有实据性意义的短语形式常见为介词短语和动宾短语,例如"根据……规定""认定……事实",表达高信度支持的信息来源,如例(15)、(16)中的"根据《最高人民法院关于审理注册商标、企业名称与在先权利冲突的民事纠纷案件若干问题的规定》第一条第一款规定""本院认定如下事实"标记出此段法庭判决书实据性的信息来源为文化信念型。

(15)根据《最高人民法院关于审理注册商标、企业名称与在先权利冲突的民事纠纷案件若干问题的规定》第一条第一款规定,原告以他人注册商标使用的文字、图形等侵犯其著作权、外观设计专利权、企业名称权等在先权利为由提起诉讼,符合民事诉讼法第一百〇八条规定的,人民法院应当受理。

(16)根据上述有效证据和当事人在庭审中的陈述,本院认定如下事实:郭金禄、郭金成、郭金棠、郭弄、郭杨明珠系原冠宇公司股东,五人共持有原冠宇公司 100% 的股权。

本书通过对所收集的法庭判决书语料进行观察和分析,认为条件复句和因果复句是传递判决书实据性意义最典型的复句形式。陈颖分别讨论了条件复句和因果复句的实据性意义:在条件结果复句中,结果分句体现说话人对条件分句所述条件成立后的主观推测,条件分句为说话人做主观推测建立了假设的认识立场,这种主观推测传递了条件复句的实据性意义;而在原因结果复句中,主句说出一个事实或者做出一个推断,从句则为这个事实或推断提供证据,这也体现了因果复句表推测的实据性意义①。如例(17)、(18)中的"如果……应当""因

---

① 陈颖.现代汉语传信范畴研究[M].北京:中国社会科学出版社,2009:133,137.

为……所以"标记出此段法庭判决书实据性的信息来源为推断假设型。

（17）如果未按本判决指定的期间履行给付金钱义务，<u>应当</u>依照《中华人民共和国民事诉讼法》第二百五十三条之规定，加倍支付迟延履行期间的债务利息。

（18）原审法院审理中，经向厦门市湖里工贸总公司法定代表人杨某福询问，其陈述：东渡华阳阁及经贸综合楼当时都是街道运作的，<u>因为</u>湖里工贸总公司是街道的下属企业，<u>所以</u>挂了工贸总公司的名字，实际出资、相应审批都是街道去办的，使用也是街道使用，3～7楼是街道宿舍，之后将1～2楼置换给厦门富豪集团有限公司。

目的关系是"目的原则"分析模式的核心部分，本书认为法庭判决书实据性的信息来源与语言形式之间并不存在一一对应的直接关系，且呈现出多种语言形式混杂使用传递信息来源的现象。如例（19）中的"看"作为认识动词标记出此段法庭判决书实据性的信息来源为推断假设型，而例（20）中的"看"作为感官动词标记出感官亲历型信息来源。

（19）从其作为商业标识来<u>看</u>，云菲菲与钮春华也已经建立了紧密的市场联系，该种市场联系同样也不会因为双方合同关系的终止而消灭。

（20）经辨认照片，严某生辨认出何琨是"阿六"的女朋友，是其于2010年5月2日在广东省高要市的四通加油站边出租屋<u>看到</u>在帮一小孩洗手的人。

又如例（21）中感官动词"说"标记出此段法庭判决书实据性的信息来源为感官亲历型，而在"说"的内容里又使用了表推测的语气词"吧"。陈颖认为一部分语气词能够表达实据性意义，"语气"指"说话的口气"，在话语中不参与构成句子命题内容，而是体现说话者对命题内容的态度、意向及情感等，所以能够表现出说话人对话语信息真实性的评估①。徐晶凝提出当"吧"用于陈述句句末时，此时的陈述是介

---

① 　陈颖.现代汉语传信范畴研究［M］.北京：中国社会科学出版社，2009：88.

于陈述和疑问之间的推测性陈述,是说话人对命题做出推断并将自己的推断交由听话人来确认①。

(21)证人贺景(时任大连市人民政府副市长)的证言证明:1999年底,万达集团向大连市委、市政府递交报告称,万达集团已就足球队转让事项和实德集团谈妥,其和市委副书记怀忠民商量后,报告了薄熙来。不久,薄熙来在一次会后对其与怀忠民和体育局等相关人员<u>说</u>"万达集团不干足球了,那就让实德集团的徐明接<u>吧</u>"。大连实德成立时,薄熙来参加了新闻发布会。

这样多种语言形式混杂使用传递信息来源的方式在法庭判决书中十分普遍,又如例(22)中虽然有关联词"如果"标记出推断假设型信息来源,但此段法庭判决书实据性即使缺少感官动词做标记,从实据性意义上也明显是属于感官亲历型信息来源。

(22)我一共接到4个电话,都是陆某华的手机135×××4074打到我的手机137×××2981的。收到的信息有5条也都是发到我手机上,第一条是5月1日2时52分:"吴小姐,你儿子我抱走了,<u>如果</u>想要回你儿子就准备一百万吧,不然的话我把你儿子的内脏挖去卖,你们最好不要报案,<u>如果</u>报案你儿子马上没命"。

由此可见,法庭判决书实据性的信息来源与语言形式之间没有完全对应的联系,但语言形式是传递信息来源的语言手段,承担了信息来源的显性标记,信息来源为语言形式提供了背景图式信息,提供完整的图式知识即为整合②,即两者间存在目的整合关系,如图3-8所示。

---

① 徐晶凝.现代汉语话语情态研究[M].北京:昆仑出版社,2008.

② PARISI D,CASTELFRANCHI C.A Goal Analysis of Some Pragmatic Aspects of Language[C]//PARRET H,SBISA M,VERSCHUEREN J.Possibilities and Limitations of Pragmatics.Amsterdam:Benjamins,1981:551-567.

語言形式

信息来源

文化信念型
感官亲历型
言语传闻型
推断假设型

目的整合
显性标记

词汇形式
（动词、副词）
短语形式
（介词短语、动宾短语）
复句形式
（条件句、因果句）

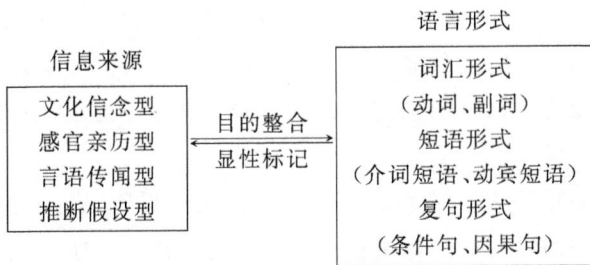

图 3-8　目的整合关系

（三）实据功能

本书从目的关系角度对所收集的法庭判决书语料进行观察和分析，认为判决书实据性的信息来源与其实据功能存在直接对应的目的关系，文化信念型实据性信息来源具有引证支持功能，感官亲历型实据性信息来源具有陈实归纳功能，言语传闻型实据性信息来源具有转述分责功能，推断假设型实据性信息来源具有推理总结功能。

引证是所有具有实据性系统的语言的重要组成部分，因为说话人能亲身经历的事情毕竟有限，引证别说来支持自己所传递的信息尤为必要①。法庭判决书的文化信念型信息来源来主要指引用法律法规、辞典、学术论文等出版资料以证明、支持其司法观点或审判结论，因此具有引证支持的实据功能。如例（23）中法庭判决通过引证《民法通则》和《反不正当竞争法》中的法律条文，支持其"姓名权是自然人的人格权，同时受到《民法通则》和《反不正当竞争法》的保护"的司法观点。

（23）《中华人民共和国民法通则》（简称《民法通则》）第九十九条规定，公民享有姓名权，有权决定、使用和依照规定改变自己的姓名，禁止他人干涉、盗用、假冒。《中华人民共和国反不正当竞争法》（简称《反不正当竞争法》）第五条第（三）项规定，经营者不得擅自使用他人的企业名称或者姓名，引人误认为是他人的商品。《最高人民法院关于审理不正当竞争民事案件应用法律若干问题的解释》第六条第二款

---

① 张成福，余光武.论汉语的传信表达——以插入语研究为例［J］.语言科学，2003（3）：54-55.

规定,具有一定的市场知名度、为相关公众所知悉的自然人的笔名、艺名等,可以认定为《反不正当竞争法》第五条第(三)项规定的"姓名"。根据上述规定,姓名权是自然人的人格权,同时受到《民法通则》和《反不正当竞争法》的保护。

陈实是说话人对说话人亲身经历的或亲眼所见的相关信息作直白地、毫无保留地陈述,这类信息具有现行性或现实性①。而归纳是推理过程的一种,即由特殊事件做出合乎一般情况的推理,从认知过程看,人能通过感官的直接感受做出进一步的理性判断②。在法庭判决书实据性信息来源中,感官亲历型是说话人通过视觉、听觉、嗅觉等感觉器官得到客观信息,因此具有陈实归纳的实据功能。如例(24)中大量使用"看""叫""听""问"等感官动词标记出是感官亲历型信息来源,是以第一人称"我"对亲身经历的信息做出的直接陈述。而例(25)中严某生在四通加油站边出租屋"看到"一个人在帮一小孩洗手,再"经辨认照片",从直接的感官认知做出进一步的理性判断为这个人"是阿六的女朋友",是根据感官亲历型信息来源归纳而得到的案件事实。

(24) 7月30日晚,马某告诉我,"杀我猪"(出老千)的人在超市和外地人在玩牌赌钱,于是我叫"阿飞"等人将"杀我猪"的两个人抓住,其中就有"杀我猪"的一个人(简称甲,即陈某丙),当时"阿飞"和"阿飞"叫来的人在甲的后面一起过来了。就问甲"赌博的时候,你杀我猪,害我输了25 000元,你什么意思?"甲就回答我"没有"。因为那时候我问甲有没有杀我猪,甲都不承认,我很生气,我就让"阿飞"去拿刀,"阿飞"用刀砍甲的车头,让甲老实的。接着我看到那外地人冲过来打甲,其中两三个外地人就冲上打甲,一个是"小刀",另外一个人比较黑比较壮(简称丙),另外一个好像还有一个比丙更壮的外地人(简称丁),这三个人用拳打脚踢打甲。

---

① 张成福,余光武.论汉语的传信表达——以插入语研究为例[J].语言科学,2003(3):54.

② 胡壮麟.汉语的言据性和语篇分析[J].湖北大学学报,1995(2):17.

（25）经办认照片，严某生辨认出何琨是"阿六"的女朋友，是其于2010年5月2日在广东省高要市的四通加油站边出租屋看到在帮一小孩洗手的人。

　　Thompson将转述定义为"说话人以某种方式标记出话语中出现的另一个声音的言语行为"①，即说话人所提供的信息或用来支持信度的信息来源于引用另一个声音。罗桂花认为通过言语转述，说话人表示了自己与所引话语之间的距离，从而将自己从对被转述信息命题的责任中分离出来，即具有责任分离功能②。言语传闻型信息来源指说话人所表达信息是通过别人亲口或书面形式告知的，因此具有转述分责的实据功能。如例（26）中证人张某的证言"听胡某说陶某伟书记专门喊他去说了这个事"，即表示张某的证言信息来源是转述了"胡某"的亲口告知，将自己从对证言信息真实性的法律责任中分离出来。此外，法庭判决书实据性的转述分责功能与前面提及的引证支持功能语言表述上相似，而实质并不相同，转述分责的信息内容多来源于说话人的感官认知，且转述的目的是分离所述信息真实性的责任，而引证支持则要求查有实证，引证支持的信息内容多具有真理客观性的文化信念背景，且引证的目的是支持和承担所述信息的真实性。因此，表引证支持功能的信息来源在信度支持上要高于表转述分责功能的信息来源。

　　（26）证人张某（夹江县财政局财政投资评审中心主任）的证言证实，中标的江西中煤要求拨付全额工程款的30%，但县财政考虑到资金量过大的安全问题，提出只拨付全额工程款的10%，后听胡某说陶某伟书记专门喊他去说了这个事，最后以灾后重建资金1亿的30%组织评审中心讨论，签订合同并支付预付款。

　　推断假设型信息来源是说话人根据已知或现存的信息在假设、因

　　①　THOMPSON G.Voice in the Text：Discourse Perspectives on Language Reports[J].Applied Linguistics,1996(17)：501-530.
　　②　罗桂花.法庭互动中的立场研究[D].武汉：华中师范大学,2013：130.

果等逻辑推理基础上提供的信息。法庭判决书实据性的推理功能是建立在从一个或几个已知的事实或假设,推导出一个最符合逻辑和情理的司法结论的思维过程。法庭判决书的推理过程有从假设的命题出发,从前提必然地得出结论的演绎推理,如例(27)中从假设"如留韵公司所言"的案件情节进行推理,得出"一审法院难以采信"的司法观点;也有从一系列具体的事实概括出一般结论的归纳推理。而总结是对前述的事实和现象提出概括性、总体性的认识和结论,因此从本质上来说,总结出的信息是已述信息①,总结功能是对前述的推理观点做出概况性的说明,增强推理结论的信度支持,如例(28)中根据犯罪嫌疑人具体的犯罪事实进行详细的归纳和说明,进而总结得出判决结论"对证据不足的指控罪名不予认定"以及"对证据确实、充分指控罪名认定成立"。

(27)退一步讲,即便如留韵公司所言,其与朱展合作失败,根据诚信原则,陆斌作为留韵公司的法定代表人,其在留韵公司未与朱展解除合同的情况下,即与他人实施基本相同创意和题材进行创作,该行为可能有损朱展的合同利益,陆斌或留韵公司应当向朱展尽到告知义务,并严格区别职务行为和个人行为,留韵公司就此亦未能举证。据此,留韵公司关于作品系陆斌等个人创作,与公司无关的主张,一审法院难以采信。

(28)本院认为,被告人薄某来身为国家工作人员,接受唐某林、徐某请托,利用职务便利,为相关单位和个人谋取利益,直接收受唐某林给予的财物,明知并认可其家庭成员收受徐某给予的财物,其行为已构成受贿罪;薄某来身为国家工作人员,利用职务便利,伙同他人侵吞公款,其行为已构成贪污罪;薄某来身为国家机关工作人员,滥用职权,致使国家和人民利益遭受重大损失,其行为已构成滥用职权罪,情节特别严重。公诉机关指控薄某来受贿人民币 20 447 376.11 元、贪污

① 张成福,余光武.论汉语的传信表达——以插入语研究为例[J].语言科学,2003(3):54-55.

人民币 500 万元、滥用职权的事实清楚,证据确实、充分,指控罪名成立,但指控薄某来认可其家庭成员收受徐明给予的财物中,计人民币 1 343 211 元因证据不足,不予认定.对薄某来所犯受贿罪、贪污罪、滥用职权罪,均应依法惩处,并数罪并罚。

　　由此可见,法庭判决书实据性的信息来源与其实据功能存在直接对应的目的关系,文化信念型实据性信息来源为判决分析提供法律依据,具有引证支持功能,感官亲历型为证据证言提供基于"直接经验"信息,具有陈实归纳功能,言语传闻型实据性信息来源转述他人信息,减轻分离了判决书本身对所述信息真实性所需承担的法律和现实责任,具有转述分责功能,推断假设型实据性信息来源对判决结论的认定进行推理说明,具有推理总结功能。总之,信息来源是判决书实据性功能的信息支持,语言形式是表达实据功能的语言手段,信息来源与实据功能之间具有目的支持关系,如图 3-9 所示。

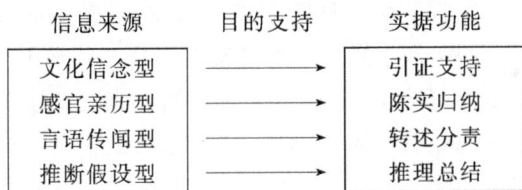

信息来源	目的支持	实据功能
文化信念型	⟶	引证支持
感官亲历型	⟶	陈实归纳
言语传闻型	⟶	转述分责
推断假设型	⟶	推理总结

图 3-9　目的支持关系

(四) 信度支持

　　"实之有据"是法庭判决书实施审判行为的前提根本,是构建判决书语篇信度的必然要求。目前语言学界对于实据性与信息信度之间的关系存在三种不同的观点:不少学者认为实据性意义只包括信息来源和获取信息的各种形式,与信息的信度没有直接关系。如 Donabédian 提出言语的真值不受实据性的影响[①]。Hassler 提出信息来源标记作为一个语法范畴与知识或信息有效性或可靠性没有任何

---

①　DONABÉDIAN A. Towards a Semasiological Account of Evidentials: an Enunciative Approach of -er in Modern Western Armenian[J].Journal of Pragmatics,2001(33):432.

关联①。有的学者认为实据性意义可能在一定程度上传递出信息的信度,但不是必然。如 Aikhenvald 提出实据性系统中的单个用语可能具有多重语义扩展,包括信息态度、可能性、说话者对所述的真实性和确定性,以及对所述的责任②。还有学者认为实据性意义不仅包括信息来源,也包含了说话人对所传达信息的认知态度和信度评价。如 Chafe 在定义广义的实据性时提出"语言有一整套表达方式来传递人们对于各种信息所保持的不同态度"③。

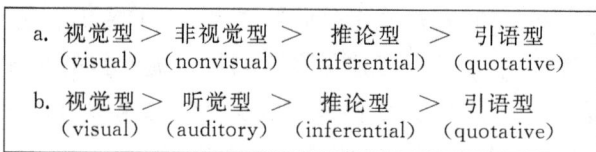

> a. 视觉型 > 非视觉型 > 推论型 > 引语型
> 　　(visual) (nonvisual) (inferential) (quotative)
> b. 视觉型 > 听觉型 > 推论型 > 引语型
> 　　(visual) (auditory) (inferential) (quotative)

图 3-10　De Haan 的信度层级系统

本书认为法庭判决书中对实据性信息来源的说明能直接表明判决书对于信息真实性和确定性的观点和态度,根据不同类型的信息来源,实据性意义获得不同程度的信度支持。De Haan 通过对 32 种语言的实据性系统进行分析,论证出传递实据性意义的实据性成分不但可以根据信息来源划分出不同类型,还可以依据信息来源的直接性和说话人介入程度形成一定的层级,实据性成分在层级上与信度相对应④,如图 3-10 所示。Faller 在此基础上进一步论述了实据性的信度层级,他认为实据性的信度层级是针对信息来源或获取方式的信度评

① HASSLER G. Evidentiality and Reported Speech in Romance Languages[C]// GÜLDEMANN T, RONCADOR MV. Reported Discourse: A Meeting Ground for Different Linguistic Domains. Amsterdam/Philadelphia: John Benjamins Publishing, 2002: 157.

② AIKHENVALD A. Evidentiality[M]. Oxford: Oxford University Press, 2004: 153.

③ CHAFE W. Evidentiality in English Conversation and Academic Writing[C]// CHAFE W, NICHOLS J. Evidentiality: The Linguistic Coding of Epistemology. Norwood, NJ: Ablex, 1986: 272.

④ DE HAAN F. The Catergory of Evidentiality[D]. Las Cruces: University of New Mexico, 1998.

估,并且信息来源的信度层级系统不是线性,而是非线性的①,如图 3-11 所示。胡壮麟也提出信度有信息的实据性相对应,实据性处理信息的来源,信度提供信息来源可能性的程度②。

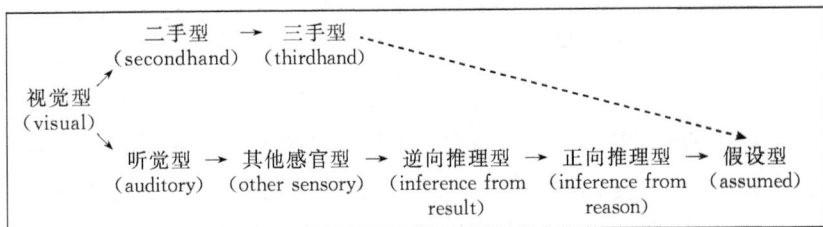

图 3-11 Faller 的信度层级系统

　　本书认为法庭判决书作为司法应用型语篇,其实据性也具有信度层级的变化,信息来源类型与信度支持相对应,建立在客观、直接来源之上的信息信度要高于主观、间接来源的信息。文化信念型信息主要来源于客观的文化真理性经验或事实存在,如法律条文、案件证据等,此类信息来源对法庭判决书的信度支持最高。感官亲历型信息主要来源于案件相关证据证人对案件情节的直接经验,信息本身无须进行推理,具有现行性和现实性,因此此类信息来源对法庭判决书的信度支持也较高。言语传闻型信息来源相当于 Faller 的二手型和三手型信息,属于典型的间接来源信息,因此对于法庭判决书的信度支持要低于前两种信息来源类型。法庭判决书中的推断假设型信息来源是在案件相关的其他信息来源基础上,进行推理、说明得到的信息来源,其对判决书的信度支持的程度取决于其所依据的信息来源的信度。因此,法庭判决书实据性的信息来源类型与其信度支持存在直接对应的目的关系,实据性信度支持的高低取决于判决书对其述信息来源的说明和澄清,即目的澄清关系,如图 3-12 所示。

---

①　　FALLER M.Semantics and Pragmatics of Evidentials in Cuzco Quechua[D].Palo Alto:Stanford University,2002:50.

②　　胡壮麟.语言的可证性[J].外语教学与研究,1994(1):10.

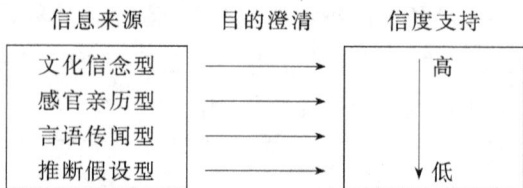

图 3-12　目的澄清关系

　　综上所述,本书认为实据性是说话人在交际环境中根据其交际目的运用具有特定功能的语言形式来传递信息的来源和信度的产物,因此法庭判决书中的实据性分析模式是在目的关系推动下,由信息来源、传递信息的语言形式、实据功能以及说话人对所传达信息的信度支持四个方面构成。通过对所收集的法庭判决书语料进行观察和分析,首先,本书将法庭判决书实据性信息来源分为文化信念型、感官亲历型、言语传闻型和推断假设型四种,将表示实据性意义的语言形式分为词汇、短语和复句形式三类。语言形式是传递信息来源的语言手段,承担了信息来源的显性标记,信息来源为语言形式提供了背景图式信息,因此两者间存在目的整合关系。

　　其次,法庭判决书实据性的信息来源与其实据功能存在直接对应的目的关系,文化信念型实据性信息来源为判决分析提供法律依据,具有引证支持功能,感官亲历型和言语传闻型实据性信息来源为证据证言提供信度支持,具有陈实归纳、转述分责功能,推断假设型实据性信息来源对判决结论的认定进行推理说明,具有推理总结功能。信息来源是判决书实据功能的信息支持,语言形式是表达实据功能的语言手段,信息来源与实据功能之间具有目的支持关系。

　　最后,法庭判决书中对实据性信息来源的说明能直接表明判决书对于信息真实性和确定性的观点和态度,根据不同类型的信息来源,实据性意义获得不同程度的信度支持。法庭判决书实据性信度支持的高低取决于判决书对其述信息来源的说明和澄清,因此两者间具有目的澄清关系。在此基础上,本书最终构建起法庭判决书目的推进式实据性分析框架,如图 3-13 所示。

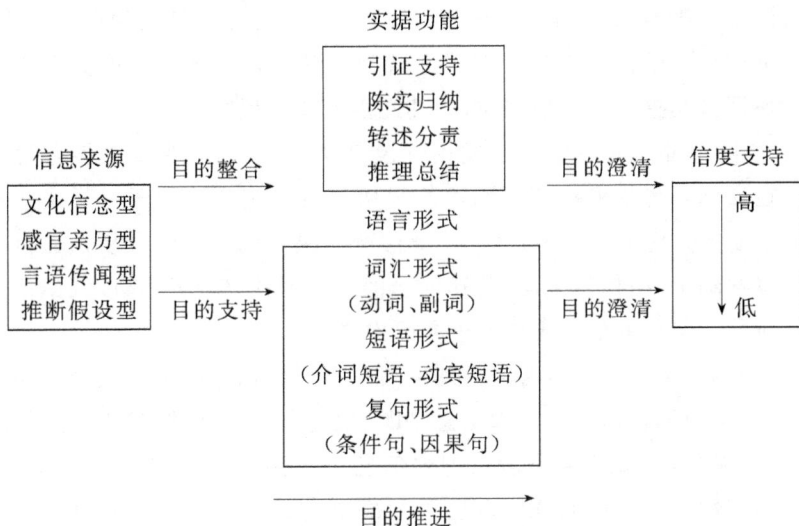

图 3-13　目的推进式实据性分析模式

第三节　本章小结

　　本章简要回顾了 Chafe 的实据性理论框架和"目的原则"的分析模式和理论体系,并在此基础上重新定义了本书研究的实据性及其研究范围,进一步探讨了法庭判决书的目的推进式实据性分析模式。

　　首先,本章从 Chafe 的广义实据性研究范畴入手,即实据性研究包含信息来源以及说话人对所述信息的认知态度和评价。在胡壮麟对 Chafe 的实据性理论框架进行修订并将其应用于汉语语篇分析的可行性基础上,本章认为法庭判决书作为司法书面语篇的一种,是典型依赖于语言实据性意义构建的语篇类型,因此进行实据性分析能表现出信息来源等承担法庭判决书语篇信度的语言表征,体现其语篇建构的过程。

　　其次,以"目的原则"和目的分析模式为切入点,法庭判决书是宣布法庭审判结论,阐释判决理由,以"实之有据"为语篇信度目标的应用型语篇,因此必然受到目的关系的制约和推动,适用于目的关系的分析模式。通过对所收集的语料进行观察和分析,本章认为法庭判决书语篇主要体现出目的整合、目的支持以及目的澄清三种目的关系，并呈现目的的逐步推进态势。理清判决书语篇的各种目的关系有利于把握其实据性建构的本质，为其提供解释性规则。

再次，本章重新定义了实据性及其研究范围，认为实据性是说话人在交际环境中根据其交际目的运用具有特定功能的语言形式来传递信息的来源和信度的产物，因此法庭判决书的实据性分析是在目的关系推动下，由信息来源、传递信息的语言形式、实据功能以及说话人对所传达信息的信度支持四个方面构成。

最后，本章梳理出与法庭判决书中实据性构建相关的成分之间的联系，认为语言形式是传递信息来源、表达实据功能的显性标记，信息来源为语言形式提供了背景图式信息，为实据功能承担了信息支持，而实据性信度支持的高低取决于判决书对其述信息来源的说明和澄清，因此这四者间具有目的整合、目的支持以及目的澄清的关系，并在此基础上最终构建起法庭判决书目的推进式实据性分析框架。

第四章

实据性的信息来源

本书根据"目的推进式"实据性分析模式,将法庭判决书实据性的信息来源分为文化信念型、感官亲历型、言语传闻型和推断假设型四种,并据此对海峡两岸及香港、澳门共计 116 篇 174 万字的真实案件法庭判决书语料中表示信息来源的实据性成分进行穷尽性人工标注,再在此基础上进行统计分析。

第一节 文化信念型

在心理学意义上,信念(belief)是个体对于有关自然和社会的某种理论观点、思想见解坚信不疑的看法,个体的世界观、人生观、价值观和道德观等,都是由信念组成的一定体系①。文化信念型信息来源指的是储藏于文化之中,能在文化中重现的任何个体、机构、社会文化的经验②,可以是大众约定俗成的看法、常理,也可以指某一个言语社团共同的认知背景。法庭判决书中作为法律领域常见的应用型语篇,其文化信念型信息来源主要来自法律条文、规章制度、学术刊物、判例参考以及案卷证据的引用。

---

① 余国良,辛自强.教师信念及其对教师培养的意义[J].教育研究,2000(5):16.
② 胡壮麟.语言的可证性[J].外语教学与研究,1994(1):12.

一、大陆(内地)法庭判决书

受欧陆法系影响,我国大陆(内地)法律对重要部门制定了法典如宪法、刑法、民法、商法等,并辅之以单行法规,形成了较为完整的成文法体系,同时严格区分立法与司法,要求法典必须完整、清晰、逻辑严密,一经颁行法官必须忠实执行,同类问题的旧法即丧失效力。大陆(内地)法律强调制定法的权威,要求法官遵从法律明文办理案件,不得擅自创造法律、违背立法精神,因此法官只能严格执行法律规定进行案件的审理和判决,从现存的法律规定中找到适用的法律条款,将其与事实相联系,推论出必然的结果。我国大陆(内地)法律制度和体系的特点直接影响了大陆(内地)法庭判决书实据性的信息来源分布情况。

(一) 法律条文

法律条文是法庭判决书最典型、权威的文化信念型实据性信息来源,我国大陆(内地)成文法体系主要包括宪法、行政法、民法、商法、经济法、劳动法与社会保障法、自然资源与环境保护法、刑法、诉讼与非诉讼程序法、军事法等。法律条文是法庭判决书实施判决行为必不可少的构成要件,判决书根据案件性质和情节引用不同类别的法律发文,如例(1)中的《中华人民共和国刑法》条文、例(2)中的《中华人民共和国民法通则》条文以及例(3)中的《中华人民共和国行政诉讼法》条文。

(1) 本院综合考虑被告人何某犯罪行为的性质、情节、危害后果及认罪态度,依照《中华人民共和国刑法》第二百三十九条第一、三款、第五十二条、第五十三条、第六十四条之规定,判决如下:……

附:有关法律规定《中华人民共和国刑法》第二百三十九条以勒索财物为目的绑架他人的,或者绑架他人作为人质的,处十年以上有期徒刑或者无期徒刑,并处罚金或者没收财产;情节较轻的,处五年以上十年以下有期徒刑,并处罚金。

(2)《中华人民共和国民法通则》(简称《民法通则》)第九十九条规定,公民享有姓名权,有权决定、使用和依照规定改变自己的姓名,禁止他人干涉、盗用、假冒。《中华人民共和国反不正当竞争法》(简称《反不正当竞争法》)第五条第(三)项规定,经营者不得擅自使用他人的企业名称或者姓名,引人误认为是他人的商品。

(3) 综上所述,依照《中华人民共和国行政诉讼法》第五十四条第(二)项第 1、2 目的规定,公民、法人或者其他组织认为具体行政行为所依据的国务院部门和地方人民政府及其部门制定的规章以外的规范性文件不合法,在对具体行政行为提起诉讼时,可以一并请求对该规范性文件进行审查,判决如下……

本书收集 14 篇民事、15 篇刑事以及 2 篇行政,共计 31 篇 38 万字大陆法(内地)庭判决书为考察语料,对其中传递文化信念型实据性信息来源的法律条文引用情况进行穷尽性人工标注和字数统计,发现大陆(内地)法庭判决书中法律条文引用情况分布极不均衡,单篇引用字数比率最高为 20.51%,最低仅为 0.8%,且呈现出与判决书案件类型的明显关联,其中刑事判决书的法律条文引用比率为 3.49%,明显低于民事判决书的 7.52%,而最低的行政判决书为 2.43%,如表 4-1所示:

表 4-1 大陆(内地)法庭判决书法律条文引用情况

判决书类型	引用字数	总字数	引用比率
刑事判决书	8 438	241 762	3.49%
民事判决书	9 685	128 848	7.52%
行政判决书	298	12 253	2.43%
总计	18 421	382 863	4.81%

(二) 规章条例

规章条例是法庭判决书中信度支持仅次于法律条文的文化信念型实据性信息来源,是各级领导机关及其职能部门、社会团体、企事业单位,为实施管理,规范工作、活动和有关人员行为,在其职权范围内制定并发布实施的、具有行政约束力和道德行为准则的规范性文书的总称。规章条例按其性质、内容,可分为行政规章、组织规章、业务规章和一般规章①。

其中,行政规章常用规定、办法、细则等文种,按作者及其权限又可分国务院部门规章,即由国务院所属各部、各委员会制定、发布的规章,如例(3)中的由人力资源和社会保障部、财政部联合颁布的《城镇企业职工基本养老保险关系转移接续暂行办法》;地方政府规章,即由省(自治区、直辖市)、省和自治区政府所在市和经国务院批准的较大的市的人民政府制定的规章,如例(4)中的《贵州省高级人民法院〈人民法院量刑指导意见(试行)〉实施细则》。

(3)根据人力资源和社会保障部、财政部联合颁布的《城镇企业职工基本养老保险关系转移接续暂行办法》(下称《暂行办法》)第三、十一、十二条规定,参保人员跨省流动就业的,由原参保所在地社会保险关系应随同转移到新参保地。参保人员达到基本养老保险待遇领取条件的,其在各地的参保缴费年限(包括视同缴费年限)合并计算。各地制定的跨省基本养老保险关系转移接续相关政策与本办法不符的,以本办法为准。

(4)根据《贵州省高级人民法院〈人民法院量刑指导意见(试行)〉实施细则》的规定,结合上诉人认罪态度良好、有悔罪表现、主动全部退赃、无犯罪前科、表现良好、坦白供述重要事实帮助侦查机关侦结本案等情形,本案对上诉人应考虑的多个同向从轻情节叠加之后,可以减少基准刑 50% 的量刑,但原审法院对上诉人做出了七年的有期徒刑,并处罚金的判决,明显是把基准刑定位超过了十年以上,才能得出七年有期徒刑的量刑。为此,请二审法院依法对上诉人做出较轻的量刑判决。

组织规章指对一个组织或团体的性质、宗旨、任务、组织原则、成

----

① 规章[EB/OL].http://baike.baidu.com/link? url=E-Qn6QFf38wrIf18CNu3bfVvyuQpKsctaUBTTNECnQAPVq8lDdZ3BqKFJylGFfnzEkBMFkY4wtKnAODtpLWi7KEdLUNQA70Wh2ZSH4G0oq,2015-7-3.

员及其权利义务、机构及职权、活动及纪律等做出系统规定的规章,如例(5)中的罗升公司《员工手册》;业务规章指对专项业务的性质、内容、范围及其运作规范等做出系统规定的规章,如例(6)中的《纺织品机织物接缝处纱线抗滑移的测定第 2 部分:定负荷法》以及例(7)中的《印刷业管理条例》;一般规章是各级各类机关、团体、企事业单位,为实施管理、规范工作和活动,在其职权内制发的规章,即通常意义的规章制度,常用文种有规定、办法、准则、细则、制度、规程、守则、规则等,如例(8)中的《机动车商业第三者责任保险条款》。

(5) 2008 年 1 月 1 日,罗升公司颁布并实施《员工手册》,对员工的保密义务及保密内容提出了具体要求。

(6) 标准号为 GB/T13772.2-2008/ISO13936-2:2004 的《纺织品机织物接缝处纱线抗滑移的测定第 2 部分:定负荷法》国家标准一份,《沙发用聚氨酯合成革》轻工行业标准一份,证明织布接缝滑移是有国家标准,且有相应的测定方法,沙发合成革的接缝滑移标项目也是有行业标准的。

(7) 根据《印刷业管理条例》第 18 条及《印刷品广告管理办法》第 8、9、10 条应认定该系列宣传册系非法出版物,不具有合法性。

(8)《机动车商业第三者责任保险条款》第四条第(一)项中约定:"发生意外事故时,驾驶人有以下情形之一的,保险人不负赔偿责任:(一)未依法取得驾驶证、持未按规定审验的驾驶证、驾驶与驾驶证载明的准驾车型不符的机动车的;……"。

本书对所收集的 31 篇 38 万字大陆(内地)法庭判决书语料进行考察分析,对其中传递文化信念型实据性信息来源的规章条例引用情况进行穷尽性人工标注和字数统计,发现大陆(内地)法庭判决书中规章条例引用情况与判决书案件类型存在明显关联,31 篇判决书中,仅有 7 篇民事、2 篇刑事以及 2 篇行政,共计 11 篇法庭判决书引用了规章条例。其中行政判决书的规章条例引用比率为 37.26%,明显高于民事判决书的 0.97%,而刑事判决书仅 0.07%为最低,单篇引用字数比率最高为 37.48%。大陆(内地)法庭判决书规章条例引用情况如表

4-2 所示：

表 4-2 大陆(内地)法庭判决书规章条例引用情况

判决书类型	引用字数	总字数	引用比率
刑事判决书	167	241 762	0.07%
民事判决书	1 379	128 848	1.07%
行政判决书	4 565	12 253	37.26%
总计	6 111	382 863	1.6%

(三)学术刊物

学术刊物在法庭判决书的信度支持上不具备法律条文和规章条例的权威性和约束力,但也属于信度较高的文化信念型实据性信息来源,本书对所收集的大陆(内地)法庭判决书语料进行考察分析,发现仅有一篇民事判决书中引用了学术刊物,即例(9)中《全国部分法院知识产权审判工作座谈会纪要》,引用字数为 125 字,引用字数比率为 0.03%。

(9)根据 1998 年 7 月 20 日《全国部分法院知识产权审判工作座谈会纪要》第三条规定"侵权行为证实后,权利人要求按照侵权人的获利额进行赔偿时,侵权人应当提供其经营额、利润等情况的全部证据,侵权人拒不提供其侵权获利证据的,人民法院可以查封有关财务账册,依法组织审计。"

(四)案卷证据

案卷证据是证明案件事实的材料,证据问题是司法诉讼和裁判的核心问题,是法官认定已发生事实存在的重要依据。案卷证据必须经过法庭查证确定属实,才能作为定案的根据,任何案件的判决结论都需要通过多个证据形成证据链还原案件的本来面目,支持判决结论的形成依据,因此法庭认定为事实的案卷证据也是信度支持较高的信息来源之一,属于文化信念型实据性信息来源。根据 2012 年新修订的《中华人民共和国刑事诉讼法》规定证据有下列 8 种:物证;书证;证人证言;被害人陈述;犯罪嫌疑人、被告人供述和辩解;鉴定意见;勘验、检查、辨认侦查实验笔录;视听资料、电子数据。《民事诉讼法》把证据分为:书证、物证、视听资料、证人证言、电子数据、当事人的陈述、鉴定意见、勘验笔录,《行政诉讼法》的证据分类与《民事诉讼法》基本相同。

　　在此基础上,本书重点观察和分析客观实证性较高的案件证据类型,包括书证、物证、鉴定意见、现场勘验笔录、视听资料等。其中书证是能够证明案件真实情况的文件或其他文字材料,如例(10)中的合同协议和例(11)中的机动车交通事故责任强制保险单。

　　(10) 2010 年 8 月 9 日,禧得福公司作为甲方,北京崇川阁明清家具精品馆作为乙方,签订《合作协议》一份,内容为:本着诚信守信的宗旨,经双方协商共同开发、创作、雕刻《富春山居图》挂屏,协议如下:一、项目:中国红龙门架挂屏式浅浮雕《富春山居图》,规格长 8 000mm ×宽 660mm×厚 100mm。材质为古金丝楠木,数量为三幅。挂屏正面按原图尺寸浅浮雕,背面为国内八名著名书法家题款(中国台湾两名)。二、金额:总投资约 280 万人民币,投资项目明细表另具。甲方负责筹贷资金,乙方负责担保其发生合理费用计入成本。银行贷款到账,乙方先付 200 万给甲方账户。三、时间:本协议签订后即开始实施制作准备工作,力争今年 10 月初动工,2011 年 5 月中旬完成。四、分工:甲方负责总策划,搭建制作班子,包括画家、木雕大师、雕工、后勤,负责制作全过程。乙方负责媒体宣传、社会舆论,必须引起社会关注,借 2011 年 6 月 11 日两岸联合展出的东风,增强本产品影响力。五、作品一共三幅。北京故宫、台北故宫各赠一幅。一幅以拍卖形式走向市场。双方本着共同投资、共同收益、共担风险的原则,获利双方各占 50%。分配给相关各方的奖励列入成本。如若亏损,双方各承担 50%。乙方负责北京市场销售全权总代理。包括客户谈判、货款回收、签订合同重大事项(包括订单)。甲乙双方协商解决。甲方应优先提供乙方的条件要求全力支持乙方开展工作。《合作协议》甲方由禧得福公司盖章,法定代表人陆斌签名,乙方由朱展签名。

　　(11)原告相应提供证据 1 即机动车交通事故责任强制保险单,以此证明被告姚广磊驾驶的肇事车辆闽 D87263 号重型半挂牵引车、闽 D3313 挂号重型集装箱半挂车已向被告平安财险厦门分公司投保了机动车交通事故责任强制保险。

物证是能够证明案件行为和有关案件情节的物品或痕迹,只以其客观存在来证明案件的事实,如例(12)中的赃物和例(13)中的作案工具。

(12)缉私民警从桂 P×××××面包车上缴获专供出口的云南产小熊猫香烟 550 条、上海产红双喜香烟 100 条、台湾产 520 香烟 250 条。

(13)三、作案工具惠普笔记本电脑一台、无线鼠标一个、无线网卡一个、U 盘一个、U 盾一个、工商银行卡一张,依法予以没收。

鉴定意见是具有专业知识的鉴定人对案件情节中专业性问题所进行的分析、鉴别和判断,属于一种独立的案卷证据,如例(14)中的法医鉴定和例(15)中的价格鉴定。现场勘验笔录指行政机关的执法人员或者专业人员为明确案件的事实,对事实发生的现场或者物品进行勘验、检查后制作的笔录,能够证明案件的真实情况,也属于一种独立的案卷证据,如例(16)中的现场勘查笔录。

(14)(大)公(法医)鉴(DNA)字(2013)121 号、131 号法医学 DNA 检验鉴定报告,证实经大理市公安局司法鉴定中心于 2013 年 7 月 3 日对杨××阴道拭子、案发时杨××所穿内裤、杨××的血样进行 DNA 鉴定,于 2013 年 7 月 12 日对杨志安的血样进行 DNA 鉴定,杨××阴道拭子、案发时其所穿内裤上的检材与杨志安的血样基因分型一致。

(15)价格鉴定结论书,证实经大理市价格认证中心对张××被抢的 OPPO 牌 705 型手机进行价格鉴定,鉴定价格为 1 950 元。

(16)现场勘查笔录、现场示意图和照片,证实大理市公安民警对张××被强奸、抢劫的现场进行勘查,现场位于大理市大理镇三月街赛马场以东,三月街以北,214 线公路以西的大理市大理镇西门水碓村,中心现场位于大理镇西门水碓村中国移动基站南侧空地,空地东面为大理镇西门水碓村施赵成家,北面为中国移动基站。空地为水泥地面,在距中国移动基站 170cm,距施赵成家 15cm 的水泥地面上发现有一个使用过的避孕套(编为 1 号,原物提取),在距中国移动基站 105cm、距施赵成家 80cm 的水泥地面上发现有一个避孕套外壳(编为 2 号,原物提取)。

视听资料指各种被固定、保全的能够作为证据使用的录音、录像、电脑储存的数据等,但是必须经过法庭审查,才能认定作为证据,而这类证据更接近于真实情况,信度支持也较高,如例(17)中电子数据检查报告。

(17)原判根据电子数据检查报告、调取证据清单、淫秽物品审查鉴定书、被告人莫贤易的供述及辩解等证据认定,2011 年 3 月份起,被告人莫易贤相继在互联网上建立了"优酷人体艺术"(域名为×××)、"96 人体艺术"(域名为×××)、"台湾人体艺术"(域名为×××)、"爱人体艺术"(域名为×××)、"人体艺术 OK"(域名为×××)五个淫秽色情网站,并在网站里共上传有 698 张淫秽色情图片。

本书对所收集的 31 篇 38 万字大陆(内地)法庭判决书语料进行考察分析,对其中传递文化信念型实据性信息来源的案卷证据引用情况进行穷尽性人工标注和字数统计,发现刑事判决书和民事判决书更为重视对案卷证据的使用,引用比率分别为 17.15％和 14.12％,远高于行政判决书的 3.10％,单篇引用字数比率最高为 30.87％,最低为 1.28％。大陆(内地)法庭判决书案卷证据引用情况如表 4-3 所示:

表 4-3　大陆(内地)法庭判决书案卷证据引用情况

判决书类型	引用字数	总字数	引用比率
刑事判决书	41 473	241 762	17.15％
民事判决书	18 191	128 848	14.12％
行政判决书	381	12 253	3.10％
总计	60 045	382 863	15.68％

判决书的规章条例引用比率为 0.18％,明显低于民事判决书的 2.44％,单篇判决书引用字数比率最高为 21.77％,具体情况如表 4-5 所示。

（20）劳洁仪聆案官考虑了以下原则:高等法院规则第 18 号命令第 19 条规则:"(1)法庭可在法律程序的任何阶段,主动或应申请而基于以下理由,命令删除或修订有关诉讼的任何状书或任何令状的注明,或任何状书或该注明上的任何东西(a)该状书、注明或东西并无披露合理的诉讼因由或抗辩;或……(d)在其他方面而言该状书、注明或东西是滥用法庭的法律程序。"

（21）就删除状书申请的有关法律原则是十分清晰的,《香港民事诉讼程序》2013 年第一册(下称《程序书》)第 18/19/6 段列明法庭只会在明显和清晰的情况下(plain and obvious case)才会引用下述原则来删除状书。(i)无合理的诉讼因由(No reasonable cause of action)一个合理的诉因,是单纯根据状书内所提的指控,在法律上有胜诉机会的诉因(A reasonable cause of action means a cause of action with some chance of success when only the allegations in the pleading are considered (per Lord Pearson in Dremmond-Jackson v. British Medical Association[1970] 1 WLR 688 CA)(见《香港民事诉讼程序 2013 年》第一册第 18/19/6 段)

表 4-5　香港法庭判决书规章条例引用情况

判决书类型	引用字数	总字数	引用比率
刑事判决书	361	148 379	0.18％
民事判决书	4 996	204 769	2.44％
总计	5 357	353 148	1.51％

（三）学术刊物

本书观察发现香港法庭判决书引用学术刊物的现象较少,30 篇语料样本中仅有 2 篇民事、1 篇刑事,共计 3 篇法庭判决书中引用了学术刊物,引用方式主要为以下三种:(1)直接引用英文法律原著,如例

(22)中的 *Gatley on Libel and Slander*；(2)翻译引用英文法律著作，如例(23)中的 *Arlidge & Parry on Fraud*；(3)引用法律专业字典，如例(23)中《香港英汉双解法律词典》。

(22) *Gatley on Libel and Slander*，第 12 版第 1.7 段解释诽谤的言论如下："The meaning of defamatory. In layman's terms, words are defamatory when they cause harm to reputation. However, there is no wholly satisfactory legal definition of the term. Three formulae have been particularly influential：(1) would the imputation tend to 'lower the plaintiff in the estimation of society of right-thinking members of society generally'? (2) would the imputation tend to cause others to shun or avoid the claimant? and (3) would the words tend to expose the claimant to 'hatred, contempt or ridicule'?"

(23) 另外，*Arlidge & Parry on Fraud* 第二版第 4-014 段说明有关披露的责任可在以下情况出现：(1)法例规定需要披露，例如公司招股书的内容；(2)涉及"完全坦率真诚"(utmost good faith) 的合约，例如保险合约；(3)合约的明示或隐约条款规定披露；(4)行业或市场的习俗；(5)双方关系存有"受信责任"(fiduciary duty) 的关系，例如代理人与其委托人。

(24) 至于答辩的理由，主要有三种，就是有理可据(justification)、绝对特许权(absolute privilege)和受约制特权(qualified privilege)。香港英汉双解法律词典 (Hong Kong English-Chinese legal Dictionary)对这三项答辩理由有如下解释："有理可据诽谤证明所申诉的贬损属正确的抗辩。在普通法上，等同完整的抗辩。一般来说，被告人须证明所申诉的贬损属实质上正确。在永久形式诽谤或短暂形式诽谤的诉讼中，如有关言词含有两项或多于两项针对原告人的不同控罪，则以有理可据作为免责辩护不得仅因并非每项控罪皆获证明属实而不能成位，但该等未获证明属实的言辞，在顾及其余控罪乃属真实后，须为对原告人声誉并无关键性的损害者：《诽谤条例》(第 21 章)第 26 条。

任何被告人如要依靠有理可据,必须辨别其准备提出充分理由支持的诽谤性含义⋯⋯"

本书对香港法庭判决书语料中传递文化信念型实据性信息来源的学术刊物引用情况进行穷尽性人工标注和字数统计,发现其引用情况与判决书案件类型呈现一定关联,民事判决书的引用比率为1.03%,高于刑事判决书的0.12%,单篇法庭判决书学术刊物引用字数比率最高为5.19%。学术刊物具体引用情况如表4-6所示:

表4-6 香港法庭判决书学术刊物引用情况

判决书类型	引用字数	总字数	引用比率
刑事判决书	181	148 379	0.12%
民事判决书	2 112	204 769	1.03%
总计	2 293	353 148	0.65%

(四)案卷证据

英美法系中把证据类型分为证人证言、书面文件和实物证据三大类①。而大陆法系则认为当事人不得作为证人,鉴定人也不同于证人,所以把证据类型分为证人证言、当事人陈述、鉴定人意见、书面文件和实物证据五大类。而作为信度支持最高的文化信念型实据性信息来源,本书只关注香港判决书中的书证,如例(25)中的账户记录;物证,如例(26)中的"冰毒";专业鉴定报告,如例(27)中的指模鉴证;经法庭认证的视听资料,如例(28)中的录影片段,而言证则不在此类信息来源之列。

(25)根据杜邦在汇丰银行的往来账户纪录(P8)所显示(第337至344页),自杜邦在1987年4月14日收取该港商580 320元的订金

① 证据[EB/OL].http://baike.baidu.com/link? url=mH2mhUGTj-DilupcbGeJcSyp1E wd4bPHXgk70hBTak9zWDtgPFYLCY_O4QsG-fNNOFh51oA-SI5yGLhr-5iDIYWqSxMudv-FDw7kmBWtb7W,2015-7-3.

后,其户口结余直至 1987 年 11 月,均从来没有超过 40 万元。

(26)警员搜查申请人时,在他的短裤右前袋搜出 4 个可再封透明胶袋,袋内各有一个装有海洛因及"冰毒"的可再封透明胶袋。从申请人身上搜出毒品分别为 99.81 克混合剂,内含 75.37 克海洛因及 137.1 克晶状固体,内含 133.61 克"冰毒"。上述海洛因的零售价约为 67 000 元,而"冰毒"的零售价则约为 97 000 元。

(27)就此事宜,原定于 1987 年进行审讯,但被告竟潜逃逾 26 年,后来更以其他身份进境,经指模鉴证下确认是被告,最终才被拘捕归案。

(28)申请人的罪行记录在申请人计算机内的一段 11 分半钟的录像片段,内容显示在 2010 年至 2012 年间,某一天在其家中,申请人替 Y 口交约一分钟后,先替他手淫近两分钟,再替 Y 口交。当时 Y 只容许申请人在限时一分钟内完事,而完事后,Y 马上要求观看色情片。当 Y 观看色情片时,申请人继续淫辱他。

本书对 35 万字香港法庭判决书语料中传递文化信念型实据性信息来源的案卷证据引用情况进行穷尽性人工标注和字数统计,发现香港法庭判决书中案卷证据引用情况分布极不均衡,30 篇语料样本中有 4 篇完全没有使用文化信念型的案卷证据,单篇引用字数比率最高为 12.57%,其中民事判决书的案卷证据引用比率为 2.48%,略高于刑事判决书的 1.55%。案卷证据具体引用情况如表 4-7 所示:

表 4-7　香港法庭判决书案卷证据引用情况

判决书类型	引用字数	总字数	引用比率
刑事判决书	2 306	148 379	1.55%
民事判决书	5 088	204 769	2.48%
总计	7 394	353 148	2.1%

(五)判例参考

香港法律体制最独特之处在于其所依据的司法判例制度,法官判词的记录逐步成为一些详细的法律原则。基本法第 84 条明文规定,香港特别行政区法院可以参考其他普通法使用地区的司法判例,因此判例参考是香港法庭判决书文化信念型实据性信息来源的重要途径之一,如例(29)中终审法院在对两个判决要点的论述中就引用了 7 个判例案件。

(29)以大律师不称职为上诉理由的有关原则,终审法院在 Chong Ching Yuen v. HKSAR(2004) 7 HKCFAR 126 案已有详尽阐述,本庭只需列出该案的判决之以下要点 :(1)作为一般原则,不论被告人的代表大律师处理审讯的方式是否与被告人的意愿一致,被告人也受到该方式约束。指该大律师在欠缺被告人的指示下或违背被告人指示而做出决定,或大律师的决定涉及错误判断甚或疏忽,均不构成理由以支持撤销被告人的定罪(依循 R v. Birks(1990) 48 A Crim R 385)。(2)关键的问题并非辩方大律师应受批评的程度,而是上诉人曾否获得公平审讯("公平审讯"标准)。辩方不称职的程度除非相当严重,否则应不会令审讯变成有欠公允(Gideon v. Wainwright 372 US 335 (1963),Keung Ping Kai & Another v. R[1981] HKLR 239,R v. Birks (1990) 48 A Crim R 385,Sankar v. Trinidad and Tobago[1995] 1 WLR 194,Mak Kam Chuen v. HKSAR(unrep., FAMC No. 35 of 2001,[2002] HKLRD(Yrbk) 276,[2001] HKEC 1521),Boodram v. Trinidad and Tobago[2001] UKPC 20 予以考虑)。

本书通过对所收集的香港法庭判决书语料进行穷尽性人工标注和字数统计,发现香港法庭判决书中判例参考引用情况分布普遍,30篇语料样本中仅有 1 篇民事判决书没有使用判例参考,其总体引用比率为 4.44%,明显高于其他文化信念型实据性信息来源的引用比率(法律条文为 2.42%,规章条例为 1.51%,学术刊物为 0.65%,案卷证据为 2.1%)。香港法庭判决书中判例参考的引用情况与判决书案件类型呈现一定关联关系,刑事判决书中引用比率为 5.48%,明显高于民事判决书的 3.69%,而单篇判决书引用字数比率最高为 14.09%。判例参考具体引用情况如表 4-8 所示。

表 4-8　香港法庭判决书判例参考引用情况

判决书类型	引用字数	总字数	引用比率
刑事判决书	8 128	148 379	5.48％
民事判决书	7 562	204 769	3.69％
总计	15 690	353 148	4.44％

三、澳门法庭判决书

受葡萄牙殖民历史影响,澳门现行的法律制度在法律渊源、法律结构、司法体系,以及法律操作等方面都具有明显的葡萄牙法特征。葡萄牙自 1822 年正式把澳门视为其在海外的殖民地之一,此后,葡萄牙的主要法典陆续被沿用到澳门地区。其中主要有《葡萄牙民法典》《葡萄牙刑法典》《葡萄牙商法典》《葡萄牙刑事诉讼法典》《葡萄牙民事诉讼法典》五大法典以及《民事登记法典》等一些小法典,这些法典共同构成了澳门法律制度的框架,奠定了其法律制度的基础。本书收集 6 篇民事、21 篇刑事、2 篇行政,共计 29 篇 50 万字澳门法庭判决书为考察语料,探讨葡萄牙法律制度和体系对澳门法庭判决书文化信念型实据性的信息来源分布情况的影响。

(一)法律条文

大陆法系国家或地区的法律通常由公法、私法以及介于两者之间的法律三大部类构成。澳门现行法律制度中属于私法的法律主要包括:民法典、商法典、公司法典等,如例(30)中引用的《民法典》;属于公法的主要包括:刑法典、刑事诉讼法典、行政程序法典等,如例(31)中引用的《刑法典》;而介于两者间的法律主要有劳动法、经济法等①。

(30)《民法典》第 564 条规定:"一、如受害人在有过错下作出之事实亦为产生或加重损害之原因,则由法院按双方当事人过错之严重性及其过错引致之后果,决定应否批准全部赔偿,减少或免除赔偿。二、

①　米健.澳门法律[M].北京:中国友谊出版公司,1997.

如责任纯粹基于过错推定而产生,则受害人之过错排除损害赔偿之义务,但另有规定者除外。"

(31)《刑法典》191条列明:一、未经同意,做出下列行为者,处最高二年徒刑,或科最高二百四十日罚金:(a)将他人所述而非以公众为对象之言词录音,即使该等言词系对录音之人所述者;(b)使用或容许他人使用上项所指之录制品,即使录制品系合乎规范制作者。二、违反他人意思,且在非属法律容许之情况下,做出下列行为者,处相同刑罚:(a)以相机摄取他人或拍摄他人,即使行为人系在其本身正当参与之事件中为之者;(b)使用或容许他人使用上项所指之照片或影片,即使照片或影片系合乎规范获得者。

本书通过对所收集的29篇50万字澳门法庭判决书语料进行穷尽性人工标注和字数统计,发现澳门法庭判决书中法律条文引用情况分布普遍,在三种案件类型中分布均衡。刑事判决书中法律条文的引用比率为12.14%,略低于民事判决书的14.20%,行政判决书以14.98%居最高,单篇引用字数比率最高为24.74%,最低为8.9%。法律条文具体引用情况如表4-9所示:

表4-9 澳门法庭判决书法律条文引用情况

判决书类型	引用字数	总字数	引用比率
刑事判决书	44 492	366 547	12.14%
民事判决书	13 393	94 331	14.20%
行政判决书	6 713	44 828	14.98%
总计	64 598	505 706	12.77%

(二)规章条例

澳门法庭判决书中规章条例的引用情况较少,在所收集的澳门判决书语料中仅发现2篇行政、1篇民事和1篇刑事,共计4篇法庭判决书中引用了规章条例,其引用类型主要为行政规章和一般规章,如例(32)中的《澳门公共行政工作人员通则》以及例(33)中的《机动车辆税规章》。

（32）由利害关系人申请或声明的退休，视为自愿退休，自愿退休由《澳门公共行政工作人员通则》第 263 条规定的制度规范。上述第 263 条第 1 款规定了两种不同的情况："处于下列状况之公务员或服务人员，得自愿退休：（a）为退休效力而计算之服务时间满 30 年且年满 55 岁，声明愿意退休；（b）为退休效力而计算之服务时间满 30 年，申请退休。"

（33）根据经 4 月 24 日第 7/98/M 号法律修改的 8 月 19 日第 20/96/M 号法律核准的《机动车辆税规章》14 第 8 条第 1 款的规定："纳税义务主体必须在取得用于公开出售之每一型号机动车辆日起之二十日内，或在更改先前申报之价格日起之二十日内，且须于出售车辆前透过 M/3 格式向财税处申报公开售价"。

本书对所收集的澳门法庭判决书语料进行穷尽性人工标注和字数统计，发现其规章条例的引用情况与判决书案件类型有显著关联，其中行政判决书的引用字数比率为 4.42％，远高于民事判决书的 0.06％，而刑事判决书的引用字数比率仅为 0.01％，几乎可以忽略不计，单篇行政判决书引用字数比率最高为 5.13％。规章条例具体引用情况如表 4-10 所示：

表 4-10　澳门法庭判决书规章条例引用情况

判决书类型	引用字数	总字数	引用比率
刑事判决书	28	366 547	0.01％
民事判决书	55	94 331	0.06％
行政判决书	1 981	44 828	4.42％
总计	2 064	505 706	0.41％

（三）学术刊物

澳门法庭判决书中引用学术刊物情况较多，29 篇澳门判决书语料中有 5 篇民事、2 篇行政以及 11 篇刑事，共计 18 篇法庭判决书中引用了学术刊物，其形式主要为引用权威法学专著中对某种案件情节的法理解释，如例（34）中对"外在情况"的法律解释。本书对所收集的澳门法庭判决书语料进行穷尽性人工标注和字数统计,发现民事判决书和行政判决书更注重对法理解释的阐述,其学术刊物的引用字数比率分别为 9.26% 和 8.28%,远高于刑事判决书的 2.99%。而单篇行政判决书和民事判决书的引用字数比率最高达到 32.92% 和 33.92%,远超过海峡两岸及香港法庭判决书的引用比率。学术刊物具体引用情况如表 4-11 所示。

(34)而在对这条文的第二款做出准确的法律解释前,必须重温葡萄牙科英布拉大学法学院已故刑事法律教授 Eduardo Correia 先生就连续犯这概念所主张、并得到澳门现行《刑法典》第 29 条第 2 款行文实质吸纳的权威学说(详见其书名为"*DIREITO CRIMINAL*"的刑法教程,第二册,科英布拉 Almedina 书局,1992 年再版,第 208 页及续后各页的内容)。该位著名刑事法律教授在上述刑法教程第二册第 210 页中,就列举了四个典型范例,以确定何谓"外在情况":一、如针对 1886 年葡国《刑法典》所指的通奸罪行,偕奸夫甲与情妇乙在实施第一次通奸行为后,两人同意将来继续通奸,则针对这两人的第一次和续后的通奸行为,得以连续犯论处……

表 4-11 澳门法庭判决书学术刊物引用情况

判决书类型	引用字数	总字数	引用比率
刑事判决书	10 954	366 547	2.99%
民事判决书	8 739	94 331	9.26%
行政判决书	3 711	44 828	8.28%
总计	23 404	505 706	4.63%

(四) 案卷证据

本书通过对所收集的 29 篇 50 万字澳门法庭判决书语料进行穷尽性人工标注和字数统计,发现澳门法庭判决书中案卷证据引用情况分布普遍,其案卷证据类型主要为物证、书证以及鉴定意见,如例(35)中的"3 包晶体"以及"鉴定报告"和例(36)中的"预约买卖合同"。澳门法庭判决书中案卷证据引用情况在三种案件类型中分布均衡,刑事判

决书中引用比率为 4.13％，略低于民事判决书的 4.47％，行政判决书
以 5.11％ 居最高，单篇引用字数比率最高为 10.78％，最低仅为
0.15％。案卷证据具体引用情况如表 4-12 所示：

表 4-12　澳门法庭判决书案卷证据引用情况

判决书类型	引用字数	总字数	引用比率
刑事判决书	15 135	366 547	4.13％
民事判决书	4 216	94 331	4.47％
行政判决书	2 291	44 828	5.11％
总计	21 642	505 706	4.28％

（35）当时，治安警员在上诉人 A 手持的纸袋内检获（详见卷宗第
3 页至第 6 页扣押笔录，以及第 70 页至第 79 页和第 117 页至第 125
页鉴定报告）：(1)一个印有"EXTRA"字样的胶袋，内装 3 包晶体，经
化验证实，其中 1 包晶体净重 24.378 克，含有第 17/2009 号法律附表二
C 所列的"氯胺酮"成分，经定量分析，"氯胺酮"的百分含量是 76.70％，
含量18.689 克；其余 2 包晶体共净重 1.938 克，含"氯胺酮"成分，经定
量分析，"氯胺酮"的百分含量是 77.19％，含量 1.496 克……

（36）被上诉的法院已认定以下事实：1991 年 10 月 3 日，原告与被
告签订了一个预约买卖合同，其中后者许诺出售、前者许诺购买商业中
心编号从"××"至"××"的 37 个独立单位，该商业中心位于［地址(1)］
（已认定事实 A 项）。预约买卖的各单位总价定为港币 15 866 200.00
元，相当于澳门币 16 365 985.30 元（已认定事实 B 项）。在签订合同
的行为中，被告收到原告订金和首付款港币 1 586 620.00 元（已认定事
实 C 项）。该合同明文规定，从 1991 年 12 月 3 日算起的两个月期间
内，被告无权收取价金剩余款项的利息（已认定事实 E 项）。

（五）判例参考

葡萄牙是大陆法系国家中正式规定判例参考可以作为法律渊源
的国家之一，葡萄牙最高法院已制定了许多判例，其中一些也沿用到
澳门司法审判中。本书所收集的澳门法庭判决书语料中引用的判例

参考主要来自葡萄牙最高法院以及澳门中级、最高法院的判决,如例(37)中引用了葡萄牙最高法院 2005 年和 2010 年的两件司法判例分别支持两种不同观点,又如例(38)中引用了澳门中级法院 2011 年的司法判例。

(37)在第三民事被告所经营的游泳池发生了溺毙的事件,而作为经营者,其行为是否存在过失可以有不同的法律制度可以适用。在比较法范畴,葡萄牙的司法见解独有两种完全相反的观点:第一个观点就是认为游泳池的正常经营不应该被视为《民法典》第 493 条第 2 款(等于澳门《民法典》第 486 条第 2 款)所规定的"危险活动",故应该由主张成为民事责任的要件之一的在该泳池出现溺毙的事实一方负举证责任。(见葡萄牙最高法院于 2010 年 6 月 5 日在第 846/04.9YCGMR 号卷宗所做的判决)第二种观点却认为,一个向公众开放的游泳池,任何人,不管客人的年龄大小,会不会游泳,都可以通过支付一定的款项进入使用,此商业性经营就强加于对该收费具有利益者特殊的谨慎义务,那么,这种向所有人提供收费使用的游泳池的使用在其开放时乃一种危险的活动。在这种情况下,游泳池的所有人只有在证实采取了一切的防止溺水的措施和方法时才能排除其民事责任。(见葡萄牙最高法院于 2005 年 8 月 3 日在第 04A4412 号卷宗所做的判决)

(38)关于人体运毒的类同个案的量刑部份,从过往的司法判例,如中级法院于 2011 年 1 月 27 日在第 989/2010 号上诉案件可见:"1.在考虑保护法益及公众期望的要求时需知道,上诉人所实施的贩毒罪属跨境犯罪,近年相类似的以人体运毒方式携带毒品入境的行为在本澳越来越活跃,有关犯罪行为对本澳社会的公共建康以及安宁均带来极大之负面影响,由此更加突显预防此类犯罪的迫切性。……"

本书通过对所收集的 29 篇 50 万字澳门法庭判决书语料进行穷尽性人工标注和字数统计,发现澳门法庭判决书中判例参考引用情况较多,有 5 篇民事、2 篇行政以及 10 篇刑事,共计 17 篇法庭判决书引用了司法判例。其中,民事判决书最注重对司法判例的引用,引用字数比率为 2.85%,明显高于刑事判决书的 1.03% 和行政判决书的 0.79%,而单篇法庭判决书引用字数比率最高为 8.61%。判例参考具体引用情况如表 4-13 所示：

表 4-13　澳门法庭判决书判例参考引用情况

判决书类型	引用字数	总字数	引用比率
刑事判决书	3 768	366 547	1.03％
民事判决书	2 686	94 331	2.85％
行政判决书	354	44 828	0.79％
总计	6 808	505 706	1.35％

四、台湾法庭判决书

台湾地区现行的法律制度承袭了南京国民政府时期的"六法"体系，以"宪法""民法典""刑法典""行政法典""民事诉讼法典""刑事诉讼法典"，史称"六法全书"为基本框架的基本法典[①]。1927 年南京国民政府成立后，仿效德国和日本建立起自己的新六法体系，后将这种法律体制带到了台湾，因此台湾地区现行的法律制度属于典型的大陆法系。本书收集 17 篇民事、8 篇刑事、1 篇行政，共计 26 篇 49.7 万字台湾法庭判决书为考察语料，探讨清末时期仿效德国大陆法系体制的变法修律对台湾法庭判决书文化信念型实据性的信息来源分布情况的影响。

（一）法律条文

台湾法庭判决书中引用的法律条文主要来自"六法全书"，如例（39）中属于私法的"民法"和例（40）中属于公法的"刑法"，以及例（41）中介于两者间的"劳基法"。本书通过对所收集的台湾法庭判决书语料进行穷尽性人工标注和字数统计，发现台湾法庭判决书中法律条文引用情况和案件类型有显著关联，其中行政判决书的引用字数比率为12.84％，远高于民事判决书的 6.47％和刑事判决书的 3.87％，三种类型法庭判决书引用法律条文比率差异显著，单篇判决书引用字数比率

---

① 陈伟.基于语料库的汉英法律施为动词应用研究[D].武汉：华中师范大学,2013：1.

最高为 19.64％,最低为 0.97％。台湾法庭判决书法律条文具体引用情况如表 4-14 所示:

表 4-14　台湾法庭判决书法律条文引用情况

判决书类型	引用字数	总字数	引用比率
刑事判决书	8 902	229 979	3.87％
民事判决书	16 690	257 816	6.47％
行政判决书	1 192	9 280	12.84％
总计	26 784	497 075	5.39％

(39)"民法"第 319 条规定:"债权人受领他种给付以代原定之给付者,其债之关系消灭。"其立法理由为:"按债务人之清偿债务,原应依债务之本旨而为履行,不得以他种给付,以代原定之给付,然为事实上之便利,债务人以他种给付代原定之给付,而债权人亦经承诺,且已受领者,是债权人既得达其目的,应使债之关系归于消灭,方为公允。"

(40)再按"刑法"第 2 条第 1 项规定:"行为后法律有变更者,适用行为时之法律。但行为后之法律有利于行为人者,适用最有利于行为人之法律"。依刑法第 51 条定应执行刑时,"裁判确定前犯数罪,其中一罪在新法施行前者,亦同(即亦应为新旧法比较)"。

(41)次按"劳基法"第 12 条第 1 项第 4 款规定,劳工有违反劳动契约或工作规则,情节重大者,雇主得不经预告终止契约。

(二)规章条例

台湾法庭判决书中对规章条例的引用情况较多,本书通过对所收集的 26 篇 49.7 万字台湾法庭判决书语料进行穷尽性人工标注和字数统计,发现有 11 篇民事、3 篇刑事以及 1 篇行政,共计 15 篇法庭判决书引用了规章条例。引用类型主要为①组织规章,如例(42)中的"支出凭证处理要点";②业务规章,如例(43)中的"安置垦员管理作业规定";③一般规章,如例(44)中的"三七五减租条例"。规章条例引用情况和案件类型有显著关联,其中行政判决书最注重对规章条例的引用,引用字数比率为 5.77％,明显高于民事判决书的 2.99％和刑事判决书的 1.12％,而单篇台湾法庭判决书中规章条例的引用字数比率最高为 10.76％。规章条例具体引用情况如表 4-15 所示。

(42) 自 2005 年 3 月起至 2006 年 1 月间与林德训,均明知国务机要费非机密费部分,与一般预算科目执行方式相同,须依支出凭证处理要点第 3 点规定:各机关员工向机关申请支付款项,应本诚信原则对所提出之支出凭证之支付事实真实性负责……

(43) 按"农垦员由农场'配耕一定面积'之国有土地垦耕维生,其在配耕土地上经营生产所得收益,除有贷款必须归还外,均属自有,其税捐及水电费等应自行缴付"、"前项所称一定面积,依各农场现行核配面积办理",安置垦员管理作业规定第 4 条第 1 项、第 2 项定有明文。

(44) 又按"耕地租约,于租期届满时,除出租人依本条例收回自耕外,如承租人愿继续承租者,应续订租约",耕地三七五减租条例第 20 条订有明文。

表 4-15　台湾法庭判决书规章条例引用情况

判决书类型	引用字数	总字数	引用比率
刑事判决书	2 568	229 979	1.12％
民事判决书	7 716	257 816	2.99％
行政判决书	535	9 280	5.77％
总计	10 819	497 075	2.18％

(三) 学术刊物

本书在所收集的台湾法庭判决书语料中,仅发现 1 篇刑事和 1 篇民事判决书共计 4 次引用了学术刊物,并呈现出与其他地区截然不同的学术刊物类型。其中,对法规制度进行实用解释的法律专著引用 1 次,如例(45)中的《增订耕地三七五减租条例实用》;引用古代历史文献两次,如例(46)中的《宋史列传》第二百二十三外戚中"李用和传"和"向传范传"附"向经";引用古典文学作品 1 次,如例(47)中的范仲淹《奏乞将先减省诸州公用钱,却令依旧》议。单篇民事判决书中学术刊物的引用字数比率为 0.06％,刑事判决书为 0.25％,具体引用情况如

表 4-16 所示：

表 4-16　台湾法庭判决书学术刊物引用情况

判决书类型	引用字数	总字数	引用比率
刑事判决书	575	229979	0.25％
民事判决书	160	257816	0.06％
行政判决书	0	9280	0
总计	735	497075	0.15％

（45）此项"续订租约"之行政处分，理论上有谓乃人民相互间私权之争执，无拘束当事人之效力，惟大法官释字第 128 号解释，持相反之见解，实务上应受其拘束（杨与龄著《增订耕地三七五减租条例实用》第 260 至 261 页参照）。

（46）学者林天蔚认为当时的"公使钱"及"公用钱"之制度，二者性质并不相同。前者为首长之特别津贴，可以私入、自俸；后者乃官署之特别办公费，用于招待来往官吏、贡使、犒军及其他特别用途。盖宋史、宋会要辑稿及续资治通鉴长编曾叙明，就同一官职之公用钱必多于公使钱，且依宋史卷一二七"职官"公用钱条以"用尽续给，不限年月"、"长吏与通判署籍连署以给用"，故公用钱有帐籍，用时须副署。公使钱则无此规定。公使钱依"旧制，刺史以上所赐公使钱得私入，而用和悉用为军费。"（《宋史列传》第二百二十三外戚中"李用和传"）、"方镇别赐公使钱，例私以自奉，去则尽入其余，经独斥归有司，唯以供享劳宾客军师之用"（《宋史列传》第二百二十三外戚中"向传范传"附"向经"）。

（47）亦有认公使钱即属公用钱，如"窃以国家逐处置公使钱者，盖为士大夫出入及使命往还，有行役之劳。故令郡国馈以酒食，或加宴劳。盖养贤之礼，不可废也。谨照周礼地官有遗人，掌郊里之委积，以待宾客；野鄙之委积，以待羁旅。凡国野之道，十里有庐，庐有饮食，三十里有宿，宿有路室。路室有委。五十里有市，市有候馆。候馆有积。凡委积之事，巡而比之，以时颁之。则三王之世，已有厨传之礼。

何独圣朝,顾小利而亡大体? 且今赡民兵一名,岁不下百贯。今减省得公用钱一千八百贯,只养得士兵一十八人。以十八人之资,废十余郡之礼。是朝廷未思之甚也!"(范仲淹《奏乞将先减省诸州公用钱,却令依旧》议)。

(四) 案卷证据

台湾法庭判决书中案卷证据引用情况分布普遍,其案卷证据类型主要为书证,如例(48)中的"合建契约书"以及例(49)中的"费用明细表";鉴定意见,如例(50)中的"刑纹鉴定书""精神鉴定报告书";物证,如例(51)中的"横隔木条"。本书对所收集的台湾法庭判决书语料进行穷尽性人工标注和字数统计,发现案卷证据的引用情况与案件类型有显著关联,其中刑事判决书最注重案卷证据的引用,其引用字数比率高达 8.56%,略高于民事判决书的 6.98%,而行政判决书仅为 0.93%,与前两者差距显著,单篇案卷证据引用字数比率最高为23.51%,最低仅为 0.18%。案卷证据具体引用情况如表 4-17 所示:

表 4-17　台湾法庭判决书案卷证据引用情况

判决书类型	引用字数	总字数	引用比率
刑事判决书	19 678	229 979	8.56%
民事判决书	17 993	257 816	6.98%
行政判决书	86	9 280	0.93%
总计	37 757	497 075	7.60%

(48) 2012 年 1 月 5 日原告 2 人与共有人朱张○○、朱○○、朱○○、朱○○、朱○○与诉外人○○○建设有限公司(下称○○○公司)签订"合建契约书",约定原告及共有人等 8 人提供上开二笔土地,○○○公司再洽诉外人张○○提供同段 434 地号土地,共三笔土地与○○○公司合建房屋。

(49) 然参诸卷附台北市政府秘书处 1999 年度各项费用明细表及 1999 年度至 2006 年度岁出计划提要及分之项目概况表(见侦查卷一第 269 至 276 页),业务费项下除特别费外,尚包括,印刷、加班值班费、外勤交通费、其他邮电及材料、外勤误餐及交通一般事务费预算书之业务费项目……

（50）本件"内政部"警政署刑事警察局2010年10月13日刑纹字第0990142944号鉴定书、同局2011年3月4日刑纹字第1000029215号鉴定书、"内政部"警政署刑事警察局2011年1月17日刑医字第1000008360号函检附之空军女童性侵害案物证处理综合报告、三军总医院精神医学部1997年5月28日善利字第5388号精神鉴定报告书……鉴定书等。

（51）依证人谢松善之证述，及案发现场洗手间西侧厕所气窗上横隔木条（该木条原有涂上白色之漆料）之照片以观（详见卷一之编号33、34、35、36、37照片，及卷一之第59、60、73页），因该厕所气窗下方横隔木条上确有长约15至20公分之抹擦血痕，窗户之下缘亦有稀释之流状血痕，故谢松善指示将木条拆卸下带回，由尤启忠及许敏能进一步采证，并以宁海德林法显示，发现该横隔木条上存有潜伏之掌纹。

（五）判例参考

司法判例也是台湾法庭判决书中重要的文化信念型信息来源之一，台湾"最高法院"所作的判例和大法官会议所作的解释例和决议可以作为后续类似案件中司法审判的判例参考。台湾法庭判决书中司法判例引用情况分布普遍，26篇语料中仅有1篇民事判决书完全没有引用判例，而引用为参考的司法判例基本全部来自"最高法院"，如例（52）中的"'最高行政法院'2002年度判字第1857号行政判决"。

（52）"最高行政法院"2002年度判字第1857号行政判决，已陈明"特别费之支给旨在补助县市政府主任秘书因公所需之酬酢事宜，具有补助执行公务之性质"，同样亦认特别费有补贴性质。且本案仅系原告请求给付其调离主任秘书时之薪资时，该院认原告调离当时未实际执行主任秘书职务，而无从请求特别费之领据领取半数，与本院上开认定不相违。另该判决论述未细分条领及检据领取，亦未详酌历史沿革及资料认定特别费之属性，何况证人石素梅于本院审理中亦证以："领取特别费当然是要有首长的身份，'行政院'对于特别费领用的时间点并没有规定"(见本院 2007 年 7 月 23 日审判笔录)。

本书通过对所收集的 26 篇 49.7 万字台湾法庭判决书语料进行穷尽性人工标注和字数统计,发现判例参考的引用情况在三种案件类型中分布均衡,刑事判决书中引用字数比率为 2.16%,略低于民事判决书的 2.83%,行政判决书以 3.19%居最高,单篇台湾法庭判决书中判例参考的引用字数比率最高为 7.25%。判例参考具体引用情况如表4-18 所示:

表 4-18 台湾法庭判决书判例参考引用情况

判决书类型	引用字数	总字数	引用比率
刑事判决书	4973	229 979	2.16%
民事判决书	7298	257 816	2.83%
行政判决书	296	9 280	3.19%
总计	12567	497 075	2.53%

五、小结

本书收集整理共计 116 篇 174 万字中国法庭判决书语料,并对其中传递实据性意义的文化信念型信息来源成分进行穷尽性人工标注和字数统计,发现在四地刑事判决书中,澳门刑事判决书对法律条文的引用比率最高,达到 12.14%,远高于大陆(内地)的 3.49%,香港的1.82%和台湾的 3.87%;台湾刑事判决书对规章条例的引用比率最高为 1.12%,而其他三地的引用情况都很少,几乎可以忽略不计;澳门刑事判决书对学术刊物的引用比率最高,达到 2.99%,而其他三地的引用情况都很少,几乎可以忽略不计;大陆(内地)刑事判决书对案卷证据的引用比率最高,达到 17.15%,远高于香港的 1.55%,澳门的4.13%和台湾的 8.56%;香港刑事判决书对判例参考的引用比率最高为 5.48%,明显高于澳门的 1.03%和台湾的 2.16%。通过统计数据可见,澳门刑事判决书最为注重法律条文对案件的适用和说明,且十分强调对法理的论述解释,从其对学术刊物的高引用比率中可以体现;

大陆和台湾刑事判决书最为强调对案件事实的描述和证明,其案卷证据的引用比率在其所有文化信念型信息来源中最高;而受大陆法系和英美法系法律体制差异影响,香港刑事判决书明显注重司法判例的引用和参考,虽然台湾现行的法律制度属于典型的大陆法系,受政治文化因素影响,也体现出对判例参考的重视。中国法庭判决书文化信念型信息来源具体引用情况如表 4-19 所示:

表 4-19　中国法庭判决书文化信念型信息来源引用情况

(单位:%)

判决书类别	区域	法律条文	规章条例	学术刊物	案卷证据	判例参考
刑事判决书	大陆(内地)	3.49	0.07	0	17.15	0
	香港	1.82	0.18	0.12	1.55	5.48
	澳门	12.14	0.01	2.99	4.13	1.03
	台湾	3.87	1.12	0.25	8.56	2.16
民事判决书	大陆(内地)	7.52	1.07	0.1	14.12	0
	香港	2.86	2.44	1.03	2.48	3.69
	澳门	14.20	0.06	9.26	4.47	2.85
	台湾	6.47	2.99	0.06	6.98	2.83
行政判决书	大陆(内地)	2.43	37.26	0	3.10	0
	香港	0	0	0	0	0
	澳门	14.98	4.42	8.28	5.11	0.79
	台湾	12.84	5.77	0	0.93	3.19
总比率	大陆(内地)	4.81	1.60	0.03	15.68	0
	香港	2.42	1.51	0.65	2.10	4.44
	澳门	12.77	0.41	4.63	4.28	1.35
	台湾	5.39	2.18	0.15	7.60	2.53

　　在四地民事判决书中,澳门民事判决书对法律条文的引用比率最高,达到 14.20％,远高于大陆(内地)的 7.52％,香港的 2.86％ 和台湾的6.47％;台湾民事判决书对规章条例的引用比率最高为 2.99％,略高于香港的 2.44％ 和大陆(内地)的 1.07％,而澳门几乎可以忽略不计;澳门民事判决书对学术刊物的引用比率最高,达到 9.26％,而其他三地的引用情况都很少,几乎可以忽略不计;大陆(内地)民事判决书对案卷证据的引用比率最高,达到 14.12％,远高于香港的 2.48％,澳门的 4.47％ 和台湾的 6.98％;香港刑事判决书对判例参考的引用比率最高为 3.69％,略高于澳门的 2.85％ 和台湾 2.83％。通过统计数据可见,四地刑事判决书文化信念型实据性的信息来源特征在民事判决书中具有相同性体现,且四地民事判决书都明显比刑事判决书更多的引用法律条文,可见民事案件对法律适用和解释的要求更高。

　　在三地行政判决书中(香港地区没有收集到行政判决书),澳门行政判决书对法律条文的引用比率最高,达到 14.98％,略高于台湾的12.84％,远高于大陆(内地)的 2.43％;大陆(内地)行政判决书对规章条例的引用比率最高为 37.26％,远高于澳门的 4.42％ 和台湾的5.77％;澳门行政判决书对学术刊物的引用比率高达 8.28％,而其他两地没有引用;澳门行政判决书对案卷证据的引用比率最高,达到5.11％,高于大陆(内地)的 3.10％ 和台湾的 0.93％;台湾行政判决书对判例参考的引用比率最高为 3.19％,其他两地几乎可以忽略不计。通过统计数据可见,三地行政判决书的规章条例引用比率明显提升,以大陆(内地)的引用比率上升最为显著,这与行政案件的性质类型有直接联系,因为行政案件多为不同制度条例互相矛盾而产生的纠纷。

　　总体而言,尽管信息来源侧重类型不同,大陆(内地)、澳门和台湾刑事判决书中文化信念型信息来源引用比率趋于相似,分别为 20.71％、20.29％ 和 15.96％,且这三地法律体制同属于大陆法系,而香港法律体制属于英美法系,其刑事判决书中文化信念型信息来源引用比率为9.21％,明显低于前三地。中国民事判决书中文化信念型信息来源引用比率具有相同性特征,但澳门民事判决书的引用比率明显上升为

30.84％,这与其重视法理的论证说明有直接关联。大陆(内地)和澳门行政判决书中文化信念型信息来源引用比率明显上升且趋于相似,分别为 42.8％和 38.77％,这与行政案件的性质类型有直接联系,而台湾行政判决书仅收集到 1 篇语料,数据具有特例性。中国法庭判决书文化信念型信息来源引用总汇情况如表 4-20 所示:

表 4-20　中国法庭判决书文化信念型信息来源引用总汇

判决书类型	大陆(内地)		香港		澳门		台湾	
	引用字数	引用比率	引用字数	引用比率	引用字数	引用比率	引用字数	引用比率
刑事判决书	50 078	20.71％	13 670	9.21％	74 377	20.29％	36 696	15.96％
民事判决书	29 380	22.8％	25 612	12.51％	29 089	30.84％	49 857	19.34％
行政判决书	5 244	42.8％	0	0	17 382	38.77％	2 109	22.73％
总计	84 702	22.12％	38 282	10.84％	120 848	23.9％	88 662	17.84％

第二节　感官亲历型

感官型信息来源指的是"人类作为高级生物,感官器官发展最为平衡,能通过视觉、听觉、嗅觉、味觉、肤觉、运动觉、机体觉、平衡觉等对客观现实个别特性做出反应"[1],即信息来源于人的感知。本书认为在法庭判决书中,感官型信息来源主要表现为视觉、听觉等多种人类感官感知的信息,而亲历型信息来源是指判决书语篇中以第一人称视角陈述当事人经历的信息,因此,感官动词和第一人称是此类型实据性成分的主要标记形式。

一、大陆(内地)法庭判决书

本书收集 14 篇民事、15 篇刑事以及 2 篇行政共计 31 篇 38 万字大陆(内地)法庭判决书为考察语料,发现大陆(内地)法庭判决书中较

---

[1]　胡壮麟.汉语的言据性和语篇分析[J].湖北大学学报,1995(2):13.

少使用感官亲历型信息来源,仅有 6 篇民事、9 篇刑事,共计 15 篇判决书出现了此类型信息来源。其中,具体感官来源主要为视觉感官,如例(53)中的第一人称＋感官动词"我看到"和例(54)中的第三人称＋感官动词"谷某看到";听觉感官,如例(55)中的"听见"和例(56)中的第一人称＋言说动词"我说"。

(53)我到她家后看到有两个朋友在她家,还有一个她新请回来的保姆,还有我外甥仔李某荣。

(54)谷开来在英国看到热气球,感到很有创意,就与徐明建议并商办,以后又向我推荐在大连主要广场上搞一个。

(55)我在家里二楼的卫生间内听见我窗子外面的墙角下有女子大叫"救命",跑到围墙外的空地上,看到一个女的全身赤裸,蹲在墙角边哭泣……

(56)到了下午 3 时许,陆金华对我说:"你孩子哭得好凶,我带他出去玩。"我说:"不用,你跟我去买菜。"

本书对语料中传递感官亲历型信息来源的实据性成分进行穷尽性人工标注和字数统计,发现大陆(内地)刑事判决书中感官亲历型信息来源的使用比率为 1.9%,略高于民事判决书的 1.15%,而行政判决书中没有发现此类型信息来源,单篇使用字数比率最高为 4.78%,具体使用情况如表 4-21 所示:

表 4-21　大陆(内地)法庭判决书感官亲历型信息来源使用情况

判决书类型	使用字数	总字数	使用比率
刑事判决书	4 586	241 762	1.9%
民事判决书	1 485	128 848	1.15%
行政判决书	0	12 253	0
总计	6 071	382 863	1.59%

二、香港法庭判决书

本书收集 15 篇民事、15 篇刑事,共计 30 篇 35 万字香港法庭判决

表 4-23　澳门法庭判决书感官亲历型信息来源使用情况

判决书类型	使用字数	总字数	使用比率
刑事判决书	685	366 547	0.19%
民事判决书	42	94 331	0.04%
行政判决书	108	44 828	0.24%
总计	835	505 706	0.17%

四、台湾法庭判决书

本书收集 17 篇民事、8 篇刑事、1 篇行政,共计 26 篇 49.7 万字台湾法庭判决书为考察语料,发现台湾法庭判决书比其他地区较多使用感官亲历型信息来源,有 9 篇民事、8 篇刑事,共计 17 篇法庭判决书出现了此类型信息来源。其中,具体感官来源主要为视觉感官,如例(64)中的(第一人称)+感官动词"看到";听觉感官,如例(65)中的第一人称+感官动词"听到"和例(66)中第一人称+言说动词"我……说明"。

(64)事前不认识女主角小雨,活动当天才看到,2012 年 2 月 19 日下午 2 时 30 分,约在台北火车站北边的门集合,事前不认识其他参加的 17 位男优,都是活动当天才看到,事后也都没有联系。

(65)问:2012 年 2 月 19 日在台北火车站集合之前,庚○○就已经给另 1 位女助理丙○○活动费用的钱,而叫她保管了吗?

答:他是在饮料店时给的,叫丙○○保管。

问:庚○○给了丙○○多少钱?

答:我只听到有结余款,但我不知道总共多少钱。

问:当初庚○○有说大家所出的 800 元活动费用,是要分担大家的回程车资这部分吗?

答:没有。

(66)我当时就针对以领据核销的特别费向侯检察官说明:"如果

认为是公款,没有用完要缴回,应该要改变制度采用必须核销的方式,要作支出明细说明用途。"

本书对台湾法庭判决书语料中传递感官亲历型信息来源的实据性成分进行穷尽性人工标注和字数统计,发现感官亲历型信息来源的使用情况与案件类型有显著关联,其中刑事判决书最为注重感官来源信息的使用,其使用字数比率高达 18.15%,远高于民事判决书的 2.65%,而行政判决书中没有发现此类型信息来源,与前两者差距显著。单篇感官亲历型信息来源使用字数比率最高为 28.4%,具体使用情况如表 4-24 所示:

表 4-24 台湾法庭判决书感官亲历型信息来源使用情况

判决书类型	使用字数	总字数	使用比率
刑事判决书	41 745	229 979	18.15%
民事判决书	6 843	257 816	2.65%
行政判决书	0	9 280	0
总计	48 588	497 075	9.77%

五、小结

本书收集整理共计 116 篇 174 万字中国法庭判决书语料,并对其中传递实据性意义的感官亲历型信息来源进行穷尽性人工标注和字数统计,在四地刑事判决书中,台湾地区刑事判决书中感官亲历型信息来源的引用比率高达 18.15%,其中大量使用第一人称+言说动词结构直接陈述案件情节,远高于大陆(内地)的 1.9%,香港的 3.70%和澳门的 0.19%。通过统计数据可见,四地刑事判决书感官亲历型实据性的信息来源使用比率趋势在民事判决书中具有相同性体现,但四地民事判决书的使用比率都略低于刑事判决书,分别为大陆(内地)的 1.15%,香港的 2.02%,澳门的 0.04%和台湾的 2.65%,其中以台湾的引用比率下降最为显著,可见民事案件纠纷的矛盾重点并不在于感官本书对大陆(内地)法庭判决书语料中传递言语传闻型信息来源的实据性成分进行穷尽性人工标注和字数统计,发现言语传闻型信息来源的使用情况与案件类型有显著关联,其中刑事判决书最常使用言语转述来源信息,其使用字数比率高达12.87%,远高于民事判决书和行政判决书的5.43%和4.95%,后两者差距无几,而单篇言语传闻型信息来源使用字数比率最高为27.27%。大陆(内地)判决书言语传闻型信息来源具体使用情况如表4-26所示:

表 4-26　大陆(内地)法庭判决书言语传闻型信息来源使用情况

判决书类型	使用字数	总字数	使用比率
刑事判决书	31 121	241 762	12.87%
民事判决书	7 000	128 848	5.43%
行政判决书	606	12 253	4.95%
总计	38 727	382 863	10.12%

二、香港法庭判决书

本书收集15篇民事、15篇刑事,共计30篇35万字香港法庭判决书为考察语料,发现香港法庭判决书中言语传闻型信息来源使用普遍,其言语转述的形式主要呈现为:①"对话式"的说话人+言说动词+信息来源主体+直接引用,如例(71)对话中的"我头先听到……";②信息来源主体+言说动词+说话人+直接引用,如例(72)中的"曾告诉申请人……";③信息来源主体+言说动词+直接引用,如例(73)中"控方第一证人……听见";④信息来源主体+言说动词+间接引用,如例(74)的"对方要求他……"。

(71)官:陆先生?

MR LUK:係,法官阁下,我头先听到佢呢位证人嘅说法就係话,佢都不记得咗当时佢究竟有冇——即係听到……

(72)"曾"告诉申请人说计算机的其中一个项目曾经被修改。

(73)控方第一证人尾随他们,在7楼等候升降机期间听见申请人一伙人中有人以粗言道:"新义安响尖沙咀大×晒!"。

（74）81 岁的王先生在牛头角彩盈邨的单位收到电话，对方要求他清还其儿子的港币 200 000 元债项。王先生告知对方他只有港币 30 000 元。电话中的男子问王先生的住址，10 分钟后申请人便到达王先生的家索取港币 30 000 元。

本书对香港法庭判决书语料中传递言语传闻型信息来源的实据性成分进行穷尽性人工标注和字数统计，发现民事判决书中使用言语转述来源信息字数比率为 17.31%，略多于刑事判决书的 14.45%，单篇言语传闻型信息来源使用字数比率最高为 30.4%，最低为 1.03%。香港判决书言语传闻型信息来源具体使用情况如表 4-27 所示：

表 4-27　香港法庭判决书言语传闻型信息来源使用情况

判决书类型	使用字数	总字数	使用比率
刑事判决书	21 447	148 379	14.45%
民事判决书	35 436	204 769	17.31%
总计	56 883	353 148	16.11%

三、澳门法庭判决书

本书收集 6 篇民事、21 篇刑事、2 篇行政，共计 29 篇 50 万字澳门法庭判决书为考察语料，发现澳门法庭判决书中较少使用言语传闻型信息来源，其中 3 篇民事、5 篇刑事、2 篇行政，共计 10 篇判决书完全没有使用此类型信息来源。其言语转述的形式主要呈现为：①信息来源主体＋言说动词＋直接引用，如例（75）中的"原审法院在事实的判断中做出如下说明……"；②信息来源主体＋言说动词＋间接引用，如例（76）中的"E……报称"；③澳门法庭判决书没有出现信息来源主体或说话人为第一人称的言语转述。

（75）审查证据方面，原审法院在事实的判断中做出如下说明："本法院依据卷宗所载的资料及证据、书证，嫌犯的声明及证人的陈述而形成心证。"

（76）2010 年 10 月至 2011 年 11 月期间，E 曾多次向治安警察局检举，报称被嫌犯 A 袭击，而且嫌犯 A 曾多次恐吓会杀死 E。

本书对澳门法庭判决书语料中传递言语传闻型信息来源的实据性成分进行穷尽性人工标注和字数统计,发现澳门三种类型判决书中都很少使用此类信息来源。其中,刑事判决书使用言语传闻型信息来源略多,使用字数比率为1.91%,民事判决书为0.62%,行政判决书中没有使用此类型信息来源,而单篇言语传闻型信息来源使用字数比率最高为6.13%。澳门法庭判决书言语传闻型信息来源具体使用情况如表4-28所示:

表4-28　澳门法庭判决书言语传闻型信息来源使用情况

判决书类型	使用字数	总字数	使用比率
刑事判决书	7 017	366 547	1.91%
民事判决书	583	94 331	0.62%
行政判决书	0	44 828	0
总计	7 600	505 706	1.50%

四、台湾法庭判决书

本书收集17篇民事、8篇刑事、1篇行政,共计26篇49.7万字台湾法庭判决书为考察语料,发现台湾法庭判决书中言语传闻型信息来源使用普遍,仅有4篇民事判决书完全没有使用此类型信息来源。其言语转述的形式主要呈现为:①"对话式"的说话人+言说动词+直接引用,如例(77)对话中的"我有听说……";②"对话式"的说话人+信息来源主体+言说动词+间接引用,如例(78)中的"我们在外面听到……";③信息来源主体+言说名词+直接引用,如例(79)中的直接引用"相关人员……说词如下";④说话人+信息来源主体+介词+间接引用+言说名词,如例(80)的"上诉人于原审则以……等语,资为抗辩"。

(77)问:庚○○有没有说若有下一次活动,这次的成员会是下次当然的成员?

答:我有听说要再办性爱教室的企划,但我不知道是否就是这次成员是下次成员。

（78）问：该公司必将以其子公司之名义买回此一债权，你当时有这样说吗？答：有。

问：你为何知道这件事？

答：我们告华夏诈欺后，在外面听到很多消息，包括法务张学亮听到的，做出这样的怀疑。所以我所言不是我的经历，我只是怀疑我们被利用。

（79）又依被证一南屯分行内部管理项目查核报告第3、4页上述交易相关人员有关陈德胜及廖泰民二人之说词如下："柜员经办陈德胜称系经理廖泰民交办，完全听从上级指示"、"经理廖泰民称，2009年6月4日该笔转账款项系客户交办土地中介款代为转账事宜"等语；

（80）上诉人于原审则以上诉人于系争土地上有建物，已经居住60余年，希望分得较宽广之土地，可供建筑之用。又系争土地分割后，应以抽签方式取得分割后之位置，较为公平。倘分割后须拆除建物，亦无意见。另关于鉴定报告之补偿方案，鉴价太低，且补偿之价钱，亦不正确等语，资为抗辩。

本书对台湾法庭判决书语料中传递言语传闻型信息来源的实据性成分进行穷尽性人工标注和字数统计，发现其言语传闻型信息来源的使用情况与案件类型有显著关联，其中刑事判决书最常使用言语转述来源信息，其使用字数比率高达10.93%，远高于民事判决书的4.15%，而行政判决书中没有出现此类型信息来源，单篇言语传闻型信息来源使用字数比率最高为13.01%。台湾法庭判决书言语传闻型信息来源具体使用情况如表4-29所示：

表4-29　台湾法庭判决书言语传闻型信息来源使用情况

判决书类型	使用字数	总字数	使用比率
刑事判决书	25 140	229 979	10.93%
民事判决书	10 709	257 816	4.15%
行政判决书	0	9 280	0
总计	35 849	497 075	7.21%

五、小结

本书收集整理共计 116 篇 174 万字中国法庭判决书语料,并对其中传递实据性意义的言语传闻型信息来源进行穷尽性人工标注和字数统计,发现在四地刑事判决书中,香港刑事判决书中言语传闻型信息来源的引用比率为 14.45%,略高于大陆(内地)的 12.87% 和台湾的 10.93%,而澳门刑事判决书中的引用比率仅为 1.91%。通过统计数据可见,大陆(内地)、澳门和台湾刑事判决书言语传闻型实据性的信息来源使用比率趋势在民事判决书中具有相同性体现,但这三地民事判决书的使用比率都明显低于刑事判决书,分别为大陆(内地)的 5.43%,澳门的 0.62% 和台湾的 4.15%,而香港民事判决书中言语传闻型实据性的信息来源使用比率为 17.31%,呈现上升趋势,其中大量使用了"对话式"的言语转述。四地行政判决书中的言语传闻型信息来源仅在大陆(内地)行政判决书中出现,其使用比率为 4.95%,与其民事判决书使用比率相近,而其他三地中没有使用,由此可见四地民事和行政案件纠纷的矛盾重点并不在于言语传闻型的情节和信息。中国言语传闻型信息来源使用情况如表 4-30 所示:

表 4-30 中国法庭判决书言语传闻型信息来源使用情况

判决书类型	大陆(内地)		香港		澳门		台湾	
	使用字数	使用比率	使用字数	使用比率	使用字数	使用比率	使用字数	使用比率
刑事判决书	31 121	12.87%	21 447	14.45%	7 017	1.91%	25 140	10.93%
民事判决书	7 000	5.43%	35 436	17.31%	583	0.62%	10 709	4.15%
行政判决书	606	4.95%	0	0	0	0	0	0
总计	38 727	10.12%	56 883	16.11%	7 600	1.50%	35 849	7.21%

第四节　推断假设型

推断假设型信息来源既非亲身经历，又非道听途说，而是说话人根据已知或现存的信息在推理或估测的基础上提供的信息来源[①]，其中最典型的就是通过假设、因果等逻辑推理过程得到的信息来源，常用的实据性成分为条件类复句和因果类复句。本书对海峡两岸和香港、澳门共计 116 篇 174 万字的真实案件法庭判决书语料中传递推断假设型信息来源的实据性成分进行穷尽性人工标注，并在此基础上进行统计分析。

一、大陆(内地)法庭判决书

本研究收集 14 篇民事、15 篇刑事以及 2 篇行政，共计 31 篇 38 万字大陆(内地)法庭判决书为考察语料，发现在推断假设型信息来源中，大陆(内地)法庭判决书中较少使用条件推理，主要包括司法程序条件推理和案件事实条件推理两种类型，常用实据性成分有"如(果)""(假)如"等；更多使用了因果推理，主要包括案件事实因果推理和判决观点因果推理两种类型，常用实据性成分有"因(为)""由(于)""故""因此""所以"等。

(一) 条件推理

大陆(内地)法庭判决书中推断假设型信息来源的条件推理使用普遍，仅有 3 篇民事、3 篇刑事，共计 6 篇判决书没有使用条件推理。大陆(内地)法庭判决书中的条件推理主要有司法程序条件推理，如例(81)中的"如不服本判决……"是对司法程序可能性的假设推理；案件事实条件推理，如例(82)中的"如果……有权"是对案件情节可能性的假设推理。

---

①　DE HAAN F.The Relation between Modality and Evidentiality[M]//MÜLLER R，REIS M.Modalität und Modaloerben im Deutschen.Linguistische Berichte,Sonderheft 9.Hamburg：H.Buske,2001(9)：201-216.

(一) 条件推理

香港法庭判决书中推断假设型信息来源的条件推理使用普遍,仅有 5 篇民事、1 篇刑事,共计 6 篇判决书没有使用条件推理。香港判决书中的条件推理主要有司法程序条件推理,如例(85)中的"如双方未能同意讼费款额……"是对司法程序可能性的假设推理;案件事实条件推理,如例(86)中的"如果……便可以是"是对案件情节可能性的假设推理;判决观点条件推理,如例(87)中的"如……便必须"是对判决结论合理性的假设推理。

(85) 本席亦颁下暂准讼费命令,判定原告人须支付给被告人该上诉的讼费(包括所有保留的讼费,如有的话),如双方未能同意讼费款额,则由法庭评定。除非任何一方提出申请更改上述暂准讼费命令,否则上述暂准讼费命令在本判案书颁下后 14 天即成为绝对命令。

(86) 法庭认为,参与结集的人的身份,是有指标性的。例如,如果出席人士属社团高层人士,所处理的事项便有较大可能与三合会持续存在或壮大有关联。当然,这并不是唯一指标,例如一班低层三合会人士结集,目的在于推举三合会社团主事人,虽然出席者在三合会社团的地位不高,他们处理的事项与三合会持续存在和壮大有直接关联,便可以是三合会社团集会。

(87) 如本席有任何怀疑曾先生与被告人之间可能曾经存在做假账的协议的话,本席便必须裁定被告人罪名不成立。

本书对 30 篇 35 万字香港法庭判决书语料中传递推断假设型信息来源的条件推理进行穷尽性人工标注和字数统计,发现香港两种类型法庭判决书中都很少使用条件推理。其中,刑事判决书使用字数比率为 2.85%,略多于民事判决书的 1.30%,而单篇推断假设型信息来源的条件推理使用字数比率最高为 7.77%,具体使用情况如表 4-33 所示。

表 4-33 香港法庭判决书条件推理使用情况

判决书类型	使用字数	总字数	使用比率
刑事判决书	4 232	148 379	2.85%
民事判决书	2 661	204 769	1.30%
总计	6 893	353 148	1.95%

（二）因果推理

香港法庭判决书中大量普遍使用了推断假设型信息来源的因果推理,其因果推理的类型主要有案件事实因果推理,如例(88)中的"他是清楚知道电话对话的内容"是对案件情节真实性的因果推理;判决观点因果推理,如例(89)中的"会以 4 个月作分期执行以反映这个情况"是确定判决结论合理性的因果推理。本书对香港法庭判决书语料中传递推断假设型信息来源的因果推理进行穷尽性人工标注和字数统计,发现刑事判决书较多使用因果推理,其使用字数比率为 19.35%,略高于民事判决书的 15.44%,而单篇推断假设型信息来源的因果推理使用字数比率最高为 46.02%,最低为 4.24%。香港判决书因果推理具体使用情况如表 4-34 所示。

(88)虽然可以反驳指"阿明"可能真的只是叫申请人去拿钱,也可能只是指示他"如果对方问你,你就话佢个仔叫阿民"。若然再深入去分析,本席认为这个可能性并不存在。因为"阿明"或那个电话骗徒指示申请人完全没有必要去隐瞒这些数据,不让申请人知道电话对话内容,知道内容反会让他更容易拿到钱而不会被对方问的问题难倒。所以,从这个角度去看,这伙犯罪分子是完全没有理由不让申请人知道上述数据,特别是当知道对方会问一些问题的时候,所以他是清楚知道电话对话的内容。

(89)本席原本打算把第三项控罪刑期与第二和第一项控罪每项控罪中的 6 个月作分期执行,但考虑到第一控罪是基于被告人的招而引申出来,所以不以 6 个月作分期执行,会以 4 个月作分期执行以反映这个情况。

表 4-34 香港法庭判决书因果推理使用情况

判决书类型	使用字数	总字数	使用比率
刑事判决书	28 704	148 379	19.35%
民事判决书	31 616	204 769	15.44%
总计	60 320	353 148	17.08%

三、澳门法庭判决书

本书收集 6 篇民事、21 篇刑事、2 篇行政,共计 29 篇 50 万字澳门法庭判决书为考察语料,发现在推断假设型信息来源中,澳门法庭判决书比其他地区判决书较多使用条件推理,主要包括司法程序条件推理、案件事实条件推理、判决观点条件推理和法理解释条件推理四种类型,其常用实据性成分有"如(果)""(假)如"等,同时更多使用了因果推理,主要包括案件事实因果推理、判决观点因果推理和司法程序因果推理三种类型,常用实据性成分有"因(为)""由(于)""故(此)""因此""所以""据此"等。

(一)条件推理

澳门法庭判决书中推断假设型信息来源的条件推理使用普遍,仅有 1 篇民事、7 篇刑事,共计 8 篇判决书没有使用条件推理。澳门法庭判决书中的条件推理主要有司法程序条件推理,如例(90)中的"如果当事人不知悉或未利用提起再审上诉所依据的文件……"是对司法程序可能性的假设推理;案件事实条件推理,如例(91)中的"如果说,原告为了……那是不合情理的"是对案件情节可能性的假设推理;判决观点条件推理,如例(92)中的"如果透过预审程序的调查……也就是"是对判决结论合理性的假设推理;法理解释条件推理,如例(93)中的"如果……则该期限为主观实质期限"是对法理解释适用性的假设推理。

(90)如果当事人不知悉或未利用提起再审上诉所依据的文件,且单凭该文件足以推翻判决所依据的证据,使该裁判变更成一个对败诉当事人较为有利的裁判，那么，在以该文件为依据的再审上诉中，必须在第一审提出再审声请；再审的依据是事实问题；既然事实事宜是在第一审整理出来的，且上级法院仅审理法律问题，要将行再审的是第一审的判决。

（91）如果说，原告为了达到所希望的目的使用该等单位，却要求对方交付相关费用，那是不合情理的。实际上，原告使用该等单位一直到 1995 年 7 月，大厦管理费所指的就是原告使用该等单位时的费用。

（92）实际上，如果透过预审程序的调查，有强烈迹象显示上诉人一直进行的一般称为"迭码"的活动——也就是为澳门地区赌场招揽赌客，但是，仅这种活动并非必然显示上述人属于或与犯罪集团有关，特别是显示黑社会类别。

（93）如果其实质产生于给付本身的性质，考虑到相关目的，该期限可能是客观期限，例如向某个舞会交付服装。如果实质期限系指逾期后的给付对债权人来说用处已经消失，并产生于各签约人的明示或默示协议，则该期限为主观实质期限。

本书对澳门法庭判决书语料中传递推断假设型信息来源的条件推理进行穷尽性人工标注和字数统计，发现澳门三类型法庭判决书比其他地区判决书较多使用条件推理。其中，民事判决书使用字数比率为 4.89%，略多于行政判决书的 3.64%，而刑事判决书使用字数比率最低，仅为 1.52%。单篇推断假设型信息来源的条件推理使用字数比率最高为 8.73%，具体使用情况如表 4-35 所示：

表 4-35　澳门法庭判决书条件推理使用情况

判决书类型	使用字数	总字数	使用比率
刑事判决书	5 563	366 547	1.52%
民事判决书	4 611	94 331	4.89%
行政判决书	1 632	44 828	3.64%
总计	11 806	505 706	2.33%

（二）因果推理

澳门法庭判决书中大量普遍使用了推断假设型信息来源的因果推理，其因果推理的类型主要有司法程序因果推理，如例（94）中的"不构成对已确定裁判提起再审上诉的依据"是对司法程序可能性的因果推理；案件事实因果推理，如例（95）中的"故（上诉人）需将其轻型汽车倒后才能驶离车位"是对案件情节真实性的因果推理；判决观点因果推理，如例（96）中的"故此，保险公司上述上诉理由并不成立"是确定判决结论合理性的因果推理。

（94）被告即现被上诉人最后提出上诉人不具正当性作为其提起之上诉的依据，但是，正如上面所说，非正当性没有纳入该条各项中任何一项的规定之中，因此不构成对已确定裁判提起再审上诉的依据。

（95）由于（上诉人）的轻型汽车是以车尾向看行车道的方式停泊于最左边位置之车位内，而其所泊车位右侧有另一车以车头向看行车道的方式停泊的轻型汽车（MX-XX-93），故（上诉人）需将其轻型汽车倒后才能驶离车位。

（96）事实上，保险公司是在质疑原审法院对有关事实的认定，以表达他对合议庭所认定的事实的不同意见来试图质疑法官的自由心证，这是法律所不允许的。当然，不受质疑的自由心证必须是在以客观的、合乎逻辑及符合常理的方式审查分析证据的基础上所形成的心证。但在本案中，原审法院在审查证据方面并未违背以上所提到的任何准则或经验法则，因此，保险公司不能仅以其个人观点为由试图推翻原审法院所形成的心证。故此，保险公司上述上诉理由并不成立。

本书对29篇50万字澳门法庭判决书语料中传递推断假设型信息来源的因果推理进行穷尽性人工标注和字数统计，发现因果推理的引用情况在三种案件类型中分布均衡，行政判决书较多使用因果推理，其使用字数比率为23.25%，略高于民事判决书的20.69%和刑事判决书的19.26%，而单篇推断假设型信息来源的因果推理使用字数比率最高为41.54%，最低为8.6%，具体使用情况如表4-36所示。

表 4-36　澳门法庭判决书因果推理使用情况

判决书类型	使用字数	总字数	使用比率
刑事判决书	70 608	366 547	19.26%
民事判决书	19 519	94 331	20.69%
行政判决书	10 422	44 828	23.25%
总计	100 549	505 706	19.88%

四、台湾法庭判决书

本书收集 17 篇民事、8 篇刑事、1 篇行政,共计 26 篇 49.7 万字台湾法庭判决书为考察语料,发现在推断假设型信息来源中,台湾法庭判决书较少使用条件推理,主要包括司法程序条件推理、案件事实条件推理和判决观点条件推理三种类型,其常用实据性成分有"如(果)""(假)如"等;更多使用了因果推理,主要包括案件事实因果推理、判决观点因果推理和法理解释因果推理三种类型,常用实据性成分有"因(为/此)""由(于)""故"等。

(一)条件推理

台湾法庭判决书中推断假设型信息来源的条件推理使用普遍,仅有 1 篇民事、1 篇刑事,共计 2 篇判决书没有使用条件推理。台湾法庭判决书中的条件推理主要有司法程序条件推理,如例(97)中的"如对本判决上诉……"是对司法程序可能性的假设推理;案件事实条件推理,如例(98)中的"倘若公诉人之所述属实……"是对案件情节可能性的假设推理;判决观点条件推理,如例(99)中的"如……实为不妥"是对判决结论合理性的假设推理。

(97)如对本判决上诉,须于判决送达后 20 日内向本院提出上诉状。如委任律师提起上诉者,应一并缴纳上诉审裁判费。

(98)倘若公诉人之所述属实,则证人吕学钧、吕学富为何不知此债权买卖系虚伪之交易?倘若证人吕学钧、吕学富知晓该买卖系虚伪之交易,为何不是本件背信罪之共犯?公诉人对于此点均未说明,显见公诉人对于共犯之范围,及共犯间犯意之联络、行为之分担举证未足……

(99) 此外,该三合院之屋龄老旧,并无继续保存之价值存在,如以部分老旧三合院之位置,作为分割方案之考虑,实为不妥。且实际上系争土地如以原物分割方式为之,地上呈"门"字形之老旧三合院房屋,必将无法维持原貌。

本书对台湾法庭判决书语料中传递推断假设型信息来源的条件推理进行穷尽性人工标注和字数统计,发现台湾三种类型法庭判决书中都很少使用条件推理。其中,刑事判决书使用字数比率为1.89%,略多于行政判决书的1.43%和民事判决书的1.13%,而单篇推断假设型信息来源的条件推理使用字数比率最高为11.28%,具体使用情况如表4-37所示:

表4-37 台湾法庭判决书条件推理使用情况

判决书类型	使用字数	总字数	使用比率
刑事判决书	4 350	229 979	1.89%
民事判决书	2 911	257 816	1.13%
行政判决书	133	9 280	1.43%
总计	7 394	497 075	1.49%

(二) 因果推理

台湾法庭判决书中大量普遍使用了推断假设型信息来源的因果推理,其因果推理的类型主要有案件事实因果推理,如例(100)中的"因此,被上诉人主张……应堪采信"是对案件情节真实性的因果推理;判决观点因果推理,如例(101)中的"既无相当因果关系……洵属无据,不应准许"是确定判决结论合理性的因果推理;法理解释因果推理,如例(102)中的"便应对被告做出无罪之判决"是对法理解释适用性的因果推理。

（100）综观吕廖祝历次精神状况诊断之结果，显见吕廖祝早于2004年8月23日，即经医师诊断为老人失智症合并精神症状，且有重度认知障碍；嗣于2004年9月30日，复经诊断为中度至重度之老人失智症、丧失自我照顾能力；再于2004年10月19日……因此，被上诉人主张：吕廖祝自2004年8月23日起，应已长期间持续处于无法辨别是非、对于外界事物无理解判断能力之精神衰弱状态，其于该精神状态下所为之意思表示，自属无意识之情况下所为等情，应堪采信。

（101）纵是上诉人三人确因新闻纸报道结果，造成其等名誉受有损害，然与被上诉人之急于执行职务之消极不作为间，既无相当因果关系，被上诉人即无侵害被害人名誉情事可言。上诉人等主张被上诉人应以交付附件之道歉书，作为回复其等名誉之方法，洵属无据，不应准许。

（102）又"无罪推定"乃刑事司法程序上之基本原则，此种原则表现在刑事案件中，只是另一种形式表示负担之法则。易言之，刑事案件之追诉，必须提出证据（举证负担），并需说服至无合理怀疑之地步（证明负担），始能谓被告有罪。又此处所谓"合理的怀疑"是指在一切证据经过全部的比较或考虑后，审理事实的法官本于道义良知，对于该项证据有可以说出理由来的怀疑，此时对于追诉之事实，便不能信以为真，便应对被告做出无罪之判决。

本书对26篇49.7万字台湾法庭判决书语料中传递推断假设型信息来源的因果推理进行穷尽性人工标注和字数统计，发现其因果推理的使用情况与案件类型有显著关联，其中民事判决书最常使用因果推理，其使用字数比率为13.21％，略高于行政判决书的12.94％，刑事判决书使用字数比率最低，仅为8.49％，而单篇推断假设型信息来源的因果推理使用字数比率最高为22.64％，最低为3.47％。台湾法庭判决书因果推理具体使用情况如表4-38所示。

表 4-38　台湾法庭判决书因果推理使用情况

判决书类型	使用字数	总字数	使用比率
刑事判决书	19 527	229 979	8.49％
民事判决书	34 060	257 816	13.21％
行政判决书	1 201	9 280	12.94％
总计	54 788	497 075	11.02％

五、小结

本书收集整理共计 116 篇 174 万字中国法庭判决书语料,并对其中传递实据性意义的推断假设型信息来源进行穷尽性人工标注和字数统计,发现在四地刑事判决书中,香港刑事判决书中条件推理的使用比率为 2.85％,略高于澳门的 1.52％和台湾的 1.89％,明显高于大陆(内地)的 0.59％;香港刑事判决书中因果推理的使用比率为 19.35％,略高于澳门的 19.26％,明显高于大陆(内地)的 8.71％和台湾的 8.49％。通过统计数据可见,四地刑事判决书都较少使用条件推理,强调因果推理,其中香港和澳门刑事判决书最为注重实据性信息来源的因果推理过程,与这两地强调法理论述和解释的司法判决传统有直接关系。

在四地民事判决书中,澳门民事判决书中条件推理的使用比率为 4.89％,明显高于大陆(内地)的 1.29％,香港的 1.30％和台湾的 1.13％;而澳门民事判决书中因果推理的使用比率为 20.69％,略高于大陆(内地)的 12.64％,香港的 15.44％和台湾的 13.21％,通过统计数据可见,四地民事判决书中条件推理的使用比率趋势与因果推理相似,都体现出澳门民事判决书中最注重使用推断假设型信息来源进行司法判决的推理论证。

而在三地行政判决书中(香港地区没有收集到行政判决书),澳门行政判决书中条件推理的使用比率为 3.64％,略高于大陆(内地)的 1.66％和台湾的 1.43％;而大陆(内地)行政判决书中因果推理的使用比率显著提升为 29.48％,高于澳门的 23.25％和台湾的 12.94％,这与大陆(内地)行政案件的性质类型有直接联系,行政案件多为不同制度条例互相矛盾而产生的纠纷,必须做出紧密的逻辑推理才能得出有说服力的判决结论。中国法庭判决书推断假设型信息来源具体使用情况如表 4-39 所示:

表 4-39 中国法庭判决书推断假设型信息来源使用情况

推理类型	判决书类型	大陆(内地)		香港		澳门		台湾	
		使用字数	使用比率	使用字数	使用比率	使用字数	使用比率	使用字数	使用比率
条件推理	刑事判决书	1 340	0.59％	4 232	2.85％	5 563	1.52％	4 350	1.89％
	民事判决书	1 826	1.29％	2 661	1.30％	4 611	4.89％	2 911	1.13％
	行政判决书	203	1.66％	0	0	1 632	3.64％	133	1.43％
因果推理	刑事判决书	19 924	8.71％	28 704	19.35％	70 608	19.26％	19 527	8.49％
	民事判决书	17 937	12.64％	31 616	15.44％	19 519	20.69％	34 060	13.21％
	行政判决书	3 612	29.48％	0	0	10 422	23.25％	1 201	12.94％
总计		44 842	11.71％	67 213	19.03％	112 355	22.22％	62 182	12.51％

第五节 信息来源的信度层级

Chafe 的实据性模式虽然对信息来源进行了分类,但没有探讨不同信息来源的信度差异和层级问题,以及信息来源与实据性成分之间的对应关系。Chafe 将认知方式按照"可信到不可信"的信度等级进行排列,但是他认为四种认知方式(信念、归纳、传闻和演绎)的排列并不意味着"信念更为可信,演绎与其他相比不那么可信。而是每一种认知方式均可在信度的阶上下移动"[①]。由此可见,Chafe 认为不同的信

的 0.19％;香港刑事判决书中言语传闻型信息来源的使用比率最高,达到 14.45％,略高于大陆(内地)的 13.61％和台湾的 10.93％,而澳门仅为 1.91％;澳门刑事判决书中推断假设型信息来源的使用比率最高,达到 20.78％,略高于香港的 22.20％,而大陆(内地)和台湾仅为 8.8％和 10.38％。由此可见,在四地刑事判决书实据性信息来源分布中,大陆(内地)最多使用文化信念型信息来源,台湾最多使用感官亲历型信息来源,香港和澳门最多使用推断假设型信息来源。在民事判决书中,澳门民事判决书中文化信念型信息来源的使用比率最高,达到 30.84％,明显高于大陆(内地)的 22.8％和台湾的 19.34％,而香港仅为 12.51％;台湾民事判决书中感官亲历型信息来源的使用比率最高为 2.65％,略高于大陆(内地)的 1.15％和香港的 2.02％,而澳门仅为 0.04％,几乎可以忽略不计;香港民事判决书中言语传闻型信息来源的使用比率最高,达到 17.31％,远高于大陆(内地)的 4.93％和台湾的 4.15％,而澳门仅为 0.62％;澳门民事判决书中推断假设型信息来源的使用比率最高,达到 25.58％,明显高于大陆(内地)的15.34％、香港的 16.74％和台湾的 14.34％。由此可见,在四地民事判决书实据性信息来源分布中,大陆(内地)、澳门和台湾最多使用文化信念型信息来源,而香港最多使用推断假设型信息来源。在行政判决书中,大陆(内地)行政判决书中文化信念型信息来源的使用比率最高,达到 42.8％,略高于澳门的 38.77％,而台湾仅为 22.73％;澳门行政判决书中感官亲历型信息来源的使用比率仅为 0.24％,大陆(内地)和台湾没有使用;大陆(内地)行政判决书中言语传闻型信息来源的使用比率为 4.95％,澳门和台湾没有使用;大陆(内地)行政判决书中推断假设型信息来源的使用比率最高,达到 31.14％,略高于澳门的 26.89％,而台湾仅为 14.38％。由此可见,在三地行政判决书实据性信息来源分布中(香港地区没有收集到行政判决书),大陆(内地)、澳门和台湾使用最多的都是文化信念型信息来源。中国法庭判决书实据性信息来源具体使用情况如表 4-40 所示。

表 4-40 中国法庭判决书实据性信息来源使用情况

（单位：%）

类型		大陆（内地）	香港	澳门	台湾
文化信念型	刑事判决书	20.71	9.21	20.29	15.96
	民事判决书	22.80	12.51	30.84	19.34
	行政判决书	42.80	0	38.77	22.73
	总计	22.12	10.84	23.90	17.84
感官亲历型	刑事判决书	1.90	3.70	0.19	18.15
	民事判决书	1.15	2.02	0.04	2.65
	行政判决书	0	0	0.24	0
	总计	1.59	2.72	0.17	9.77
言语传闻型	刑事判决书	13.61	14.45	1.91	10.93
	民事判决书	4.93	17.31	0.62	4.15
	行政判决书	4.95	0	0	0
	总计	10.12	16.11	1.50	7.21
推断假设型	刑事判决书	8.80	22.20	20.78	10.38
	民事判决书	15.34	16.74	25.58	14.34
	行政判决书	31.14	0	26.89	14.38
	总计	11.71	19.03	22.22	12.51

在文化信念型实据性信息来源的分布中，大陆（内地）和台湾法庭判决书引证最多的是案卷证据，香港法庭判决书引证最多的是判例参考，而澳门法庭判决书引证最多的是法律条文。在感官亲历型实据性信息来源的分布中，四地法庭判决书中具体感官来源主要为视觉感官和听觉感官，香港和澳门判决书中还使用了肤觉感官来源以及机体觉感官。感官亲历型信息来源的表现形式在四地法庭判决书中略有不同：大陆（内地）法庭判决书中主要使用"第一人称/第三人称＋感官动

词"或"第一人称＋言说动词";香港和澳门法庭判决书中主要为"第三人称＋感官动词";而台湾法庭判决书中主要使用"第一人称＋感官动词/言说动词"。四地法庭判决书中言语传闻型实据性信息来源的言语转述形式略有不同,大陆(内地)法庭判决书中言语转述的形式主要为:①信息来源主体＋言说动词＋直接引用;②信息来源主体＋言说动词＋间接引用;③说话人＋信息来源主体＋言说动词＋直接引用;④说话人＋信息来源主体＋言说动词＋间接引用。香港法庭判决书主要呈现为:①"对话式"的说话人＋言说动词＋信息来源主体＋直接引用;②信息来源主体＋言说动词＋说话人＋直接引用;③信息来源主体＋言说动词＋直接引用;④信息来源主体＋言说动词＋间接引用。澳门法庭判决书主要呈现为:①信息来源主体＋言说动词＋直接引用;②信息来源主体＋言说动词＋间接引用;③不使用信息来源主体或说话人为第一人称的言语转述。而台湾法庭判决书主要呈现为:①"对话式"的说话人＋言说动词＋直接引用;②"对话式"的说话人＋信息来源主体＋言说动词＋间接引用;③信息来源主体＋言说名词＋直接引用;④说话人＋信息来源主体＋介词＋间接引用＋言说名词。在推断假设型实据性信息来源的分布中,四地法庭判决书都较少使用条件推理,强调因果推理,其中以香港和澳门判决书最为注重实据性信息来源的因果推理过程。

本书认为法庭判决书实据性信息来源的信度层级模式不是线性的,在此基础上提出双层信度支持结构模式:①文化信念型信息来源的信度支持高于感官亲历型信息来源,接着是言语传闻型信息来源,而推断假设型信息来源与前三者不处于同一个信度层面,而是基于三种信息来源进行推理加工后的信息,所以从信度支持上,基于文化信念的推断假设型信息来源高于基于感官亲历的推断假设型信息来源,而基于言语传闻的推断假设型信息来源最低。②两个层面之间也存在信度层级的差异,文化信念型信息来源的信度支持高于基于文化信念的推断假设型信息来源,感官亲历型信息来源高于基于感官亲历的推断假设型信息来源,同样言语传闻型信息来源高于基于言语传闻的推断假设型信息来源。

　　本书经过分析认为在中国法庭判决书中,实据性信息来源的分布情况存在着很多相似和差异之处:①同属大陆法系的海峡两岸和澳门法庭判决书都大量使用文化信念型实据性信息来源,而属英美法系的香港法庭判决书则明显低于其他三地。②在使用推断假设型实据性信息来源中,四地法庭判决书都较少使用条件推理,强调因果推理,但香港和澳门在判决书的论证说理方面明显强于大陆(内地)和台湾判决书。③大陆(内地)、香港和澳门法庭判决书都较少使用感官亲历型信息来源,而台湾判决书略多,但从具体感官类型而言,香港和澳门法庭判决书中感官信息类型更具多样性。④海峡两岸和香港法庭判决书较多使用了言语传闻型信息来源,而澳门法庭判决书中很少使用,从信度支持的角度而言,此类型信息来源对判决书信度支持的层级最低。

第五章

实据性的语言形式

本书根据"目的推进式"实据性分析模式,将法庭判决书实据性的语言形式分为词汇形式、短语形式和复句形式三类,并据此对海峡两岸和香港、澳门共计 116 篇 174 万字的真实案件法庭判决书语料中表示实据性意义的语言形式进行穷尽性人工标注,再在此基础上进行统计分析。

第一节　词汇形式

不同于依赖语法变化承担实据性意义的语言,汉语中没有语法的屈折或粘着形式,只能借助某些句式和词汇手段表示实据性意义。本书通过对所收集的法庭判决书语料进行观察和分析,认为判决书中表示实据性意义的词汇形式主要有动词类和副词类,其中动词类包括言说动词、感官动词、认识动词和情态动词。朱永生在 Aikhenvald 对"目击型"和"非目击型"实据性分类的基础上,将"目击型"信息来源分为讲话者和第二方(第三方)两种,结构为讲话者(第二方/第三方)＋感知动词(言语动词)＋信息内容;而将"非目击型"信息来源分为某人和不提供信息来源两种,结构为某人＋ 感知动词(言语动词)＋信息内容或只有信息内容①,本书根据法庭判决书语篇特征,按第一方信息来源主体、第三方信息来源主体和无明确信息来源主体三种类型对中

---

① 　朱永生.试论现代汉语的言据性[J].现代外语,2006(4):333-334.

国法庭判决书语料中的四类动词进行统计分析,分别探讨动词类别与判决书案件类型和实据性信息来源的关系。而副词类主要是指表示程度和语气的副词,根据其程度高低和语气强弱,本书将中国法庭判决书语料中的副词分为高信度支持、中信度支持和低信度支持三类并进行统计分析,分别探讨不同信度支持的副词与判决书案件类型和实据性信息来源的关系。

一、大陆(内地)法庭判决书

本书收集 14 篇民事、15 篇刑事以及 2 篇行政,共计 31 篇 38 万字大陆(内地)法庭判决书为考察语料,对其中传递实据性意义的词汇形式进行穷尽性人工标注和字数统计,探讨大陆(内地)法庭判决书中传递实据性意义的动词和副词的使用以及分布情况。

(一)动词类

大陆(内地)法庭判决书中普遍使用言说动词、感官动词、认识动词和情态动词这四类动词表示实据性意义的信息来源以及对所述信息的态度和评价。言说动词主要指"用言语表达意义"的动词①,大陆(内地)法庭判决书中使用频率最高的三个言说动词分别为:说(319次)、(声)称(185 次)和主张(124 次),如例(1)中"证人崔某某"使用"说"转述"徐某某"的言语内容,词汇标记出言语传闻型信息来源;感官动词是通过人的"五感"获得外部信息的动词,使用频率最高的两个感官动词分别为看(到/见)(87 次)和听(到/见)(45 次),如例(2)中"看到"词汇标记出感官亲历型信息来源;认识动词是体现人类主观认识,表示心理活动或状态的动词②,大陆(内地)法庭判决书中使用频率最高的两个认识动词分别为认为(225 次)和知道(84 次),如例(3)中法庭判决书转述"原审法院"的司法观点,使用"认为"词汇标记出言语传闻型信息来源;情态动词是表现说话人对所述信息可能性或必然性

① 汪维辉.汉语"说类词"的历时演变与共时分布[J].中国语文,2004(4):329-342.
② 陈颖.现代汉语传信范畴研究[M].北京:中国社会科学出版社,2009:45.

态度的动词①,使用频率最高的情态动词是应该(628次),如例(4)中"应该"词汇标记出假设推断型信息来源。大陆(内地)法庭判决书中传递实据性意义的动词类具体使用情况如表5-1所示:

表5-1　大陆(内地)法庭判决书实据性成分动词类使用情况

信息主体类型	类别	频次
第一方	言说动词(36)	问(16)、(声)称(11)、说(7)、(回)答(1)、讲(1)
	感官动词(17)	看(到/见)(11)、听(到/见)(6)
	认识动词(15)	知道(10)、认为(3)、觉得(2)
	情态动词(1)	应(该)(1)
第三方	言说动词(761)	说(302)、(声)称(173)、主张(119)、讲(73)、问(44)、(回)答(31)、承认(19)
	感官动词(115)	看(到/见)(76)、听(到/见)(39)
	认识动词(297)	认为(218)、知道(72)、觉得(5)、以为(2)
	情态动词(550)	应(该)(550)
无明确	言说动词(21)	说(10)、讲(5)、主张(5)、(声)称(1)
	感官动词(0)	
	认识动词(6)	认为(4)、知道(2)
	情态动词(77)	应(该)(77)

(1) 证人崔某某的证言:2008年夏天,徐某某说泾县有一个红色旅游服务区办公楼项目工程谈得差不多了,只要把保证金交了,就可以签合同。

(2) 敬洪涛偷偷看到过薛荣荣一张存折上有一千多万元人民币。

(3) 原审法院认为:1.针对被告人敬洪涛、薛荣荣、王宏明的辩护人关于本案的几起事实当事人已进行了民事诉讼,不宜作为刑事案件

---

① 乐耀.现代汉语传信范畴的性质和概貌[J].语文研究,2014(2):30.

来认定的意见。

（4）上诉人与杨某某签订的合同、与福建溪石签订的合同、与高淳虹达签订的合同、与上海宝冶集团南京分公司签订的合同、温州华宏市政公司签订的合同都<u>应该</u>属于民事纠纷。

本书对所收集的 31 篇 38 万字大陆（内地）法庭判决书语料进行标注和统计，发现三种类型判决书中实据性的动词类结构普遍使用"第三方信息来源主体＋动词"，民事判决书中使用"第三方信息来源主体＋动词"占所有传递实据性意义的动词结构的 96.51％，刑事判决书中这个比率是 87.45％，行政判决书是 71.43％，如例（5）中"人民法院"使用两个"应"词汇标记出假设推断型信息来源；刑事判决书中使用"第一方信息来源主体＋动词"占所有传递实据性意义的动词结构的 4.41％，民事判决书中这个比率为 2.86％，而行政判决书中没有使用，如例（6）中"我觉得"词汇标记出假设推断型信息来源；行政判决书中使用"无明确信息来源主体＋动词"占所有传递实据性意义的动词结构的 28.57％，刑事判决书中这个比率为 8.14％，而民事判决书中仅为 0.63％，如例（7）中"农行朋友"为不明确信息来源主体，"讲"词汇标记出言语传闻型信息来源。三种类型大陆（内地）法庭判决书中传递实据性意义的动词类结构使用情况如表 5-2 所示：

表 5-2　大陆（内地）三种类型法庭判决书实据性成分动词类结构使用情况

信息来源主体类型	刑事判决书		民事判决书		行政判决书		总比率	
第一方	46	4.41％	23	2.86％	0	0.00％	69	3.64％
第三方	913	87.45％	775	96.51％	35	71.43％	1 723	90.88％
无明确	85	8.14％	5	0.63％	14	28.57％	104	5.48％
总计	1 044	100％	803	100％	49	100％	1 896	100％

（5）人民法院审理离婚案件，<u>应当</u>进行调解；如感情确已破裂，调解无效，<u>应</u>准予离婚。

（6）4 月 29 日当晚陆金华主动要求和我儿子李某荣一起睡，说是照顾他，但<u>我觉得</u>第一天来不好，就拒绝了。……

（7）被害人杨某某的陈述：在交了保证金后的第七天，<u>农行朋友打电话讲</u>50万元保证金已经全部转走了，其当时就感觉可能被骗了，就找敬洪涛把保证金打回账上，工程继续做，要不就退还保证金，这个工程不做了。

（二）副词类

本书通过对所收集的大陆（内地）法庭判决书语料进行观察和分析，发现其中很少使用副词表示实据性意义的信息来源以及对所述信息的态度和评价，使用频率最高的高信度支持副词是肯定（9次），如例（8）中"肯定"词汇标记出假设推断型信息来源；使用频率最高的中信度支持副词分别为：可能（31次）、大概（14次）和大约（8次），如例（9）中"可能"词汇标记出假设推断型信息来源；使用频率最高的低信度支持副词是好像（9次），如例（10）中"好像"词汇标记出假设推断型信息来源。大陆（内地）法庭判决书中传递实据性意义的副词类具体使用情况如表5-3所示。

（8）周某某向公安机关提供的收款收据两张，都是其开具的，保证金其<u>肯定</u>收到了。

（9）证人薄谷开来有精神障碍，其作证能力存疑，且其全部证言均形成于死刑缓期执行考验期内，<u>可能</u>是在某种特殊的压力下或者为了自身立功减刑而做出，影响其证言的真实性。

（10）王宏明的供述和辩解：记得其和马鑫、敬洪涛、还有一个驾驶员一起去高淳一家搞牌坊的公司签过合同。这家公司<u>好像</u>交了二、三十万元的保证金。

表5-3　大陆（内地）法庭判决书实据性成分副词类使用情况

类别	频次
高信度支持（21）	肯定（18）、一定（3）
中信度支持（53）	可能（31）、大概（14）、大约（8）
低信度支持（10）	好像（9）、也许（1）

本书对所收集的31篇38万字大陆（内地）法庭判决书语料进行

标注和统计,发现民事判决书中使用中信度支持副词占所有传递实据性意义的副词总数的84.21%,其次为高信度支持副词占10.53%,低信度支持副词占5.26%;刑事判决书中使用中信度支持副词占所有传递实据性意义的副词总数的56.92%,其次为高信度支持副词占29.23%,低信度支持副词占13.85%;而行政判决书中没有使用传递实据性意义的副词。总体而言,三类法庭判决书中使用频率最高的是中信度支持副词,占所有传递实据性意义的副词总数的63.10%,具体使用情况如表5-4所示:

表5-4　大陆(内地)三种类型法庭判决书实据性成分副词类使用情况

类型	刑事判决书		民事判决书		行政判决书		合计	
高信度	19	29.23%	2	10.53%	0	0	21	25.00%
中信度	37	56.92%	16	84.21%	0	0	53	63.10%
低信度	9	13.85%	1	5.26%	0	0	10	11.90%
总计	65	100%	19	100%	0	0	84	100%

二、香港法庭判决书

本书收集15篇民事、15篇刑事,共计35万字香港法庭判决书为考察语料,对其中传递实据性意义的词汇形式进行穷尽性人工标注和字数统计,探讨香港法庭判决书中传递实据性意义的动词和副词的使用以及分布情况。

(一)动词类

香港法庭判决书中普遍使用言说动词、感官动词、认识动词和情态动词这四类动词表示实据性意义的信息来源以及对所述信息的态度和评价,其中使用频率最高的三个言说动词分别为:说(538次)、(宣/指/声)称(369次)和问(180次),如例(11)中直接陈述D3"说"的言语内容,词汇标记出感官亲历型信息来源;使用频率最高的两个感官动词分别为看(到/见)(176次)和听(到/见)(49次),如例(12)中"看到"词汇标记出感官亲历型信息来源;使用频率最高的两个认识动词分别为认为(497 次)和知道(113 次),如例(13)中法庭判决书转述申请人的个人观点,使用"认为"词汇标记出言语传闻型信息来源;使用频率最高的情态动词是应(该)(347 次),如例(14)中"应该"词汇标记出假设推断型信息来源。香港判决书中传递实据性意义的动词类使用情况如表 5-5 所示:

表 5-5　香港法庭判决书实据性成分动词类使用情况

信息主体类型	类别	频次
第一方	言说动词(39)	讲(20)、(回)答/应(13)、问(6)
	感官动词(1)	听(到/见)(1)
	认识动词(4)	认为(1)、知道(3)
	情态动词(8)	应(该)(8)
第三方	言说动词(1512)	说(535)、(宣/指/声)称(367)、问(172)、表示(144)、(回)答/应(128)、承认(109)、讲(57)
	感官动词(216)	看(到/见)(168)、听(到/见)(48)
	认识动词(620)	认为(496)、知道(105)、觉得(12)、以为(7)
	情态动词(336)	应(该)(336)
无明确	言说动词(9)	说(3)、问(2)、(宣/指/声)称(2)、讲(2)
	感官动词(8)	看(到/见)(8)
	认识动词(5)	知道(5)
	情态动词(3)	应(该)(3)

(11) D3 跟着向各人说:"顺便交代,D5 与'差仔'争执的事,是尖沙咀老新弄出来的,他们才是主角,谁知后来发展到我们'响排头',别人知道是'胜和',弄至我们做了主角,又用自己排头与'差仔'们商讨,'差仔'四处找寻 D5。"

(12) 2009 年 6 月 23 日,申请人回到公司后看到警员。据她当时了解,'梁'被怀疑偷钱,但最后警员离开,没有做出任何拘捕。

(13) 申请人认为她所得的酬劳实在是一项合理的数目,又说即使公司的账项交到外面由其他公司处理,价钱也相约。

(14) 在"剑龙管理"2007 至 2008 年度核数报告内的四十四万元运输费用是她所制作的其中一个虚假账项。"剑龙管理"本身是一间人力资源公司,支出应该牵涉薪金或员工福利,账户内不应出现运输费用项目。

本书对所收集的 30 篇 35 万字香港法庭判决书语料进行标注和统计,发现两种类型判决书中实据性的动词类结构基本使用"第三方信息来源主体+动词",民事判决书中使用"第三方信息来源主体+动词"占所有传递实据性意义的动词结构的 97.24%,刑事判决书中这个比率为 97.18%,如例(15)中"被告"使用"声称"词汇标记出言语传闻型信息来源;民事判决书中使用"第一方信息来源主体+动词"占所有传递实据性意义的动词结构的 2.27%,刑事判决书中这个比率为 1.45%,如例(16)中"本庭认为"词汇标记出假设推断型信息来源;刑事判决书中使用"无明确信息来源主体+动词"占所有传递实据性意义的动词结构的 1.37%,民事判决书中这个比率仅为 0.48%,如例(17)中"电话中的男子"为不明确信息来源主体,"问"词汇标记出言语传闻型信息来源。两种类型香港法庭判决书中传递实据性意义的动词类结构使用情况如表 5-6 所示。

(15) 被告进一步声称有和陆应泰到 Winston 及 Chup Hing 订货,更带了 Karamali 到九龙湾仓验货,并告知该批货是向 Winston 订购的。

(16) 考虑到案件的整体背景及判刑须具阻吓力避免内地人士以任何形式参与"电话骗案"这类极为令人讨厌及不齿的罪行,本庭认为适当的俩高兴基准为 3 年,而根据《有组织及严重罪行条例》加刑的幅度应为三分之一。

(17) 81 岁的王先生在牛头角彩盈邨的单位收到电话,……电话中的男子问王先生的住址,10 分钟后申请人便到达王先生的家索取港币 30 000 元。

表 5-6　香港两种类型法庭判决书实据性成分动词类结构使用情况

类型	刑事判决书		民事判决书		合计	
第一方	19	1.45%	33	2.27%	52	1.88%
第三方	1273	97.18%	1411	97.24%	2684	97.21%
无明确	18	1.37%	7	0.48%	25	0.91%
总计	1310	100%	1451	100%	2761	100%

（二）副词类

本书通过对所收集的香港法庭判决书语料进行观察和分析,发现其中较少使用副词表示实据性意义的信息来源以及对所述信息的态度和评价,使用频率最高的高信度支持副词分别为:根本(62次)、一定(39次)和肯定(25次),如例(18)中"根本"词汇标记出假设推断型信息来源;使用频率最高的中信度支持副词分别为可能(183次)和大约(13次),如例(19)中"可能"词汇标记出假设推断型信息来源;使用频率最高的低信度支持副词是好像(4次),如例(20)中"好像"词汇标记出假设推断型信息来源。香港法庭判决书中传递实据性意义的副词类具体使用情况如表5-7所示。

（18）上述有关公司盈利和股东分红的问题,"曾"的响应含糊不清,不尽不实,目的很明显是要隐瞒公司的盈利状况和股东的分红,因为在申请人的协助下,虚假账目显示公司年年亏损,根本没有缴交过任何税款。

（19）有关本案控罪一至四,被告人与曾先生各执一词,本席必需裁决控方是否能够证明曾先生是在说真话。本席有任何怀疑曾先生与被告人之间可能曾经存在做假账的协议的话,本席便必须裁定被告人罪名不成立。

（20）申请人认为,以上的描述,并不合理。例如,D1和D2才刚认识He-man,不可能一开始就和He-man谈及"跟人"的事。此外。他们主动表示年龄不是问题、"大家讲个信字",好像知道什么背景似的,也很令人怀疑。

表 5-7　香港法庭判决书实据性成分副词类使用情况

类别	频次
高信度支持(126)	根本(62)、一定(39)、肯定(25)
中信度支持(197)	可能(183)、大约(13)、大概(1)
低信度支持(6)	好像(4)、也许(1)、仿佛(1)

本书对所收集的 30 篇 35 万字香港法庭判决书语料进行标注和统计,发现民事判决书中使用中信度支持副词占所有传递实据性意义的副词总数的 70.19%,其次是高信度支持副词占 27.88%,低信度支持副词占 1.92%;刑事判决书中使用中信度支持副词占所有传递实据性意义的副词总数的 55.11%,其次是高信度支持副词占 43.11%,低信度支持副词占 1.78%。总体而言,两类香港法庭判决书中使用频率最高的是中信度支持副词,占所有传递实据性意义的副词总数的 59.88%,而高信度支持副词也占相当比例为 38.30%。香港两种类型法庭判决书实据性成分副词类具体使用情况如表 5-8 所示:

表 5-8　香港两种类型法庭判决书实据性成分副词类使用情况

类别	刑事判决书		民事判决书		合计	
高信度	97	43.11%	29	27.88%	126	38.30%
中信度	124	55.11%	73	70.19%	197	59.88%
低信度	4	1.78%	2	1.92%	6	1.82%
总计	225	100%	104	100%	329	100%

三、澳门法庭判决书

本书收集 6 篇民事、21 篇刑事、2 篇行政,共计 29 篇 50 万字澳门法庭判决书为考察语料,对其中传递实据性意义的词汇形式进行穷尽性人工标注和字数统计,探讨澳门法庭判决书中传递实据性意义的动词和副词的使用以及分布情况。

(一)动词类

澳门法庭判决书中普遍使用言说动词、感官动词、认识动词和情态动词这四类动词表示实据性意义的信息来源以及对所述信息的态度和评价,其中使用频率最高的三个言说动词分别为:说(243 次)、表示(121 次)和(回)答/应(99 次),如例(21)中引证学术刊物内容,"说"词汇标记出文化信念型信息来源;使用频率最高的两个感官动词分别为看(到/见)(126 次)和听(到/见)(34 次),如例(22)中"听到"词汇标记出感官亲历型信息来源;使用频率最高的两个认识动词分别为认为(752 次)和知道(150 次),如例(23)中转述"合议庭主席"的判决结论,使用"认为"词汇标记出言语传闻型信息来源;使用频率最高的情态动词是应(该)(116 次),如例(24)中"应该"词汇标记出假设推断型信息来源。澳门法庭判决书中传递实据性意义的动词类具体使用情况如表 5-9 所示:

表 5-9　澳门法庭判决书实据性成分动词类使用情况

信息主体类型	类别	频次
第一方	言说动词(17)	说(7)、(回)答/应(2)、表示(2)、承认(2)、主张(1)、问(1)、(宣/指/声)称(1)、讲(1)
	感官动词(23)	看(到/见)(23)
	认识动词(155)	认为(139)、知道(14)、以为(1)、觉得(1)
	情态动词(7)	应(该)(7)
第三方	言说动词(542)	表示(113)、说(103)、(回)答/应(93)、承认(75)、(宣/指/声)称(65)、主张(60)、问(19)、讲(14)
	感官动词(76)	看(到/见)(52)、听(到/见)(34)
	认识动词(676)	认为(551)、知道(113)、以为(11)、觉得(1)
	情态动词(74)	应(该)(74)
无明确	言说动词(170)	说(133)、问(10)、(宣/指/声)称(8)、承认(7)、表示(6)、(回)答/应(4)、讲(1)、主张(1)
	感官动词(51)	看(到/见)(51)
	认识动词(97)	认为(62)、知道(24)、以为(10)、觉得(1)
	情态动词(35)	应(该)(35)

（21）该规定中的这段话是由 1927 年 7 月 25 日第 13979 号命令第 25 条独一条采用的，J. Alberto dos Reis 说，只有在用于质疑判决的理据，才得允许附具文件，不论其针对的是诉讼前提还是案件的实体。

（22）证人丙，即把事实通知警方的人，在辩论和审判听证中作的证言中明确指出，他是被有东西坠落的巨响惊醒的，听到巨响和打电话给 999 报警之间的时间不超过 5 分钟。

（23）合议庭主席的判决认为，原告 1997 年 8 月 27 日催告被告订立公证书的信件构成最后的实质期限。

（24）原审法院应该推断出没有足够事实来认为上诉人犯了被判触犯的罪行。

本书对所收集的 29 篇 50 万字澳门法庭判决书语料进行标注和统计，发现三种类型判决书中实据性的动词类结构基本使用"第三方信息来源主体＋动词"，民事判决书中使用"第三方信息来源主体＋动词"占所有传递实据性意义的动词结构的 78.48％，刑事判决书中这个比率为 69.92％，行政判决书为 48.18％，如例（25）中"各被告……知道"词汇标记出言语传闻型信息来源；行政判决书中使用"无明确信息来源主体＋动词"占所有传递实据性意义的动词结构的 33.64％，刑事判决书中这个比率为 18.17％，民事判决书中为 15.91％，如例（26）中"笼统地说"没有明确信息来源主体，"说"词汇标记出言语传闻型信息来源；行政判决书中使用"第一方信息来源主体＋动词"占所有传递实据性意义的动词结构的 18.18％，刑事判决书中这个比率为 11.90％，民事判决书中为 5.61％，如例（27）中"我们"是第一方信息来源主体，"认为……应"词汇标记出假设推断型信息来源。三种类型澳门判决书中传递实据性意义的动词类结构使用情况如表 5-10 所示。

（25）各被告在共同协议下，联同其他人的力量，自主、蓄意和自愿地做出上述行为，意图杀死被害人戊。拥有上述大刀及用作攻击武器，并清楚知道它们的特征，完全知道他们的行为是法律所禁止和惩处的。

（26）笼统地说被告"透过上述有关不法活动取得丰厚利润并将

其用于购置动产和不动产",不足以构成不法资产或物品转换或转移罪的法定罪状,因为该罪的前提要件之一是确定导致产生物质利益的具体前科犯罪。

(27)同时,虽然《刑法典》第137条第3款(a)项明确规定在"互相侵害,且未能证明打斗之人中何人先行攻击"的情况下,法院"得免除其刑罚",但在本案中,我们认为不应免除上诉人的刑罚。

表 5-10 澳门三种类型法庭判决书实据性成分动词类结构使用情况

信息主体类型	刑事判决书		民事判决书		行政判决书		合计	
第一方	150	11.90%	31	5.61%	20	18.18%	201	10.45%
第三方	881	69.92%	434	78.48%	53	48.18%	1 368	71.14%
无明确	229	18.17%	88	15.91%	37	33.64%	354	18.41%
总计	1 260	100%	553	100%	110	100%	1 923	100%

(二) 副词类

本书通过对所收集的澳门法庭判决书语料进行观察和分析,发现其中较少使用副词表示实据性意义的信息来源以及对所述信息的态度和评价,使用频率最高的高信度支持副词分别为:肯定(74 次)、一定(52 次)和根本(36 次),如例(28)中"肯定"词汇标记出假设推断型信息来源;使用频率最高的中信度支持副词分别为可能(262 次)和大约(8 次),如例(29)中"可能"词汇标记出假设推断型信息来源;使用频率最高的低信度支持副词是也许(4 次),如例(30)中"也许"词汇标记出假设推断型信息来源。澳门法庭判决书中传递实据性意义的副词类具体使用情况如表 5-12 所示。

(28)可以肯定第一审法官认定该事实,会违反 1961 年法典第664 条,该条规定,法官仅可使用诉讼当事人所陈述的事实。

(29)但是,还应当考虑到,除了已经描述的可能性之外,《民法典》第442 条第2 款所指的合同之不履行还可能由于"未满足关于某些合同义务方面的条款"。

（30）这样，在不具备相应构成要件的情况下，以为赌博的高利贷既遂罪共同实质正犯判处上诉人，被上诉的合议庭裁判违反了罪刑法定原则和与《刑法典》第 219 条也许还有第 21 条第 1 款和第 2 款一并考虑的 7 月 22 日第 8/96/M 号法律第 13 条和第 15 条的规定。

表 5-12　澳门法庭判决书实据性成分副词类使用情况

类别	频次
高信度支持（162）	肯定（74）、一定（52）、根本（36）
中信度支持（270）	可能（262）、大约（8）
低信度支持（6）	也许（4）、仿佛（1）、好像（1）

本书对所收集的 29 篇 50 万字澳门法庭判决书语料进行标注和统计，发现民事判决书中使用中信度支持副词占所有传递实据性意义的副词总数的 63.37％，其次是高信度支持副词占 34.65％，低信度支持副词占 1.98％；刑事判决书中使用中信度支持副词占所有传递实据性意义的副词总数的 62.71％，其次是高信度支持副词占 35.97％，低信度支持副词占 1.32％；行政判决书中使用中信度支持副词占所有传递实据性意义的副词总数的 47.06％，而高信度支持副词占 52.94％。总体而言，三类澳门法庭判决书中使用频率最高的是中信度支持副词，占所有传递实据性意义的副词总数的 61.64％，而高信度支持副词也占相当比例为 36.99％，具体使用情况如表 5-13 所示：

表 5-13　澳门三种类型法庭判决书实据性成分副词类使用情况

类别	刑事判决书		民事判决书		行政判决书		合计	
高信度	109	35.97％	35	34.65％	18	52.94％	162	36.99％
中信度	190	62.71％	64	63.37％	16	47.06％	270	61.64％
低信度	4	1.32％	2	1.98％	0	0	6	1.37％
总计	303	100％	101	100％	34	100％	438	100％

四、台湾法庭判决书

本书收集 17 篇民事、8 篇刑事、1 篇行政，共计 26 篇 49.7 万字台湾法庭判决书为考察语料，对其中传递实据性意义的词汇形式进行穷尽性人工标注和字数统计，探讨台湾法庭判决书中传递实据性意义的动词和副词的使用以及分布情况。

(一)动词类

台湾法庭判决书中普遍使用言说动词、感官动词、认识动词和情态动词这四类动词表示实据性意义的信息来源以及对所述信息的态度和评价，其中使用频率最高的三个言说动词分别为：(声)称(416次)、主张(377 次)和(承/自)认(151 次)，如例(31)中转述被告"称"的言语内容，词汇标记出言语传闻型信息来源；使用频率最高的两个感官动词分别为看(到/见)(26 次)和听(到/见)(9 次)，如例(32)中"看到"词汇标记出感官亲历型信息来源；使用频率最高的两个认识动词分别为认为(138 次)和知道(82 次)，如例(33)中"经本院斟酌"使用"认为"词汇标记出假设推断型信息来源；使用频率最高的情态动词是应(该)(1454 次)，如例(34)中"应"词汇标记出假设推断型信息来源。台湾法庭判决书中传递实据性意义的动词类具体使用情况如表 5-14 所示。

(31)至于被告<u>称</u>已经设籍多年乙事，亦无法说明可合法使用系争土地。

(32)证人谢松善经本院传唤到庭证称：因为横隔木条上面我们在靠内侧有<u>看到</u>比较淡的擦抹血迹，但是并没有发现很明显的血迹掌纹，横隔木条靠外侧，我们发现有刮擦下流的血迹，所以我们分析被害人很可能从横隔木条丢出去，所以我有指示勘查人员在最后把横隔木条拨回去，再进一步的进行采证。

(33)本件为判决之基础已臻明确，双方其余之陈述及所提其他证据，经本院斟酌后，<u>认为</u>均于判决之结果无影响，自毋庸逐一论述，并此叙明。

（34）被告黄○○应给付原告 920 元，及自 2013 年 7 月 1 日起至交还土地之日止，按月给付原告 15 元。核属请求基础事实同一、不甚碍被告之防御及诉讼之终结，揆诸上开规定，<u>应予准许</u>。

表 5-14　台湾法庭判决书实据性成分动词类使用情况

信息主体类型	类别	频次
第一方	言说动词(84)	说(47)、问(20)、举(7)、讲(5)、(承/自)认(3)、(回)答(2)
	感官动词(19)	看(到/见)(17)、听(到/见)(2)
	认识动词(89)	知道(48)、认为(32)、觉得(7)、以为(2)
	情态动词(7)	应(该)(7)
第三方	言说动词(1217)	(声)称(400)、主张(374)、(承/自)认(140)、说(125)、举(79)、(回)答(60)、问(26)、讲(13)
	感官动词(16)	看(到/见)(9)、听(到/见)(7)
	认识动词(148)	认为(103)、知道(34)、以为(9)、觉得(2)
	情态动词(1368)	应(该)(1368)
无明确	言说动词(73)	问(35)、(声)称(16)、举(11)、(承/自)认(8)、主张(3)
	感官动词(0)	
	认识动词(9)	以为(5)、认为(3)、觉得(1)
	情态动词(79)	应(该)(79)

　　本书对所收集的 26 篇 49.7 万字台湾法庭判决书语料进行标注和统计，发现三种类型判决书中实据性的动词类结构基本使用"第三方信息来源主体＋动词"，行政判决书中全部使用"第三方信息来源主体＋动词"，即占所有传递实据性意义的动词结构的 100％，民事判决书中这个比率为 91.92％，刑事判决书中占 83.45％，如例（35）中"被告"使用"自认"词汇标记出感官亲历型信息来源；刑事判决书中使用"第一方信息来源主体＋动词"占所有传递实据性意义的动词结构的 12.79％，民事判决书中这个比率为 1.67％，如例（36）中"本院亦认"词

汇标记出假设推断型信息来源；民事判决书中使用"无明确信息来源主体＋动词"占所有传递实据性意义的动词结构的 6.41％，刑事判决书中这个比率为 3.76％，如例（37）中"俗"指风俗、习俗，即为不明确信息来源主体，"称"词汇标记出言语传闻型信息来源。三种类型台湾地区法庭判决书中传递实据性意义的动词类结构使用情况如表 5-15 所示。

（35）被告黄○○自认"测量的房屋属于我的部分，门牌号码以前是武陵路 25 号，房屋是我先生盖的，我先生往生后，由我在居住，没有任何缴税资料，是我一个人继承房屋所有权，我女儿没有继承"。

（36）依前引最高法院之判决同一法理，本院亦认被告不得以已经时效合法取得地上权为其可合法占用系争土地之根据。

（37）于 2000 及 2001 年度期间，国务机要费中原始凭证需送至当局会计处审核之部分，当局国务机要经费支用程序作业规定颁订前，亦称"特别费"，颁订后，俗称"非机密费"。

表 5-15 台湾三种类型法庭判决书实据性成分动词类使用情况

类型	刑事判决书		民事判决书		行政判决书		合计	
第一方	170	12.79％	29	1.67％	0	0	199	6.40％
第三方	1 109	83.45％	1 593	91.92％	47	100％	2 749	88.42％
无明确	50	3.76％	111	6.41％	0	0	161	5.18％
总计	1 329	100％	1 733	100％	47	100％	3 109	100％

（二）副词类

本书通过对所收集的台湾法庭判决书语料进行观察和分析，发现其中很少使用副词表示实据性意义的信息来源以及对所述信息的态度和评价，使用频率最高的高信度支持副词为一定（32 次），如例（38）中"一定"词汇标记出假设推断型信息来源；使用频率最高的中信度支持副词为可能（107 次），如例（39）中"可能"词汇标记出假设推断型信息来源；使用频率最高的低信度支持副词是好像（19 次），如例（40）转述"证人王汉"的言语内容,其中"好像"词汇标记出假设推断型信息来源。台湾地区法庭判决书中传递实据性意义的副词类具体使用情况如表 5-16 所示。

(38)证人张哲琛于本院审理中证称:领据核销特别费并无预借款性质一语、证人即前台北市政府秘书处会计室主任谢鹢环于本院审理中结证以:领据领取后即代表整个核销程序已经完备,就算已经支出了,会计人员毋庸认定来日一定会支出一节。

(39)又被告虽辩称是举枪后枪支走火云云,惟被告仅欲与告诉人商谈债务,竟持枪前往,且枪支装置具有杀伤力之子弹,并将子弹上膛、开保险,显然事先已设想可能开枪射击之事,故到达庆鸿小馆前已有相当之准备,被告于举枪瞄准告诉人并击发子弹后,事后再辩称系枪支走火误伤云云,显不足采。

(40)系争计算机车床零件加工之车削深度,证人王汉明确告知应以凸圆(即高圆)往下车削 0.4 英寸,惟证人王汉于作证时竟称:"我在电话中表示'好像'应该以凸圆作基准"云云,明显违反其自身专业,并意图推卸责任。

表 5-16　台湾法庭判决书实据性成分副词类使用情况

类别	频次
高信度支持(33)	一定(32)、肯定(1)
中信度支持(112)	可能(107)、大概(3)、大约(2)
低信度支持(19)	好像(19)

本书对所收集的 26 篇 49.7 万字台湾法庭判决书语料进行标注和统计,发现民事判决书中使用中信度支持副词占所有传递实据性意义的副词总数的 62.90%,其次低信度支持副词占 24.19%,高信度支持副词占 12.90%;刑事判决书中使用中信度支持副词占所有传递实据性意义的副词总数的 71.00%,其次高信度支持副词占 25.00%,低信度支持副词占 4.00%;行政判决书中全部使用中信度支持副词。总体而言,三类台湾法庭判决书中使用频率最高的是中信度支持副词,占

所有传递实据性意义的副词总数的 68.29%,具体使用情况如表 5-17
所示:

表 5-17　台湾三种类型法庭判决书实据性成分副词类使用情况

类别	刑事判决书		民事判决书		行政判决书		合计	
高信度	25	25.00%	8	12.90%	0	0	33	20.12%
中信度	71	71.00%	39	62.90%	2	100%	112	68.29%
低信度	4	4.00%	15	24.19%	0	0	19	11.59%
总计	100	100%	62	100%	2	100%	164	100%

五、小结

本书收集整理共计 116 篇 174 万字中国法庭判决书语料,并对其
中传递实据性意义的词汇形式进行穷尽性人工标注和字数统计,发现
在四地刑事判决书动词类中,台湾刑事判决书中使用"第一方信息来
源主体＋动词"结构占所有传递实据性意义的动词结构的 12.79%,略
高于澳门的 11.9%,远高于大陆(内地)的 4.41%和香港的 1.45%;香
港刑事判决书中使用"第三方信息来源主体＋动词"结构占所有传递
实据性意义的动词结构的 97.18%,远高于大陆(内地)的 87.45%、澳
门的 69.92%和台湾的 83.45%;澳门刑事判决书中使用"无明确信息
来源主体＋动词"结构占所有传递实据性意义的动词结构的 18.17%,
远高于大陆(内地)的 8.14%、香港的 1.37%和台湾的 3.76%。胡壮麟
提出信度是与信息的实据性相对照的,实据性处理信息的来源,信度
则提供信息来源可能性的程度,根据信息来源从直接经验到虚构经验
形成一个连续统[1],因此从对判决书信度支持的角度,第一方信息来源
主体高于第三方信息来源主体,而无明确信息来源主体最低。而在四
地刑事判决副词类中,香港刑事判决书中使用高信度支持副词占所有
传递实据性意义的副词总数的 43.11%,明显高于大陆(内地)的

---

[1]　胡壮麟.语言的可证性[J].外语教学与研究,1994(1):10.

29.23％、澳门的 35.97％和台湾的 25％；台湾刑事判决书中使用中信度支持副词占所有传递实据性意义的副词总数的 71％，明显高于大陆（内地）的 56.92％、香港的 55.11％和澳门的 62.71％；而大陆（内地）刑事判决书中使用低信度支持副词占所有传递实据性意义的副词总数的 13.85％，远高于香港的 1.78％、澳门的1.32％和台湾的 4％。从对判决书信度支持的角度，高信度副词强于中信度副词，而低信度副词最弱。

　　在四地民事判决书动词类中，澳门民事判决书中使用"第一方信息来源主体＋动词"结构占所有传递实据性意义的动词结构的 5.61％，略高于大陆（内地）的 2.86％、香港的 2.27％和台湾的 1.67％；香港民事判决书中使用"第三方信息来源主体＋动词"结构占所有传递实据性意义的动词结构的 97.24％，略高于大陆（内地）的 96.51％和台湾的91.92％，远高于澳门的 78.48％；澳门民事判决书中使用"无明确信息来源主体＋动词"结构占所有传递实据性意义的动词结构的 15.91％，远高于大陆（内地）的 0.63％、香港的 0.48％和台湾的 6.41％。而在四地民事判决副词类中，澳门民事判决书中使用高信度支持副词占所有传递实据性意义的副词总数的 34.65％，明显高于大陆（内地）的10.53％、香港的 27.88％和台湾的 12.9％；大陆（内地）民事判决书中使用中信度支持副词占所有传递实据性意义的副词总数的 84.21％，明显高于香港的 70.19％、澳门的 63.37％和台湾的 62.9％；而台湾民事判决书中使用低信度支持副词占所有传递实据性意义的副词总数的 24.19％，远高于大陆（内地）的 5.26％、香港的 1.92％和澳门的1.98％。通过统计数据可见，四地刑事判决书实据性的词汇形式特征在民事判决书中具有相同性体现，且四地民事判决书都明显比刑事判决书更多的使用"第三方信息来源主体＋动词"结构和中信度支持副词，可见民事案件判决书倾向于使用相对中性、客观的语言形式。

　　在三地行政判决书动词类中（香港地区没有收集到行政判决书），仅澳门行政判决书使用"第一方信息来源主体＋动词"结构占所有传递实据性意义的动词结构的 18.18％，其他两地没有使用；台湾行政判决书全部使用"第三方信息来源主体＋动词"结构，占所有传递实据性意义的动词结构的 100％，远高于大陆（内地）的 71.43％和澳门的 48.18％；澳门行政判决书使用"无明确来源主体＋动词"结构占所有传递实据性意义的动词结构的 33.64％，略高于大陆（内地）的 28.57％。而在三地行政判决书副词类中，澳门行政判决书中使用高信度支持副词占所有传递实据性意义的副词总数的 52.94％，中信度支持副词占 47.06％，台湾行政判决书中全部使用中信度支持副词，而大陆（内地）行政判决书中没有使用副词。通过统计数据可见，三地行政判决书呈现完全不同的实据性词汇形式，这与不同地区划分行政案件类型的不同标准有一定联系。中国法庭判决书实据性词汇形式具体使用情况如表 5-18 所示：

表 5-18　中国法庭判决书实据性词汇形式使用情况

（单位：％）

类别	区域	动词类			副词类		
		第一方	第三方	无明确	高信度	中信度	低信度
刑事判决书	大陆（内地）	4.41	87.45	8.14	29.23	56.92	13.85
	香港	1.45	97.18	1.37	43.11	55.11	1.78
	澳门	11.90	69.92	18.17	35.97	62.71	1.32
	台湾	12.79	83.45	3.76	25.00	71.00	4.00
民事判决书	大陆（内地）	2.86	96.51	0.63	10.53	84.21	5.26
	香港	2.27	97.24	0.48	27.88	70.19	1.92
	澳门	5.61	78.48	15.91	34.65	63.37	1.98
	台湾	1.67	91.92	6.41	12.90	62.90	24.19
行政判决书	大陆（内地）	0	71.43	28.57	0	0	0
	香港	0	0	0	0	0	0
	澳门	18.18	48.18	33.64	52.94	47.06	0
	台湾	0	100.00	0	0	100.00	0

（续表　单位:%）

类别	区域	动词类			副词类		
		第一方	第三方	无明确	高信度	中信度	低信度
总计	大陆（内地）	3.64	90.88	5.48	25.00	63.10	11.90
	香港	1.88	97.21	0.91	38.30	59.88	1.82
	澳门	10.45	71.14	18.41	36.99	61.64	1.37
	台湾	6.40	88.42	5.18	20.12	68.29	11.59

第二节　短语形式

本书通过对所收集的 116 篇 174 万字法庭判决书语料进行观察和分析,对其中传递实据性意义的短语形式进行穷尽性人工标注和字数统计,发现法庭判决书中传递实据性意义的短语形式主要有介词短语和动宾短语两类,并在此基础上分别探讨中国法庭判决书中传递实据性意义的短语形式的使用和分布情况,及其与判决书案件类型和实据性信息来源的关系。

一、大陆（内地）法庭判决书

大陆（内地）法庭判决书中普遍使用介词短语和动宾短语两类短语形式表示实据性意义的信息来源以及对所述信息的态度和评价,其中使用频率最高的三个介词短语分别为:以/由……（事实证明/得出）(680 次)、按(照)……（法律/规定)(319 次)和(依)据……（法律/规定)(252 次),如例(41)中"以"事实"'云菲菲'作为钮春华的艺名署名"推理出"钮春华对其艺名'云菲菲'享有姓名权"的结论,标记出假设推断型信息来源,又如例(42)中"依照"法律条文"《中华人民共和国刑法》",标记出引证文化信念型信息来源;大陆(内地)法庭判决书中使用频率最高的三个动宾短语分别为:证实/证明……（事实)(617 次)、认定……（事实)(353 次)和综上(所述)(43 次),如例(43)中两个动宾

中的"阿明"是知情者,申请人也把电话交给受害人听。把所有的事情加起来,法庭达至的唯一结论就是申请人是这一伙贼人的一分子,他完全是清楚知道以电话去找受害人,讹称扣留了他们的家人,要求他们拿钱去赎回。而申请人是这伙人的一分子,他负责出面去拿取那些金钱,这就是本席在本案中就事实的裁决。

(45)申请人指:原审法官以内容不合理为理由,拒绝众被告的证供。然而,他却以某些言词和语句不合逻辑来反证 He-man 的证供的真实和没有粉饰。这显示法官有双重标准。

(46)该条例第 27 条述明,以疏忽、妨扰或违反责任而要求人身伤害赔偿的诉讼时效为 3 年,这 3 年由诉讼因由产生之日或原告人的知悉日期起计算。

(47)陆大律师援引枢密院案例 The Queen v. Chan Kwok-keung & Another[1990]1 HKLR 359 指出,若要令潜逃的事可支持入罪,案中便须有证据证明潜逃与控罪之间有关联。

本书对所收集的 30 篇 35 万字香港法庭判决书语料进行标注和统计,发现刑事判决书中使用介词短语占所有传递实据性意义的短语总数的 74.47%,民事判决书中这个比率为 67.47%;刑事判决书中使用动宾短语占所有传递实据性意义的短语总数的 25.53%,民事判决书中这个比率为 32.53%。总体而言,两类香港法庭判决书中使用频率最高的是介词短语,占所有传递实据性意义的短语总数的 69.75%,具体使用情况如表 5-22 所示:

表 5-22　香港两种类型法庭判决书实据性成分短语形式使用情况

短语类型	刑事判决书		民事判决书		合计	
介词短语	105	74.47%	197	67.47%	302	69.75%
动宾短语	36	25.53%	95	32.53%	131	30.25%
总计	141	100%	292	100%	433	100%

三、澳门法庭判决书

澳门法庭判决书中普遍使用介词短语和动宾短语两类短语形式

表示实据性意义的信息来源以及对所述信息的态度和评价,其中使用频率最高的三个介词短语分别为:(根)据……(法律/事实)(783 次)、以/用……(证明/得出)(272 次)和按……(规定)(99 次),如例(48)中使用"根据"法律条文"《民法典》",标记出引证文化信念型信息来源,又如例(49)中使用第一个"以"引证法律条文"《民事诉讼法典》"标记出文化信念型信息来源,而使用第二个"以"得到"重新对该案进行审查"的司法观点,标记出假设推断型信息来源;使用频率最高的三个动宾短语分别为:规定……(法律/制度)(1628 次)、认定……(事实)(615 次)和(所/之)参考/参看/参照……(法律/案例)(189 次),如例(50)中使用两个"规定"引证法律条文"《道路法典》"标记出文化信念型信息来源,又如例(51)中使用"认定……事实",标记出假设推断型信息来源。澳门法庭判决书中传递实据性意义的短语形式具体使用情况如表 5-23 所示:

表 5-23　澳门法庭判决书实据性成分短语形式使用情况

类别	频次
介词短语(1154)	(根)据……(法律/事实)(783)、以/用……(证明/得出)(272)、按……(规定)(99)
动宾短语(2533)	规定……(法律/制度)(1628)、认定……(事实)(615)、(所/之)参考/参看/参照……(法律/案例)(189)、综上(所述)(101)

(48)倘被害人真的在事发前为该厂工作,向前雇主拿取一份工作证明及薪金证明并不是一件困难的事,根据《民法典》第 335 条规定,被害人对其请求的赔偿事实负举证责任。

(49)如上所述,再审上诉是为了以《民事诉讼法典》第 653 条各款规定的依据废止一个已确定的司法裁判,以重新对该案进行审查。

(50)澳门《道路法典》不仅规范使用马路的驾驶者,同样地亦规范使用马路的行人,上述法典第 10 条第 2 款规定,行人欲横越马路应使用有适当讯号指示之人行横道,第 10 条第 5 款规定,如 50 公尺内没有适当讯号指示之人行横道时方得在外横越,同时,应以垂直道路中心线之最短路线尽快横越,且不应扰乱车辆通行。

（51）从上述事实中，可以看到原审法院认定了受害人在人行横道附近横过马路，亦即是说，在意外现场设有人行横道，而受害人亦在此人行横道附近横过马路，上述事实清楚明白，因此，无须特别写明保险公司所提出的"意外现场50公尺范围有专门提供行人横过马路的人行横道"此一概括性的事实。

本书对所收集29篇50万字澳门法庭判决书语料进行标注和统计，发现行政判决书中使用介词短语占所有传递实据性意义的短语总数的39.77％，其次为民事判决书这个比率占33.49％，刑事判决书这个比率占29.67％；刑事判决书中使用动宾短语占所有传递实据性意义的短语总数的70.33％，其次为民事判决书这个比率占66.51％，行政判决书这个比率占60.23％。总体而言，三类澳门法庭判决书中使用频率最高的是动宾短语，占所有传递实据性意义的短语总数的68.70％，具体使用情况如表5-24所示：

表5-24　澳门三种类型法庭判决书实据性成分短语形式使用情况

类型	刑事判决书		民事判决书		行政判决书		合计	
介词短语	797	29.67％	219	33.49％	138	39.77％	1154	31.30％
动宾短语	1889	70.33％	435	66.51％	209	60.23％	2533	68.70％
总计	2686	100％	654	100％	347	100％	3687	100％

四、台湾法庭判决书

台湾法庭判决书中大量使用介词短语，而较少使用动宾短语形式表示实据性意义的信息来源以及对所述信息的态度和评价，其中使用频率最高的三个介词短语分别为：依……（法律/事实）（1032次）、按……（规定）（269次）和有……可稽（64次），如例（52）中使用"依"法律条文"民法"和判例参考"'最高法院'1971年台上字第4195号民事判例"，标记出引证文化信念型信息来源，又如例（53）中使用"有杜卖契字"即书证"可稽"，标记出引证文化信念型信息来源；使用频率最高的三个动宾短语分别为：认定……（事实）（86次）、参照……（法律/案例)(56 次)和综上(所述/所陈)(40 次),如例(54)中使用"认定……事实"推理出"原告对该部分亦已做出相关陈述,并予叙明"的司法观点,标记出假设推断型信息来源,又如例(55)中使用"参照"司法判例标记出文化信念型信息来源。台湾法庭判决书中传递实据性意义的短语类具体使用情况如表 5-25 所示。

(52)依"民法"第 769 条、第 770 条、第 772 条及第 832 条可知,苟以行使地上权之意思,无论该他人之土地已否登记,均得请求登记为地上权人,亦为"最高法院"1971 年台上字第 4195 号民事判例明示,且居住之房屋为因应配更地使用,自属有权使用。

(53)本件如附图所示 A 部分土地,自买卖点交后即由诉外人黄吴○使用、耕作,此有杜卖契字在卷可稽。

(54)换言之,由被告银行上开函文应可认定解雇事由系指"无折转账"事件,似未主张"代客保管已盖妥印鉴之取款条"乙项,然如认解雇事由包含"代客保管已盖妥印鉴之取款条"乙项,原告对该部分亦已做出相关陈述,并予叙明。

(55)参照"最高法院"1999 年台上字第 2819 号、1990 年台上字第 2419 号判决,可知诸如电力公司之供电变电所及○○○公司之供水设备,皆属国家之公共设备,如予拆除皆会对民生大众造成重大不利,附近居民之生活势必将陷于困顿及瘫痪。

表 5-25　台湾法庭判决书实据性成分短语形式使用情况

类别	频次
介词短语(1501)	依……(法律/事实)(1032)、按……(规定)(269)、有……可稽(64)、据……(规定)(57)、爰/援……(案例)(55)、以……(为证)(24)
动宾短语(182)	认定……(事实)(86)、参照……(法律/案例)(56)、综上(所述/所陈)(40)

本书对所收集 26 篇 49.7 万字台湾法庭判决书语料进行标注和统计,发现行政判决书中使用介词短语占所有传递实据性意义的短语总数的 95.71%,刑事判决书中这个比率为 93.38%,民事判决书中占

87.39％;民事判决书中使用动宾短语占所有传递实据性意义的短语总数的 12.61％,刑事判决书中这个比率为 6.62％,行政判决书中占 4.29％。总体而言,三类台湾法庭判决书中使用频率最高的是介词短语,占所有传递实据性意义的短语总数的 89.19％,具体使用情况如表 5-26 所示:

表 5-26　台湾三种类型法庭判决书实据性成分短语形式使用情况

短语类型	刑事判决书		民事判决书		行政判决书		合计	
介词短语	381	93.38％	1053	87.39％	67	95.71％	1501	89.19％
动宾短语	27	6.62％	152	12.61％	3	4.29％	182	10.81％
总计	408	100％	1205	100％	70	100％	1683	100％

五、小结

本书收集整理共计 116 篇 174 万字中国法庭判决书语料,并对其中传递实据性意义的短语形式进行穷尽性人工标注和字数统计,发现在四地刑事判决书中,台湾地区刑事判决书中介词短语占所有传递实据性意义的短语总数的 93.38％,远高于大陆(内地)的 48.14％、香港的 74.47％和澳门的 29.67％;澳门刑事判决书中动宾短语的使用比率为 70.33％,远高于大陆(内地)的 51.86％、香港的 25.53％和台湾的 6.62％。通过统计数据可见,台湾地区和香港地区刑事判决书中传递实据性意义的短语形式主要使用介词短语,而澳门刑事判决书中主要使用动宾短语,大陆(内地)刑事判决书中两类短语的使用几乎是各占一半。

在四地民事判决书中,台湾地区民事判决书中介词短语占所有传递实据性意义的短语总数的 87.39％,明显高于大陆(内地)的 69.02％和香港的 67.47％,而澳门仅为 33.49％;反之,澳门民事判决书中动宾短语的使用比率为 66.51％,远高于大陆(内地)的 30.98％、香港的 32.53％和台湾的 12.61％。通过统计数据可见,大陆(内地)、香港和台湾民事判决书中传递实据性意义的短语形式主要使用介词短语,而澳门刑事判决书中主要使用动宾短语。

在三地行政判决书中(香港地区没有收集到行政判决书),台湾地区行政判决书中介词短语占所有传递实据性意义的短语总数的95.71%,略高于大陆(内地)的83.33%,远高于澳门的39.77%;反之,澳门行政判决书中动宾短语占所有传递实据性意义的短语总数的60.23%,远高于大陆(内地)的16.67%和台湾的4.29%。通过统计数据可见,四地行政判决书中短语形式的使用比率趋势与民事判决书相似,大陆(内地)和台湾主要使用介词短语,而澳门主要使用动宾短语。中国法庭判决书实据性短语形式具体使用情况如表 5-27 所示:

表 5-27　中国法庭判决书实据性短语形式使用情况

(单位:%)

判决书类型	大陆(内地)		香港		澳门		台湾	
	介词短语	动宾短语	介词短语	动宾短语	介词短语	动宾短语	介词短语	动宾短语
刑事判决书	48.14	51.86	74.47	25.53	29.67	70.33	93.38	6.62
民事判决书	69.02	30.98	67.47	32.53	33.49	66.51	87.39	12.61
行政判决书	83.33	16.67	0	0	39.77	60.23	95.71	4.29
总计	55.26	44.74	69.75	30.25	31.30	68.70	89.19	10.81

第三节　复句形式

本书通过对所收集的 116 篇 174 万字法庭判决书语料进行观察和分析,对其中传递实据性意义的复句形式进行穷尽性人工标注和字数统计,认为法庭判决书中传递实据性意义的复句形式主要有条件复句和因果复句两类,并在此基础上分别探讨中国法庭判决书中传递实据性意义的复句形式的使用和分布情况,及其与判决书类型和实据性信息来源的关系。

一、大陆（内地）法庭判决书

大陆（内地）法庭判决书中普遍使用因果复句，而较少使用条件复句表示实据性意义的信息来源以及对所述信息的态度和评价，其中使用频率最高的条件复句为如（果）……（114），如例（56）中"如果"引导复句的条件，标记出假设推断型信息来源；使用频率最高的三个因果复句分别为：因（为）……（398 次）、故……（185 次）和因此……（90次），又如例（57）中"因此"引导复句结果，标记出假设推断型信息来源。大陆（内地）法庭判决书中传递实据性意义的复句形式具体使用情况如表 5-28 所示。

（56）如果该注册商标侵犯了他人的在先权利，在先权利人可以不经撤销商标的行政程序而直接提起民事诉讼。

（57）经查，在案证据可以证实，被告人薄熙来利用职务便利，为唐肖林、徐明请托的事项提供了帮助，并收受了唐肖林、徐明因此而给予的财物。

表 5-28　大陆（内地）法庭判决书实据性成分复句形式使用情况

类别	频次
条件复句（114）	如（果）……（114）
因果复句（797）	因（为）……（398）、故……（185）、因此（90）、所以……（73）、由（于）……（51）

本书对所收集的 31 篇 38 万字大陆（内地）法庭判决书语料进行标注和统计，发现刑事判决书中使用因果复句占所有传递实据性意义的复句总数的 90.13％，民事判决书中这个比率占 85.51％，行政判决书中占 84.21％；刑事判决书中使用条件复句占所有传递实据性意义的复句总数的 9.87％，民事判决书中这个比率占 14.49％，行政判决书中占 15.79％。总体而言，三类大陆（内地）法庭判决书中使用频率最高的是因果复句，占所有传递实据性意义的短语总数的 87.49％，具体使用情况如表 5-29 所示。

表 5-29　大陆(内地)三种类型法庭判决书实据性成分复句形式使用情况

类型	刑事判决书		民事判决书		行政判决书		合计	
条件复句	39	9.87%	72	14.49%	3	15.79%	114	12.51%
因果复句	356	90.13%	425	85.51%	16	84.21%	797	87.49%
总计	395	100%	497	100%	19	100%	911	100%

二、香港法庭判决书

香港法庭判决书中普遍使用因果复句,而较少使用条件复句表示实据性意义的信息来源以及对所述信息的态度和评价,其中使用频率最高的条件复句分别为如(果)……(184 次)和假如……(4 次),如例(58)中"如果"引导复句的条件,标记出假设推断型信息来源;使用频率最高的三个因果复句分别为:因(为)……(364 次)、因此……(270 次)和所以……(194 次),又如例(59)中"因为"引导复句原因,标记出假设推断型信息来源。香港法庭判决书中传递实据性意义的复句形式具体使用情况如表 5-30 所示。

(58)如果受害人信以为真的话,他们就会交出金钱,所以其模式是不会因为被控以何种控罪,无论是"洗黑钱"或是串谋诈骗,完全不会改变这种电话骗案的犯事模式。

(59)本席认为他们想提供的进一步数据并不能直接协助法庭考虑是否加刑,因为控方基本上都是要求法庭考虑第一项接获电话行骗报告的情况和第二项接获电话行骗成功报告的情况。

表 5-30　香港法庭判决书实据性成分复句形式使用情况

类别	频次
条件复句(188)	如(果)……(184)、假如……(4)
因果复句(1027)	因(为)……(364)、因此……(270)、所以……(194)、故(此)……(111)、由(于)……(88)

本书对所收集的 30 篇 35 万字香港法庭判决书语料进行标注和统计,发现民事判决书中使用因果复句占所有传递实据性意义的复句

总数的 86.06%,刑事判决书中这个比率为 81.36%;刑事判决书中使用条件复句占所有传递实据性意义的复句总数的 18.64%,民事判决书中这个比率为 13.94%。总体而言,两类香港法庭判决书中使用频率最高的是因果复句,占所有传递实据性意义的短语总数的 84.53%,具体使用情况如表 5-31 所示:

表 5-31 香港两种类型法庭判决书实据性成分复句形式使用情况

类型	刑事判决书		民事判决书		合计	
条件复句	74	18.64%	114	13.94%	188	15.47%
因果复句	323	81.36%	704	86.06%	1027	84.53%
总计	397	100%	818	100%	1215	100%

三、澳门法庭判决书

澳门法庭判决书中大量使用因果复句和条件复句表示实据性意义的信息来源以及对所述信息的态度和评价,其中使用频率最高的条件复句分别为如(果)……(230 次)和假如……(27 次),如例(60)中"假如"引导复句的条件,标记出假设推断型信息来源;使用频率最高的三个因果复句分别为:因此……(593 次)、因(为)……(550 次)和由(于)……(256 次),如例(61)中"因此"引导复句结果,标记出假设推断型信息来源。澳门法庭判决书中传递实据性意义的复句形式具体使用情况如表 5-32 所示:

表 5-32 澳门法庭判决书实据性成分复句形式使用情况

类别	频次
条件复句(257)	如(果)……(230)、假如……(27)
因果复句(1672)	因此(593)……、因(为)……(550)、由(于)……(256)、故(此)……(128)、所以……(119)、据……(26)

(60)假如被上诉人有机会对上述赠予提出质疑,诉讼的结果就会大不相同,并且肯定可以使其确有的租赁合同起作用。

（61）被告即现被上诉人最后提出上诉人不具正当性作为其提起之上诉的依据，但是，正如上面所说，非正当性没有纳入该条各项中任何一项的规定之中，<u>因此</u>不构成对已确定裁判提起再审上诉的依据。

本书对所收集的 29 篇 50 万字澳门法庭判决书语料进行标注和统计，发现刑事判决书中使用因果复句占所有传递实据性意义的复句总数的 90.01%，行政判决书中这个比率是 83.41%，民事判决书中占 79.45%；刑事判决书中使用条件复句占所有传递实据性意义的复句总数的 9.99%，行政判决书中这个比率是 16.59%，民事判决书中占 20.55%。总体而言，三类澳门法庭判决书中使用频率最高的是因果复句，占所有传递实据性意义的短语总数的 86.68%，具体如表 5-33 所示：

表 5-33　澳门三种类型法庭判决书实据性成分复句形式使用情况

类型	刑事判决书		民事判决书		行政判决书		合计	
条件复句	124	9.99%	98	20.55%	35	16.59%	257	13.32%
因果复句	1117	90.01%	379	79.45%	176	83.41%	1672	86.68%
总计	1241	100%	477	100%	211	100%	1929	100%

四、台湾法庭判决书

台湾法庭判决书中普遍使用因果复句，而较少使用条件复句表示实据性意义的信息来源以及对所述信息的态度和评价，其中使用频率最高的条件复句为如（果）……（135 次），如例（62）中"如"引导复句的条件，标记出假设推断型信息来源；使用频率最高的三个因果复句分别为：因（为）……（645 次）、故……（320 次）和因此……（57 次），如例（63）中"因"引导复句原因，标记出假设推断型信息来源。台湾法庭判决书中传递实据性意义的复句形式具体使用情况如表 5-34 所示。

（62）此外，原告公司人员<u>如</u>未向被告"提供错误信息"及"就基准面做了错误的表示"，原告公司又何须在上开两份文件为不实且不利于己之记载？ 由此以观，原告在准备书（六）状所为之辩解，明显与社会一般经验法则有违。综上所陈，原告准备书（六）状辩称原证 7、被证

11 等两份文件属诉讼外未成立和解之文件，原告在本件诉讼当中不应受上开文件内容之拘束，上开文件亦不得采为裁判之基础云云，明显昧于事实。

（63）而请求被告蓝○○支付不当得利款部分，则<u>因</u>该被告并非无权占用之建物所有人，自不应支付不当得利款，原告此部分之请求为无理由，应予驳回。

表 5-34　台湾法庭判决书实据性成分复句形式使用情况

类别	频次
条件复句（135）	如（果）……（230）
因果复句（840）	因（为）……（645）、故……（320）、因此……（57）、由（于）……（33）

本书对所收集的 26 篇 49.7 万字台湾地区法庭判决书语料进行标注和统计，发现刑事判决书中使用因果复句占所有传递实据性意义的复句总数的 78.25%，行政判决书中这个比率为 85.19%，民事判决书中占 84.66%；刑事判决书中使用条件复句占所有传递实据性意义的复句总数的 21.75%，行政判决书中这个比率为 14.81%，民事判决书中占 15.34%。总体而言，三类台湾地区法庭判决书中使用频率最高的是因果复句，占所有传递实据性意义的短语总数的 82.1%，具体使用情况如表 5-35 所示：

表 5-35　台湾三种类型法庭判决书实据性成分复句形式使用情况

类型	刑事判决书		民事判决书		行政判决书		合计	
条件复句	112	21.75%	114	15.34%	4	14.81%	230	17.9%
因果复句	403	78.25%	629	84.66%	23	85.19%	1055	82.1%
总计	515	100%	743	100%	27	100%	1285	100%

五、小结

本书收集整理共计 116 篇 174 万字中国法庭判决书语料，并对其中传递实据性意义的复句形式进行穷尽性人工标注和字数统计，发现在四地刑事判决书中，大陆（内地）刑事判决书中因果复句占所有传递实据性意义的复句总数的 90.13%,其他三地的使用比率也几近相似,香港的 81.36%、澳门的 90.01%和台湾地区的 78.25%;反之,大陆(内地)刑事判决书中条件复句的使用比率为 9.87%,略低于澳门的 9.99%,明显低于香港的 18.64%和台湾的 21.75%。通过统计数据可见,中国法庭判决书中传递实据性意义的复句形式主要使用因果复句。

在四地民事判决书中,香港民事判决书中因果复句占所有传递实据性意义的复句总数的 86.06%,明显高于大陆(内地)的 85.51%、澳门的 79.45%和台湾地区的 84.66%;反之,澳门民事判决书中条件复句的使用比率为 20.55%,略于大陆(内地)的 14.49%、香港的 13.94%和台湾的 15.34%。而在三地行政判决书中(香港地区没有收集到行政判决书),台湾行政判决书中因果复句占所有传递实据性意义的复句总数的 85.19%,略高于大陆(内地)的 84.21%和澳门的 83.41%;反之,澳门行政判决书中条件复句占所有传递实据性意义的短语总数的 16.59%,略高于大陆(内地)的 15.79%和台湾的 14.81%。通过统计数据可见,四地民事和行政判决书中复句形式的使用比率趋势与刑事判决书相似,传递实据性意义的复句形式主要使用因果复句。从对判决书信度支持的角度,因果推理的逻辑关系要强于条件推理的假设关系,法庭判决书中主要使用因果复句符合应用型法律语篇逻辑严密、推理有据的具体要求。中国法庭判决书实据性复句形式具体使用情况如表 5-36 所示:

表 5-36　中国法庭判决书实据性复句形式使用情况

(单位:%)

判决书类型	大陆(内地)		香港		澳门		台湾	
	条件复句	因果复句	条件复句	因果复句	条件复句	因果复句	条件复句	因果复句
刑事判决书	9.87	90.13	18.64	81.36	9.99	90.01	21.75	78.25
民事判决书	14.49	85.51	13.94	86.06	20.55	79.45	15.34	84.66
行政判决书	15.79	84.21	0	0	16.59	83.41	14.81	85.19
总计	12.51	87.49	15.47	84.53	13.32	86.68	17.9	82.1

第四节　语言形式的信度层级

广义的实据性既要指明信息的来源还要传递说话人对信息真实性的态度。在实据性的信度支持上,大多数学者达成的共识认为基于直接信息的命题在信度上要高于间接信息基础上的命题[1][2],胡壮麟也提出信度是与信息的实据性相对照的,实据性处理信息的来源,信度则提供信息来源可能性的程度,根据信息来源从直接经验到虚构经验形成一个连续统[3],因此本书认为在词汇形式对法庭判决书信度支持的层级上,第一方信息来源主体+动词类高于第三方信息来源主体+动词类,而无明确信息来源主体+动词类最低,在法庭判决书中基于虚构经验的信息来源是不可接受的。并且在同一层级的信息来源主体搭配不同类动词也存在着信度差异,如第一方信息来源主体+言说动词或感官动词对法庭判决书的信度支持要高于第一方信息来源主体+认识动词(情态动词),因为言说动词或感官动词常标记感官亲历型信息来源,即为直接经验,传递出说话人对信息真实性较高的信度支持,而认识动词或情态动词常标记推断假设型信息来源,即为间接经验。

房红梅提出如果把说话人所谈论的信息设为 P(Proposition),那么当说话人不确定 P 真值(Truth Value)时,会在陈述 P 之外加上自己对 P 的来源说明以及可靠性的态度[4]。即使当说话人使用"certain""sure""肯定""确信"等字眼时,也隐含着说话人不肯定的态度,其肯定程度是在"可信到不可信"的连续体(Continuum)上最接近于"可信"

---

[1]　WILLETT TA Cross-linguistic Survey of the Grammaticization of Evidentiality [J].Studies in Language,1988(12):52.

[2]　DE HAAN F.The Catergory of Evidentiality[D].Las Cruces:University of New Mexico,1998.

[3]　胡壮麟.语言的可证性[J].外语教学与研究,1994(1):10.

[4]　房红梅.言据性研究述评[J].现代外语,2006(2):192.

的一端[①]。罗桂花提出说话人对信息可靠性的说明,即对命题真值的确定程度从 100% 的确定到 100% 的不确定形成一个连续统,可以根据不同命题的语言标记的使用将可靠性的量值分为高、中、低三档,高量值的实据性最接近极性,重量值次之,而低量值最远[②],例如"是事实"在信度连续统中为极性,"肯定是事实"属于高量值范畴,"可能是事实"属于中量值范畴,而"好像是事实"则为低量值范畴。在法庭判决书中,实据性信度支持高量值副词(高信度支持)标记有"根本、一定、肯定";中量值副词(中信度支持)标记有"可能、大概、大约";低量值副词(低信度支持)标记有"好像、也许、仿佛"。法庭判决书实据性词汇形式的信度层级如图 5-1 所示:

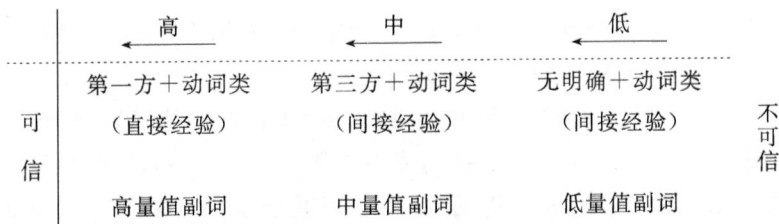

	高 ←	中 ←	低 ←	
可信	第一方+动词类 (直接经验)	第三方+动词类 (间接经验)	无明确+动词类 (间接经验)	不可信
	高量值副词	中量值副词	低量值副词	

图 5-1 实据性词汇形式的信度层级

本书在对中国法庭判决书中传递实据性意义的短语形式进行穷尽性人工标记和字数统计中,发现判决书中介词短语和动宾短语标记的实据性信息来源主要为文化信念型或基于文化信念的推断假设型,如"按(照)……(法律/规定)""认定……(事实)"等,因此也具有较高的信度层级。在对法庭判决书中复句形式的标记统计中,无论是基于文化信念、感官亲历或言语传闻的推理,本书发现因果复句的因果关系都要强于条件复句的假设关系,如"因此……""假如……"等,故在同一信息来源层级下的因果复句对法庭判决书的信度支持要高于条件复句,而其本身对法庭判决书的信度支持层级取决于其所依据的信息来源类型。

---

① 房红梅.言据性研究述评[J].现代外语,2006(2):195.
② 罗桂花.法庭互动中的立场研究[D].武汉:华中师范大学,2013:122.

第五节　本章小结

　　实据性语言形式是信息来源的显性标记,本章展示了中国法庭判决书语篇中实据性语言形式的类型和分布情况。根据对自建语料库中四地判决书语篇的人工标注和数据统计,通过实例和统计表分析了词汇形式、短语形式和复句形式在四地法庭判决书语篇中的分布情况,包括在不同案件类型判决书中的分布特征、使用字数、比率等。

　　四地法庭判决书语篇中的实据性语言形式的分布各有其特点。在词汇形式的动词类中,澳门法庭判决书中"第一方信息来源主体＋动词"结构使用比率最高为 10.45％,明显高于大陆(内地)的 3.64％和台湾 6.40％,而香港仅为 1.88％;香港法庭判决书中"第三方信息来源主体＋动词"结构使用比率最高,达到 97.21％,略高于大陆(内地)的90.88％、澳门的 71.14％和台湾的 88.42％;澳门法庭判决书中"无明确信息来源主体＋动词"结构使用比率最高为 18.41％,明显高于大陆(内地)的 5.48％和台湾的 5.18％,而香港仅为 0.91％。在副词类中,香港法庭判决书中高信度支持副词的使用比率最高,达到 38.3％,略高于澳门的 36.99％,而大陆(内地)和台湾仅为 25.00％和 20.12％;台湾法庭判决书中,中信度支持副词的使用比率最高,达到 68.29％,略高于大陆(内地)的 63.10％、香港的 59.88％和澳门的 61.64％;大陆(内地)法庭判决书中低信度支持副词的使用比率最高为 11.90％,略高于台湾的 11.59％,而香港和澳门仅为 1.82％和 1.37％。由此可见,在四地法庭判决书实据性词汇形式分布中,使用最多的都是"第三方信息来源主体＋动词"结构和中信度支持副词。

　　在短语形式的中,台湾法庭判决书中介词短语的使用比率最高,达到 89.19％,明显高于大陆(内地)的 55.26％和香港的 69.75％,而澳门仅为 31.3％;与之相反的是澳门法庭判决书中动宾短语的使用比率最高为 68.7％,远高于大陆(内地)的 44.74％、香港的 30.25％和台湾的 10.81％。由此可见,在四地法庭判决书实据性短语形式分布中,大陆(内地)、香港和台湾使用最多的都介词短语,而澳门动宾短语使用最多。在复句形式的中,台湾法庭判决书中条件复句的使用比率最高为17.9%,略高于大陆(内地)的12.51%、香港的15.47%和澳门的13.32%;与之相反的是大陆(内地)法庭判决书中因果复句使用比率最高为87.49%,略高于香港的84.53%、澳门的86.68%和台湾的82.10%。由此可见,在四地法庭判决书实据性复句形式分布中,使用最多的都是因果复句。中国法庭判决书实据性语言形式具体使用情况如表5-37所示:

表5-37 中国法庭判决书实据性语言形式使用情况

（单位:%）

语言形式比率		地区	大陆 (内地)	香港	澳门	台湾
词汇形式	动词	第一方信息来源主体	3.64	1.88	10.45	6.40
		第三方信息来源主体	90.88	97.21	71.14	88.42
		无明确信息来源主体	5.48	0.91	18.41	5.18
	副词	高信度支持	25.00	38.30	36.99	20.12
		中信度支持	63.10	59.88	61.64	68.29
		低信度支持	11.90	1.82	1.37	11.59
短语形式		介词短语	55.26	69.75	31.30	89.19
		动宾短语	44.74	30.25	68.70	10.81
复句形式		条件复句	12.51	15.47	13.32	17.90
		因果复句	87.49	84.53	86.68	82.10

在实据性词汇形式的动词分布中,大陆(内地)法庭判决书中使用频率最高的言说动词为"说""称"和"主张",香港为"说""称"和"问",澳门为"说""表示"和"答",台湾为"称""主张"和"认";四地法庭判决书中使用频率最高的感官动词都为"看"和"听",使用频率最高的认识动词都是"认为"和"知道",使用频率最高的情态动词都是"应该"。在副词分布中,大陆(内地)法庭判决书中使用频率最高的高信度支持副

词是"肯定",香港和澳门为"根本""一定"和"肯定",台湾为"一定";大陆(内地)法庭判决书中使用频率最高的中信度支持副词是"可能""大概"和"大约",香港和澳门为"可能"和"大约",而台湾仅使用"可能";大陆(内地)、香港和台湾法庭判决书中使用频率最高的低信度支持副词是"好像",而澳门使用的是"也许"。在传递实据性意义的短语形式分布中,大陆(内地)法庭判决书中使用频率最高的介词短语分别为"以/由……""按照……"和"依据……",香港为"根据……""以……"和"按……",澳门为"根据……""以/用……"和"按……",台湾为"依……""按……"和"有……可稽";大陆(内地)法庭判决书中使用频率最高的动宾短语分别为"证实/证明……事实"、"认定……事实"和"综上(所述)",香港为"述明……法律""认定……事实"和"援引……案例",澳门为"规定……法律""认定……事实"和"参照……案例",台湾为"认定……事实""参照……案例"和"综上(所陈)"。在传递实据性意义的复句形式分布中,大陆(内地)和台湾法庭判决书中使用频率最高的条件复句为"如(果)……",而香港和澳门为"如(果)……"和"假如……";大陆(内地)法庭判决书中使用频率最高的因果复句为"因(为)……""故……"和"因此……",香港为"因(为)……""因此……"和"所以……",澳门为"因此……""因(为)……"和"由于……",台湾为"因(为)……""故……"和"因此……"。

本书在对中国法庭判决书中传递实据性意义的语言形式进行标注统计的基础上,认为法庭判决书实据性词汇形式的信度层级模式为:①第一方信息来源主体+动词结构高于第三方信息来源主体+动词结构,而无明确信息来源主体+动词结构最低,并且在同一层级的信息来源主体搭配不同类动词也存在着信度差异,言说动词或感官动词对法庭判决书的信度支持要高于认识动词或情态动词;②实据性信度高量值副词对法庭判决书信度支持最高,中量值副词其次,低量值副词最低;③法庭判决书中介词短语和动宾短语标记的实据性信息来源主要为文化信念型或基于文化信念的推断假设型,因此也具有较高的信度层级;④无论是基于文化信念、感官亲历或言语传闻的推理,因果复句的因果关系都要强于条件复句的假设关系,故在同一信息来源层级下的因果复句对法庭判决书的信度支持要高于条件复句,而其本身对法庭判决书的信度支持层级取决于其所依据的信息来源类型。

　　本书经过分析认为在中国法庭判决书中,实据性语言形式的分布情况存在着很多相似和差异之处:①四地法庭判决书使用最多的都是"第三方信息来源主体＋动词"结构和中信度支持副词,但澳门法庭判决书中"第一方信息来源主体＋动词"结构明显高于其他三地,从信度支持的角度而言,此类动词结构传递的实据性信度更高;②四地法庭判决书使用最多的都是中信度支持副词,但香港和澳门的高信度支持副词比率明显高于大陆(内地)和台湾,从信度支持的角度而言,此类副词传递的实据性信度更高;③大陆(内地)、香港和台湾法庭判决书中使用介词短语传递实据性意义的比率明显占主要地位,而澳门法庭判决书则更多使用了动宾短语,两类短语都具有较高的信度层级;④四地法庭判决书中使用因果复句传递实据性意义的比率明显占主体地位,从信度支持的角度而言,因果复句明显强于条件复句。

第六章

实据性功能

本书根据"目的推进式"实据性分析模式,将法庭判决书实据性功能分为引证支持、陈实归纳、转述分责和推理总结四种,并据此对海峡两岸及香港、澳门共计 116 篇 174 万字的真实案件法庭判决书语料中实据性成分的功能进行穷尽性人工标注,再在此基础上进行统计分析。

第一节　引证支持

引证是所有具有实据性系统的语言的重要组成部分,因为说话人能亲身经历的事情毕竟有限,引证别说来支持自己所传递的信息尤为必要①。本书从目的关系角度对所收集的法庭判决书语料进行观察和分析,认为判决书实据性的信息来源与其实据功能存在直接对应的目的关系,其中文化信念型实据性信息来源具有引证支持功能。

一、大陆(内地)法庭判决书

大陆(内地)法庭判决书中普遍引用法律条文、规章制度、案卷证据等文化信念型信息来源支持证明其案件事实、司法观点或审判结论,因此具有引证支持的实据功能,如例(1)中引证《中华人民共和国刑法》的法律条文支持判决结论,例(2)中引证《深圳经济特区社会养

---

① 张成福,余光武.论汉语的传信表达——以插入语研究为例[J].语言科学,2003
(3):54-55.

老保险条例》的规章制度支持法庭"不能作为处理本案的依据"的司法观点，又如例(3)中引证"医学 DNA 检验鉴定报告"支持杨某某"所穿内裤上的检材与杨志安的血样基因分型一致"的案件事实。

(1) 本院综合考虑被告人何琨犯罪行为的性质、情节、危害后果及认罪态度，依照《中华人民共和国刑法》第二百三十九条第一、三款，第五十二条、第五十三条、第六十四条之规定，判决如下：……

(2) 根据《深圳经济特区社会养老保险条例》第五十条规定，在本市就业的台、港、澳人员以及外籍人员的养老保险，依照国家有关规定执行。达到法定退休年龄前出境定居人员的养老保险关系，依照国家有关规定执行。国家有关规定并未禁止原告续缴保费。可见，《实施细则》违反了《深圳经济特区社会养老保险条例》规定的精神，并未依据《条例》制定。况且，《实施细则》属于地方性规章，法律位阶较低，又与上位法冲突，不能作为处理本案的依据。

(3) (大)公(法医)鉴(DNA)字(2013)121 号、131 号法医学 DNA 检验鉴定报告，证实经大理市公安局司法鉴定中心于 2013 年 7 月 3 日对杨某某阴道拭子、案发时杨某某所穿内裤、杨某某的血样进行 DNA 鉴定，于 2013 年 7 月 12 日对杨志安的血样进行 DNA 鉴定，杨某某阴道拭子、案发时其所穿内裤上的检材与杨志安的血样基因分型一致。

本书收集 14 篇民事、15 篇刑事以及 2 篇行政，共计 31 篇 38 万字大陆(内地)法庭判决书为考察语料，对其中实施引证支持功能的实据性成分的来源类型和引证频次进行穷尽性人工标注和字数统计，发现大陆(内地)法庭判决书中大量引证法律条文，但分布情况极不均衡，单篇引证法律条文频次最多为 9 次，最少仅为 1 次，民事判决书中引证法律条文频次占其所有引证来源类型总频次的 35.5%，远高于行政判决书的 12.9% 和刑事判决书的 8.6%；引证规章制度较少，单篇引证频次最多为 11 次，行政判决书中引证规章制度频次占其所有引证来源类型总频次的 58.1%，远高于民事判决书的 8.7% 和刑事判决书的 0.6%；普遍引证案卷证据，单篇引证频次最多高达 182 次，最低仅为

1次,刑事判决书中引证案卷证据频次占其所有引证来源类型总频次的90.8%,远高于民事判决书的55.2%和行政判决书的29%;学术刊物在所有大陆(内地)法庭判决书语料中仅引证了1次,出现在一篇民事判决书中,刑事判决书和行政判决书中没有引证学术刊物。

总体而言,统计数据显示大陆(内地)刑事和民事判决书的引证支持功能最主要体现在引证案卷证据支持案件事实,而行政判决书主要体现在引证规章制度支持法庭司法观点,具体引证频次如表6-1所示:

表6-1　大陆(内地)法庭判决书实据性引证支持频次统计表

判决书类别	法律条文		规章制度		学术刊物		案卷证据		总计	
	引证频次	所占比率	引证频次	所占比率	引证频次	所占比率	引证频次	所占比率	引证频次	所占比率
刑事判决书	43	8.6%	3	0.6%	0	0	454	90.8%	500	100%
民事判决书	61	35.5%	15	8.7%	1	0.6%	95	55.2%	172	100%
行政判决书	4	12.9%	18	58.1%	0	0	9	29%	31	100%

二、香港法庭判决书

香港法庭判决书中普遍引用法律条文、规章制度、学术刊物、案卷证据以及判例参考等文化信念型信息来源支持证明其案件事实、司法观点或判决结论,也具有引证支持的实据功能,如例(4)中引证法律条文《有组织及严重罪行条例》支持判决结论"加刑的幅度应为三分之一";例(5)中引规章制度"证道路使用者守则"支持法庭"该路段与斑马线一样,司机有责任先让行人"的司法观点;例(6)中引证学术刊物 *Gatley on Libel and Slande* 中部分论述支持"法律也不阻止原告人起诉所有或个别做出诽谤言论的委员或主席"的司法观点;例(7)中引证案卷证据"月结单和信件"支持案件事实"中怡已于2007年9月11日收取了这款项";又如例(8)中引证司法判例"特别行政区诉蔡家辉[2011] 2 HKLRD13 一案"支持司法观点"提醒下级法院,在判刑时不要无故把刑期加重"。

（4）考虑到案件的整体背景及判刑须具阻吓力避免内地人士以任何形式参与"电话骗案"这类极为令人讨厌及不齿的罪行，本庭认为适当的俩高兴基准为 3 年，而根据《有组织及严重罪行条例》加刑的幅度应为三分之一。

（5）根据道路使用者守则，一名司机于到达斑马线及绿色人像过路处应有的作为虽不甚相同，但同样是要让已在过路的行人……叶法官指涉案"该路段与斑马线一样，司机有责任先让行人"，此言是正确的。

（6）法律也不阻止原告人起诉所有或个别做出诽谤言论的委员或主席："Where several persons are jointly concerned in the publication of a libel they may all be joined as co-defendants, or any of them may be sued separately. If the claimant elects to sue one of them separately, it is no defence that others are jointly liable with him, nor will such fact mitigate the damages recoverable."（*Gatley on Libel and Slander*，11 版，8.2 段）

（7）然而 Mr Rondinelli 的代表于 2008 年 10 月 2 日在庭上，证实艺俊已在 2007 年 8 月 20 日发出支票，缴付 HK＄400 000 佣金给中怡，并提供月结单和信件，证明中怡已于 2007 年 9 月 11 日收取了这款项。

（8）本庭认为，特别行政区诉蔡家辉［2011］2 HKLRD13 一案，并未对有关的罪行作量刑指引。邓国桢副庭长（当时的官阶）在该案提到，俗称"吹鸡"，以及"自称三合会社团成员"和"以三合会社团成员身份行事"这三类罪行，量刑的幅度应如何。但那只是一个基于案例的观察，目的是提醒下级法院，在判刑时不要无故把刑期加重。

本书收集 15 篇民事、15 篇刑事，共计 30 篇 35 万字香港法庭判决书为考察语料，对其中实施引证支持功能的实据性成分的来源类型和引证频次进行穷尽性人工标注和字数统计，发现香港法庭判决书中大量引证法律条文，但分布情况极不均衡，单篇引证频次最多为 46 次，而有 11 篇判决书中没有引证法律条文，民事判决书中引证法律条文频次占其所有引证来源类型总频次的 30.4％，与刑事判决书的28.0％相差不大；香港法庭判决书中引证规章制度较少，单篇引证频次最多

为 16 次,民事判决书中引证规章制度频次占其所有引证来源类型总
频次的 13.1%,远高于刑事判决书的 2.2%;香港法庭判决书中普遍引
证案卷证据,单篇引证频次最多为 21 次,有 4 篇判决书中没有引证案
卷证据,刑事判决书中引证案卷证据频次占其所有引证来源类型总频
次的 36.9%,明显高于民事判决书的 26%;学术刊物在所有香港法庭
判决书语料中总共引证了 12 次,单篇引证频次最多为 5 次,民事判决
书中引证学术刊物频次占其所有引证来源类型总频次的 3.5%,明显
高于刑事判决书的 0.7%;判例参考是英美法系法律体制的重要引证
来源类型,在香港法庭判决书中分布最为普遍,单篇引证频次最多为
20 次,仅有 1 篇判决书中没有引证司法判例,刑事判决书中引证判例
参考频次占其所有引证来源类型总频次的 32.3%,略高于民事判决书
的 27%。

总体而言,统计数据显示香港刑事判决书的引证支持功能最主要
体现在引证案卷证据支持案件事实,而民事判决书主要体现在引证法
律条文支持判决结论,具体引证频次如表 6-2 所示:

表 6-2　香港法庭判决书实据性引证支持频次统计表

判决书类别	法律条文		规章制度		学术刊物		案卷证据		判例参考	
	引证频次	所占比率	引证频次	所占比率	引证频次	所占比率	引证频次	所占比率	引证频次	所占比率
刑事判决书	78	28%	6	2.2%	2	0.7%	103	36.9%	90	32.3%
民事判决书	88	30.4%	38	13.1%	10	3.5%	75	26%	78	27%

三、澳门法庭判决书

澳门法庭判决书中普遍引用法律条文、规章制度、学术刊物、案卷
证据以及判例参考等文化信念型信息来源支持证明其案件事实、司法
观点、法理解释或判决结论,具有引证支持的实据功能,如例(9)中引
证法律条文《有组织犯罪法》支持判决结论"处以 11 年徒刑";例(10)
中引规章制度《机动车辆税规章》支持案件事实"有关车辆的售价高于
申报价";例(11)中引证学术刊物 Maia Gonalves 的《葡萄牙刑法典评

注》书中部分论述支持"澳门《刑法典》第 66 条第 1 款相类似的葡萄牙《刑法典》第 72 条第 1 款的规定"的法理解释;例(12)中引证案卷证据"医学鉴定报告"支持案件事实"被害人乙丙身体受伤"以及司法观点"直接及必然地造成其丧失工作能力十五天";例(13)中引证司法判例"第 1323/97 号案件中做出的合议庭裁判"支持"无须明确指出就每个已认定事实被听证的证人"的法理解释。

(9) 判被告甲:以《有组织犯罪法》(7 月 30 日第 6/97/M 号法律)第 2 条第 3 款并参考该法律第 1 条第 1 款(a)、(b)、(c)、(h)、(j)、(l)、(u)和(v)项规定的黑社会罪(执行领导或指挥职务)既遂实质正犯,处以 11 年徒刑⋯⋯

(10) 明显可见,按照《机动车辆税规章》第十五条第一款(a)项的规定,甲递交的 M/4 号结算申报表中存在错漏,从而给本地区造成明显的损失,而且有关车辆的售价高于申报价这一事实是毋庸置疑的。

(11) 在论及与澳门《刑法典》第 66 条第 1 款相类似的葡萄牙《刑法典》第 72 条第 1 款的规定时,Maia Gonalves 说,"只要法定前提要件具备,法院就有给予特别减轻刑罚的不可推卸的义务。正如我们在原文中指出的,这是一个限定权力,一个权力——义务"。(Maia Gonalves,《葡萄牙刑法典评注》,Almedina 出版社,科英布拉,1996 年,第 10 版,第 279 页。)

(12) 此一袭击造成被害人乙丙身体受伤,并直接及必然地造成其丧失工作能力十五天(见附卷编号: 3734/2000 第 34 页之医学鉴定报告,该医疗报告之所有法律效力)。

(13) 1998 年 2 月 11 日在第 1323/97 号案件中做出的合议庭裁判——《司法部公报》第 474 期(1998),第 3 组,第 309 至 320 页:"只要指明法院形成心证所根据的证据,便完全满足了葡萄牙《刑事诉讼法典》第 374 条第 2 款(相当于澳门《刑事诉讼法典》第 355 条第 2 款)规定的旨在保障判决在审查证据中遵循符合逻辑和合理的程序的要求,因此无须明确指出就每个已认定事实被听证的证人"⋯⋯

本书收集 6 篇民事、21 篇刑事、2 篇行政,共计 29 篇 50 万字澳门法庭判决书为考察语料,对其中实施引证支持功能的实据性成分的来源类型和引证频次进行穷尽性人工标注和字数统计,发现澳门法庭判决书中大量普遍引证法律条文,但分布情况极不均衡,单篇引证频次最多为 487 次,最少为 7 次,行政判决书中引证法律条文频次占其所有引证来源类型总频次的 53.8%,与刑事判决书的 53.7% 相差无几,民事判决书略少为 49.8%;澳门法庭判决书中引证规章制度较少,单篇引证频次最多为 45 次,行政判决书中引证规章制度频次占其所有引证来源类型总频次的 23.7%,远高于民事判决书的 0.2%,而刑事判决书几乎可以忽略不计;澳门法庭判决书中普遍引证案卷证据,单篇引证频次最多为 121 次,有 11 篇判决书中没有引证案卷证据,刑事判决书中引证案卷证据频次占其所有引证来源类型总频次的 38.2%,明显高于民事判决书的 18.2% 和行政判决书的 11.4%;学术刊物是澳门法庭判决书的重要引证来源类型,单篇引证频次最多为 121 次,有 11 篇判决书中没有引证学术刊物,民事判决书中引证学术刊物频次占其所有引证来源类型总频次的 25%,明显高于行政判决书的 9.1% 和刑事判决书的 6.4%;澳门法庭判决书中引证判例参考较少,单篇引证频次最多为 21 次,有 12 篇判决书中没有引证司法判例,民事判决书中引证判例参考频次占其所有引证来源类型总频次的 6.8%,明显高于行政判决书的 2.0%,而刑事判决书仅为 1.7%。统计数据显示澳门三类判决书的引证支持功能最主要体现在引证法律条文支持司法观点或判决结论,如表 6-3 所示:

表 6-3 澳门法庭判决书实据性引证支持频次统计表

判决书类型	法律条文		规章制度		学术刊物		案卷证据		判例参考	
	引证频次	所占比率	引证频次	所占比率	引证频次	所占比率	引证频次	所占比率	引证频次	所占比率
刑事判决书	1 240	53.7%	1	0.0%	147	6.4%	884	38.2%	39	1.7%
民事判决书	211	49.8%	1	0.2%	106	25.0%	77	18.2%	29	6.8%
行政判决书	184	53.8%	81	23.7%	31	9.1%	39	11.4%	7	2.0%

四、台湾法庭判决书

台湾法庭判决书中普遍引用法律条文、规章制度、案卷证据以及判例参考等文化信念型信息来源支持证明其案件事实、司法观点、法理解释或判决结论,具有引证支持的实据功能,如例(14)中引证"民事诉讼法"法律条文支持司法观点"按诉状送达后,原告不得将原诉变更或追加他诉";例(15)中引规章制度《台中市畸零地使用自治条例》支持司法观点"皆无法建筑使用";例(16)中引证案卷证据"身心障碍手册、刑事判决、学生日记、调查报告、诊断证明书"支持案件事实"核阅无误"以及司法观点"堪信上诉人之上开主张为真实";又如例(17)中引证司法判例"'最高法院'1996年台上字第2676号判例参照"支持"共有物原物分割为共有物应有部分互相移转之本旨"的法理解释。

(14)按诉状送达后,原告不得将原诉变更或追加他诉。但请求之基础事实同一者、不甚碍被告之防御及诉讼之终结者,不在此限。"民事诉讼法"第255条第1项第2、7款定有明文。

(15)惟查,上诉人所欲保全之建物,依上诉人代理人自承该建物大部分系位于编号44-6号土地上,另小部分在编号44-7号土地上,而编号44-6号土地,面宽约仅2.6公尺,是如依上诉人主张之分割方案分配,将编号44-6号或编号44-7号土地分配予上诉人,则该二土地面宽皆未达4公尺,依台中市畸零地使用自治条例规定,皆无法建筑使用。

(16)诉外人李姓少年因上开行为涉犯加重强制性交罪嫌,并经刑事法院判刑确定等情,除据上诉人于原审提出而为被上诉人所不争之身心障碍手册、刑事判决、学生日记、调查报告、诊断证明书(参见原审国字愒卷第一八页至第一一八页、第一二四页)在卷足参外,并经本院依职权调取诉外人李姓少年涉犯加重强制性交罪嫌之刑事侦审卷宗(含本院二〇〇七年度少上诉字第一二一二号、台南地院二〇〇七年度少诉字第五号、台南地检署二〇〇七年度少侦字第八号)核阅无误,且为被上诉人所不争,堪信上诉人之上开主张为真实。

（17）又共有物之原物分割，系各共有人就存在于共有物全部之应有部分互相移转，使各共有人取得各自分得部分之单独所有权。故以原物分割而应以金钱为补偿者，倘分得价值较高及分得价值较低之共有人均为多数时，该每一分得价值较高之共有人即应就其补偿金额对于分得价值较低之共有人全体为补偿，并依各该短少部分之比例，定其给付金额，方符共有物原物分割为共有物应有部分互相移转之本旨（"最高法院"1996 年台上字第 2676 号判例参照）。

本书收集 17 篇民事、8 篇刑事、1 篇行政，共计 26 篇 49.7 万字台湾地区法庭判决书为考察语料，对其中实施引证支持功能的实据性成分的来源类型和引证频次进行穷尽性人工标注和字数统计，发现台湾法庭判决书中普遍引证法律条文，单篇引证频次最多为 42 次，最少为 4 次，行政判决书中引证法律条文频次占其所有引证来源类型总频次的 57.6%，远高于民事判决书的 38.0% 和刑事判决书的 28.1%；台湾法庭判决书中引证规章制度较少，且分布情况极不均衡，单篇引证频次最多为 45 次，有 11 篇判决书中没有引证规章制度，行政判决书中引证规章制度频次占其所有引证来源类型总频次的 18.2%，略高于民事判决书的 14.7%，而刑事判决书仅为 3.1%；台湾法庭判决书中普遍引证案卷证据，单篇引证频次最多为 94 次，最少为 3 次，刑事判决书中引证案卷证据频次占其所有引证来源类型总频次的 60.9%，明显高于民事判决书的 38.3%，而行政判决书仅为 9.1%；学术刊物在所有台湾法庭判决书语料中总共引证了 3 次，单篇引证频次最多为 2 次，刑事判决书和民事判决书中引证学术刊物频次占其所有引证来源类型总频次的 0.4% 和 0.1%，几乎可以忽略不计；台湾法庭判决书中普遍引证判例参考，单篇引证频次最多为 13 次，仅有 2 篇判决书中没有引证司法判例，行政判决书中引证判例参考频次占其所有引证来源类型总频次的 15.2%，明显高于民事判决书和刑事判决书的 8.9% 和 7.5%。

总体而言，统计数据显示台湾地区刑事判决书和民事判决书的引证支持功能最主要体现在引证案卷证据支持案件事实或司法观点，且民事判决书同时也注重引证法律条文支持司法观点或判决结论，而行

政判决书的引证支持功能也主要体现在引证法律条文来源类型,具体引证频次如表 6-4 所示:

表 6-4 台湾法庭判决书实据性引证支持频次统计表

判决书类型	法律条文		规章制度		学术刊物		案卷证据		判例参考	
	引证频次	所占比率	引证频次	所占比率	引证频次	所占比率	引证频次	所占比率	引证频次	所占比率
刑事判决书	135	28.1%	15	3.1%	2	0.4%	293	60.9%	36	7.5%
民事判决书	303	38.0%	117	14.7%	1	0.1%	305	38.3%	71	8.9%
行政判决书	19	57.6%	6	18.2%	0	0	3	9.1%	5	15.2%

五、小结

本书收集整理共计 116 篇 174 万字中国法庭判决书语料,并对其中实施引证支持功能的实据性成分的引证频次进行穷尽性人工标注和字数统计,发现在四地刑事判决书中,21 篇澳门刑事判决书总共使用引证支持功能高达 2311 次,平均每篇使用 110 次,远高于大陆(内地)平均每篇 33.3 次、香港平均每篇 18.6 次和台湾平均每篇 60.1 次;从引证来源类型上,大陆(内地)、香港和台湾刑事判决书主要引用案卷证据,而澳门刑事判决书主要引用法律条文。在四地民事判决书中,6 篇澳门民事判决书总共使用引证支持功能 424 次,平均每篇使用 70.7 次,远高于大陆(内地)平均每篇 12.3 次、香港平均每篇 19.3 次和台湾平均每篇 46.9 次;从引证来源类型上,大陆和台湾民事判决书主要引用案卷证据,香港和澳门民事判决书主要引用法律条文。而在三地行政判决书中(香港地区没有收集到行政判决书),澳门行政判决书平均每篇使用引证支持功能高达 171 次,远高于大陆(内地)平均每篇 15.5 次和台湾平均每篇 33 次;从引证来源类型上,大陆(内地)行政判决书主要引用规章制度,而澳门和台湾行政判决书主要引用法律条文。总体而言,统计数据表明澳门法庭判决书的实据性成分使用引证支持功能远高于其他三地。中国法庭判决书实据性引证支持功能具体使用情况如表 6-5 所示。

表 6-5 中国法庭判决书实据性引证支持频次统计表

判决书类型	大陆(内地)		香港		澳门		台湾	
	引证频次	平均频次	引证频次	平均频次	引证频次	平均频次	引证频次	平均频次
刑事判决书	500	33.3	279	18.6	2311	110	481	60.1
民事判决书	172	12.3	289	19.3	424	70.7	797	46.9
行政判决书	31	15.5	0	0	342	171	33	33
总计	703	22.7	567	18.9	3077	106.1	1311	50.4

第二节 陈实归纳

陈实是说话人对说话人亲身经历的或亲眼所见的相关信息作直白地、毫无保留地陈述,这类信息具有现行性或现实性①。而归纳是推理过程的一种,即由特殊事件做出合乎一般情况的推理,从认知过程看,人能通过感官的直接感受做出进一步的理性判断②。在法庭判决书实据性信息来源中,感官亲历型是说话人通过视觉、听觉、嗅觉等感觉器官得到客观信息,因此具有陈实归纳的实据功能。本书从目的关系角度对所收集的法庭判决书语料进行观察和分析,认为判决书实据性的信息来源与其实据功能存在直接对应的目的关系,其中感官亲历型实据性信息来源具有陈实归纳功能。

一、大陆(内地)法庭判决书

本书收集的语料库中,部分大陆(内地)法庭判决书中直接陈述了人类视觉、听觉等感官亲历型信息,并在此基础上做出合乎情理的案件事实推理,因此具有陈实归纳功能,如例(18)中陈实"高约 1.5 米,身材瘦弱,会讲广州话"等视觉和听觉感官信息可以推理归纳出犯罪嫌

---

① 张成福,余光武.论汉语的传信表达——以插入语研究为例[J].语言科学,2003(3):54.

② 胡壮麟.汉语的言据性和语篇分析[J].湖北大学学报,1995(2):17.

疑人的外貌特征和"保姆"身份的案件事实;例(19)中陈实"诈骗流程"的听觉感官信息可以推理归纳出"陈希就一、二、三线人员的基本情况及诈骗流程等事实的供述与曾海民所述基本一致"的案件事实。

(18)我(被害人李某雄)看到该保姆身高约 1.5 米,身材瘦弱,会讲广州话,比较满意,于是就在家政公司与该保姆签订了协议书,聘请她回家当保姆。当时该保姆提供的身份证资料是陆金华。

(19)2013 年 11 月 14 日下午 1 时许,其(陈希)刚好挂掉一通电话,坐在其右侧的张某甲很着急的跟其说:"小希,赶快帮我讲一下",其就将电话接过来,对方一女子说她不知道王强这个人,不知道有非法洗钱的事,其就跟对方说:"你不认识这个人,那就要做处理,不处理的话就要替人背黑窝。"对方说那要怎么处理,其说:"那我现在马上帮你转接到案发地公安局。"……陈希就一、二、三线人员的基本情况及诈骗流程等事实的供述与曾海民所述基本一致。

本书收集 14 篇民事、15 篇刑事以及 2 篇行政,共计 31 篇 38 万字大陆(内地)法庭判决书为考察语料,对其中实据性成分使用陈实归纳功能频次进行穷尽性人工标注和频次统计,发现大陆(内地)法庭判决书中较少使用实据性的陈实归纳功能,仅出现在 15 篇判决书中,而单篇陈实归纳频次最多为 12 次。实据性的陈实归纳功能使用情况与案件类型有显著关联,其中刑事判决书中共计使用陈实归纳功能 47 次,平均每篇使用 3.1 次,民事判决书中共计使用 9 次,平均每篇使用 0.6 次,而行政判决书中没有使用。总体而言,统计数据显示大陆(内地)刑事判决书最常使用实据性的陈实归纳功能,即通过直接陈述人类感官亲历信息进行案件事实合理性的推理归纳。

二、香港法庭判决书

香港法庭判决书中较多直接陈述人类视觉、听觉、肤觉等感官亲历型信息,并在此基础上做出合乎情理的案件事实或司法观点推理,也具有陈实归纳功能,如例(20)中陈述了"控方第二证人"看到"被袭的男子头破血流"的视觉感官信息,可以推理归纳出被袭击男子身体受到伤害的案件事实;例(21)中直接引用陈述了被告言语的听觉感官信息以及"被告说这些话时是凝望着原告"的视觉感官信息,推理归纳出"当众暗示他失职"等司法观点;例(22)中陈述了"头和胸感到痛楚"的肤觉感官信息,推理归纳出"要留院治疗一个月"的案件事实。

(20)控方第二证人梁福海先生是一位厨师,案发时刚好在雅士利中心地下门外抽烟。他在20呎外看见5、6名男子将一个男人从雅士利中心拖出来,其中3、4个用拳脚施袭,另外两个用玻璃樽打被拖行的男子。被袭的男子头破血流。

(21)被告在会上说:"最近我收到投诉,业主夏女士话,有人啰咗锁匙无交翻比佢,唔该啲懵人记住做完嘢将锁匙交翻比业主,我唔想再听到呢啲投诉,再有我会发警告比佢!"被告说这些话时是凝望着原告,当众暗示他失职,没有应约将钥匙交还物业的业主,而在场众人即望向他。被告的行径影射他,令众人推测是他失职,因而对他的职业操守评价下降,和产生不良印象,并蔑视及疏离他。

(22)PW1(陈伟杰)煞制不及,的士的左前部分乃撞到私家车的左边车身,损毁严重。碰撞后,PW1的头和胸感到痛楚,兼且吐血,最后晕倒,要留院治疗一个月。

本书收集15篇民事、15篇刑事,共计30篇35万字香港法庭判决书为考察语料,对其中实据性成分使用陈实归纳功能频次进行穷尽性人工标注和频次统计,发现香港法庭判决书中较多使用实据性的陈实归纳功能,总共出现在18篇判决书中,而单篇陈实归纳频次最多为25次。其中刑事判决书中共计使用实据性的陈实归纳功能61次,平均每篇使用4.1次,民事判决书中共计使用37次,平均每篇使用2.5次。总体而言,统计数据显示香港刑事和民事判决书都较多使用实据性的陈实归纳功能,即通过直接陈述人类感官亲历信息进行案件事实或司法观点合理性的推理归纳。

三、澳门法庭判决书

本书收集6篇民事、21篇刑事、2篇行政,共计29篇50万字澳门法庭判决书为考察语料,对其中实据性成分使用陈实归纳功能频次进行穷尽性人工标注和频次统计,发现澳门法庭判决书中很少使用实据性的陈实归纳功能,共计 6 篇刑事判决书中使用了 12 次,单篇陈实归纳频次最多为 4 次,平均每篇使用 0.6 次,民事判决书和行政判决书中没有使用。总体而言,统计数据显示澳门三类判决书都很少使用实据性的陈实归纳功能,即通过直接陈述人类感官亲历信息进行案件事实或司法观点合理性的推理归纳,如例(23)中陈述了上诉人"听到"的听觉感官信息以及"察看"的视觉感官信息,推理归纳出"意图以其可采用之法定方法以外之方法,逃避可能引致之民事或刑事责任"的司法观点;例(24)中陈述了"嫌犯 C 看见 E 在某花园某超级市场处下车"并"将 E 的步行路线及衣着特征通知嫌犯 D"等视觉和听觉感官信息,可以推理归纳出嫌犯 C、D 合谋"准备伤害 E"的案件事实。

(23)(上诉人)在汽车内听到一声类似于"啪"或"咔"的声音。于由担心右转的空间不足,故下车察看情况,以便清楚有关的空间情况。……碰撞后,上诉人立即下车察看车辆损毁状况,但其随后并没有报警解决有关交通事故问题,而驾驶其轻型汽车离开了现场。(上诉人)为交通事故肇事者,但意图以其可采用之法定方法以外之方法,逃避可能引致之民事或刑事责任。

(24)凌晨约 4 时 2 分,一辆某酒店的员工巴士驶至某花园对开的圆形地,嫌犯 C 看见后立即致电通知嫌犯 D,其时,E 在某花园某超级市场处下车,嫌犯 C 立即将 E 的步行路线及衣着特征通知嫌犯 D。嫌犯 D 一直从后跟着 E,当 E 步行至某街某花园停车场入口并横过马路时,嫌犯 D 从后急步上前,准备伤害 E。其时,预先在附近埋伏的司警人员上前将嫌犯 D 及嫌犯 C 制伏,其间,嫌犯 D 将一把经改装的尖锥丢到地上。

四、台湾法庭判决书

台湾法庭判决书中较多直接陈述人类视觉、听觉等感官亲历型信息,并在此基础上做出合乎情理的案件事实或司法观点推理,具有陈实归纳功能,如例(25)对话中陈述了"朱张○○"听到原告的通知去"代书那里配合盖章……"等听觉感官信息,法庭据此推理归纳出"原告主张印鉴章遭盗用乙节,应无可采"的司法观点;例(26)中陈述了"证人许敏能"看到"一个木条,上面有一些擦抹血迹",经过专业处理后"就发现有掌纹出现"的视觉感官信息,可以推理归纳出带有掌纹的木条是物证的案件事实。

(25)法官问:"提示土地分割契约书是何人拿给你签的?"

(证人)朱张○○称:"从没有代书拿契约书来给我签,是由朱○○把五人印鉴章收集后拿到代书事务所盖章,盖章前我印象原告朱○○有来向我们说要分割,但我不清楚细节……,朱○○拿印章去代书事务所,是原告来通知我们,原告表示他们二人都已经盖好了,叫我们去代书那里配合盖章……"

依证人朱张○○之证述内容,堪认原告2人显然知悉要办理土地合并、分割事宜,并明悉应至代书事务所盖用印鉴章(亲自或由事务所人员代为用印),且在原告用印完成后,复通知证人朱张○○等5人前往用印,则原告主张印鉴章遭盗用乙节,应无可采,分割契约书之形式上真正,洵堪认定。

(26)证人许敏能于本院证称:"我没有到现场去,我是在办公室协助处理木条还有一些卫生纸、衣物,就是拍照、记录及采取可疑的迹证,我看到一个木条,上面有一些擦抹血迹,我就跟承办人尤启忠泡宁海德林试剂,喷在木条上显现可疑的指、掌纹,当时木条上存在的应该是类似水泥漆而不是类似油漆的漆料,血迹比较淡的话,用宁海德林法可以协助显现,如果漆上的是水泥漆,因为水泥漆有吸水性,也可以用宁海德林法让血迹显现。喷上试剂之后,我还跟他们一起协助处理其他证物,再回头来看这个横条,就发现有掌纹出现,应该就是当天他们回来到晚上处理证物完毕这个期间所显现的,他们处理证物的时间总长我不是很清楚,显现的时间就是我帮忙处理的时间,我印象应该是到凌晨。"

本书收集17篇民事、8篇刑事、1篇行政,共计26篇49.7万字台湾法庭判决书为考察语料,对其中实据性成分使用陈实归纳功能频次进行穷尽性人工标注和频次统计,发现台湾法庭判决书中较多使用实据性的陈实归纳功能,总共出现在 17 篇判决书中,而单篇陈实归纳频次最多为 20 次。其中刑事判决书中共计使用实据性的陈实归纳功能73 次,平均每篇使用 9.1 次,民事判决书中共计使用 35 次,平均每篇使用 2.1 次,而行政判决书中没有使用。总体而言,统计数据显示台湾刑事和民事判决书都较多使用实据性的陈实归纳功能,即通过直接陈述人类感官亲历信息进行案件事实或司法观点合理性的推理归纳。

五、小结

本书收集整理共计 116 篇 174 万字中国法庭判决书语料,对其中实据性成分使用陈实归纳功能频次进行穷尽性人工标注和频次统计,发现在四地刑事判决书中,台湾刑事判决书平均每篇使用陈实归纳功能 9.1 次,明显高于大陆(内地)平均每篇 3.1 次、香港平均每篇 4.1 次和澳门平均每篇 0.6 次。在四地民事判决书中,香港民事判决书平均每篇使用陈实归纳功能 2.5 次,略高于台湾平均每篇 2.1 次和大陆(内地)平均每篇 0.6 次,澳门民事判决书中则没有使用。而在三地行政判决书中(香港地区没有收集到行政判决书)均未使用陈实归纳功能。总体而言,中国法庭判决书都较少使用实据性的陈实归纳功能,主要体现为直接陈述人类感官亲历信息进行案件事实或司法观点合理性的推理归纳,具体使用情况如表 6-6 所示:

表 6-6　中国法庭判决书实据性陈实归纳频次使用情况

判决书类型	大陆(内地)		香港		澳门		台湾	
	使用频次	平均频次	使用频次	平均频次	使用频次	平均频次	使用频次	平均频次
刑事判决书	47	3.1	61	4.1	12	0.6	73	9.1
民事判决书	9	0.6	37	2.5	0	0	35	2.1
行政判决书	0	0	0	0	0	0	0	0
总计	56	1.8	98	3.3	12	0.4	108	4.2

第三节　转述分责

Thompson 将转述定义为"说话人以某种方式标记出话语中出现的另一个声音的言语行为"①，即说话人所提供的信息或用来支持信度的信息来源于引用另一个声音。从转述的主体而言，法庭判决书语篇可分为案件当事人转述和判决书转述两类。罗桂花认为通过言语转述，说话人表示了自己与所引话语之间的距离，从而将自己从对被转述信息命题的责任中分离出来，即具有责任分类功能②。本书从目的关系角度对所收集的法庭判决书语料进行观察和分析，认为判决书实据性的信息来源与其实据功能存在直接对应的目的关系，其中言语传闻型实据性信息来源指说话人所表达信息是通过别人亲口或书面形式告知的，因此具有转述分责的实据功能。

一、大陆(内地)法庭判决书

大陆(内地)法庭判决书中较多使用转述他人言语或传闻等言语行为，以减轻、分离案件当事人或判决书语篇本身对所述信息真实性的法律以及现实责任，因此具有转述分责的实据功能，如例(27)中"证人赵继光"转述传闻"听说两个女的被抢了"，表示不对引语内容负责，分离其所述信息真实性的法律责任；例(28)中当事人"我"转述"蒋某华老婆"，且"蒋某华老婆"的信息来源于转述传闻，逐层减轻分离了其所述信息真实性的法律以及现实责任；例(29)中法庭判决书直接转述了"被告人何琨辩称"的言语信息，明确了对所述信息真实性的法律责任的分离。

(27)证人赵继光的证言，2013 年 9 月 4 日凌晨 1 时 30 分至 2 时之间，其开车在鑫泉足浴养生会所送一个客人和两个小姐到才村码

---

① THOMPSON G.Voice in the Text: Discourse Perspectives on Language Reports [J].Applied Linguistics,1996(17):501-530.

② 罗桂花.法庭互动中的转述言语行为[J].语言教学与研究,2013(5):105-112.

头，返回后听说两个女的被抢了，其拉着鑫泉足浴养生会所的一个男人到才村码头找着那两个女的后报警。

（28）2010 年 5 月 1 日上午 10 时多，蒋某华老婆到商店和我闲聊，蒋某华老婆告诉我，"阿六"老婆 5 月 1 日凌晨 1 时许，从广州打的到白诸镇，还带了一个小孩过来，听说是"阿六"老婆的姐姐的儿子。

（29）被告人何琨辩称其没有打电话勒索钱财，也没有发短信勒索钱财，其只是抱婴儿出去玩迷了路；用假身份证找工作是因为其身份证丢了。

本书收集 14 篇民事、15 篇刑事以及 2 篇行政，共计 31 篇 38 万字大陆（内地）法庭判决书为考察语料，对其中实据性成分使用转述分离功能频次进行穷尽性人工标注和频次统计，发现大陆（内地）法庭判决书中较多使用实据性的转述分离功能，仅有 4 篇判决书中没有使用，而单篇转述分离频次最多为 74 次。实据性的转述分离功能使用情况与案件类型有显著关联，其中刑事判决书中共计使用转述分离功能 335 次，平均每篇使用 22.3 次，民事判决书中共计使用 49 次，平均每篇使用 3.5 次，行政判决书中共计使用 5 次，平均每篇使用 2.5 次。总体而言，统计数据显示大陆（内地）刑事判决书最常使用实据性的转述分离功能，即通过转述他人言语或传闻以减轻、分离对所述信息真实性的法律责任。

二、香港法庭判决书

香港法庭判决书中普遍使用转述他人言语以减轻、分离案件当事人或判决书语篇本身对所述信息真实性的法律以及现实责任，也具有转述分责的实据功能，如例（30）中"她从他俩口中知道"转述"两人谁先离世，另一人便可独占该物业"，表示林女士不对引语内容负责，分离其所述信息真实性的法律责任；又如例（31）法庭判决书直接转述了"原审法官"在其"《裁决理由书》"中的司法观点，明确了对所述信息真实性的法律责任的分离。此外，香港法庭判决书中没有使用传闻转述，即所有转述信息都指明了信息来源。

(30) 林女士也知道原告和被告是夫妇关系,她从他俩口中知道他们拥有该物业,也多次听到原告说笑,说她与被告两人谁先离世,另一人便可独占该物业。

(31) 再下面是原审法官对 DW2 及 DW3 的看法,原文仍然出自《裁决理由书》:"被告人传召了女儿及妻子作供,她们的证供指被告人驾驶私家车在'路口(1)'时没有冲红灯,及在'路口(1)'没有私家车。控方指被告人的女儿及妻子必然偏帮被告人,但法庭不会单单因为她们与被告人的身份关系而不接纳她们的证供。……基于以上原因,法庭不接纳辩方证人的证供……"

本书收集 15 篇民事、15 篇刑事,共计 30 篇 35 万字香港法庭判决书为考察语料,对其中实据性成分使用转述分离功能频次进行穷尽性人工标注和频次统计,发现香港法庭判决书中普遍使用实据性的转述分离功能,单篇转述分离频次最多为 105 次,最少为 2 次。其中刑事判决书中共计使用转述分离功能 223 次,平均每篇使用 14.9 次,民事判决书中共计使用 297 次,平均每篇使用 19.8 次。总体而言,统计数据显示香港民事和刑事判决书都普遍使用实据性的转述分离功能,即通过转述他人言语以减轻、分离对所述信息真实性的法律责任。

三、澳门法庭判决书

澳门法庭判决书中较少转述他人言语且没有转述传闻,所有转述信息都指明了信息来源,如例(32)中的"上述事情"是"D 致电其丈夫 B(第二嫌犯)"转述而来,表示 B 不需要对转述内容负责,分离其所述信息真实性的现实责任;例(33)法庭判决书直接转述了"原审法院"对于其"'迭码'活动"的司法观点,明确了对所述信息真实性的法律责任的分离。

(32) 于 2008 年 10 月 7 日,凌晨约零时许,D 与其四名朋友"F""G""H""I"(四人身份资料及下落不详)前往澳门……第……街"……美食"宵夜。期间,"I"感到热及要求该食店员工开启冷气,但该食店东主 A(上诉人)称天气已转凉,无须开启冷气及节省电源。接着,"I"

便将玻璃杯掷到地上泄愤,并与上诉人 A 发生争执,后双方和解并离开该食店。之后,两名身份不明男子从后赶上,并各拿着玻璃樽向 D 进行袭击,D 见状用手挡隔并引致其手部受伤,该两名男子立即离开现场。于同日(2008 年 10 月 7 日),凌晨约 1 时许,D 致电其丈夫 B(第二嫌犯)告知上述事情。

(33)原审法院认为,"'迭码'活动大致上就是为澳门赌场招揽赌客,单是这一活动不一定就显示进行此活动的人,如本案被上诉人,就属于犯罪集团,特别是黑社会,或与它们有联系。这种活动虽然没有被法规规范,但亦没有被定为刑事罪行或明文禁止,因此除从事该活动外,必须有多一些事实以便能推断出被上诉人属于犯罪集团或与之有联系。即使曾在香港因拥有危险毒品而两次被判处少量罚款,亦不足以危害澳门的公共秩序或安全。"

本书收集 6 篇民事、21 篇刑事、2 篇行政,共计 29 篇 50 万字澳门法庭判决书为考察语料,对其中实据性成分使用转述分离功能频次进行穷尽性人工标注和频次统计,发现澳门法庭判决书中较少使用实据性的转述分离功能,共计出现在 19 篇判决书中,而单篇转述分离频次最多为 22 次。其中刑事判决书中共计使用转述分离功能 110 次,平均每篇使用 5.2 次,民事判决书中共计使用 10 次,平均每篇使用 1.7 次,而行政判决书中没有使用。总体而言,统计数据显示澳门刑事判决书最常使用实据性的转述分离功能,即通过转述他人言语以减轻、分离案件当事人或判决书语篇本身对所述信息真实性的法律以及现实责任。

四、台湾法庭判决书

台湾法庭判决书中较多使用转述他人言语或传闻等言语行为以减轻、分离案件当事人或判决书语篇本身对所述信息真实性的法律以及现实责任,因此具有转述分责的实据功能,如例(34)对话中当事人转述了"张学亮说"的"这种方式",并用"是张学亮叫我这样说的"明确强调不对引语内容负责,分离其所述信息真实性的法律责任;例(35)

中当事人"我们"转述传闻"听说他们去围厂不让我们进入",减轻了其所述信息真实性的法律以及现实责任;例(36)中法庭判决书直接转述了"原审"的判决理由和结果"判决撤销诉愿及原处分,并命上诉人应将系争土地回复登记为被上诉人单独所有",明确了对所述信息真实性的法律责任的分离。

(34)问:刚刚我所言的这句话,这是双方当事人私底下的承诺,外面的报道及别人告诉你绝对没有双方当事人清楚,为何你只听外面的传闻及报纸的说法,竟然可以跟调查局的人员说华夏董事长李镇海及总经理程政杰与你们公司曾有这样的交易?

答:当时我们很乱,华夏公司对我们都不理不睬,当时张学亮说用这种方式来告应该可以要回我们的土地。是张学亮叫我这样说的。

(35)问:华俄公司不让你们经营,你们怀疑是华夏公司要习难你们?

答:我们去经营后外籍劳工更换雇主,我大哥因为这样而违反就业服务法遭法院判刑并缓刑,听说他们去围厂不让我们进入,所以我们才请余金宝再请华夏公司买回去……

(36)原审系以:(一)参加人庚○○等十九人持台中地方法院和解笔录向上诉人申请办理系争五笔土地继承登记,经上诉人层转向"内政部"请示,"内政部"函示该案应以"和解移转"为登记原因办理,……判决撤销诉愿及原处分,并命上诉人应将系争土地回复登记为被上诉人单独所有。

本书收集17篇民事、8篇刑事、1篇行政,共计26篇49.7万字台湾法庭判决书为考察语料,对其中实据性成分使用转述分离功能频次进行穷尽性人工标注和频次统计,发现台湾法庭判决书中较多使用实据性的转述分离功能,仅有4篇判决书中没有使用,而单篇转述分离频次最多为54次。实据性的转述分离功能使用情况与案件类型有显著关联,其中刑事判决书中共计使用转述分离功能112次,平均每篇使用14次,民事判决书中共计使用97次,平均每篇使用5.7次,而行政判决书中没有使用。总体而言,统计数据显示台湾刑事判决书最常使用实据性的转述分离功能,即通过转述他人言语和传闻以减轻、分离对所述信息真实性的法律责任。

五、小结

本书收集整理共计 116 篇 174 万字中国法庭判决书语料,对其中实据性成分使用转述分责功能频次进行穷尽性人工标注和频次统计,发现在四地刑事判决书中,大陆(内地)刑事判决书平均每篇使用转述分责功能 22.3 次,明显高于香港平均每篇 14.9 次、澳门平均每篇 5.2 次和台湾平均每篇 14 次。在四地民事判决书中,香港民事判决书平均每篇使用转述分责功能 19.8 次,远高于大陆(内地)平均每篇 3.5 次、澳门平均每篇 1.7 次和台湾平均每篇 5.7 次。而在三地行政判决书中(香港地区没有收集到行政判决书)仅大陆(内地)平均每篇使用陈实归纳功能 2.5 次,澳门和台湾没有使用。总体而言,统计数据显示出实据性的转述分离功能使用情况与案件类型有显著关联,大陆(内地)、澳门和台湾刑事判决书中更注重转述他人言语或传闻以减轻、分离对所述信息真实性的法律责任,而香港则主要体现在民事判决书中。中国法庭判决书实据性的转述分责功能具体使用情况如表 6-7 所示:

表 6-7　中国法庭判决书实据性转述分责频次使用情况

判决书类型	大陆(内地)		香港		澳门		台湾	
	使用频次	平均频次	使用频次	平均频次	使用频次	平均频次	使用频次	平均频次
刑事判决书	335	22.3	223	14.9	110	5.2	112	14
民事判决书	49	3.5	297	19.8	10	1.7	97	5.7
行政判决书	5	2.5	0	0	0	0	0	0
总计	389	12.5	520	17.3	120	4.1	209	8

第四节　推理总结

法庭判决书实据性的推理功能是从一个或几个已知的事实或假设,推导出一个最符合逻辑和情理的司法结论的思维过程,而总结是对前述的事实和现象提出概括性、总体性的认识和结论①。本书从目的关系角度对所收集的法庭判决书语料进行观察和分析,认为判决书实据性的信息来源与其实据功能存在直接对应的目的关系,即推断假设型实据性信息来源具有推理总结功能。

一、大陆(内地)法庭判决书

大陆(内地)法庭判决书中大量使用因果复句、条件复句进行案件事实和司法观点的推理,并在此基础上总结得出结论,因此具有推理总结的实据功能,如例(37)中"由于"标记以案件事实为原因进行归纳推理总结出"故具有合理性,本院予以支持"的司法结论;例(38)中"如"标记假设前提进行演绎推理总结出"递交上诉状……上诉于浙江省高级人民法院"的司法观点。

(37)由于该140万元文化引导资金是国家文化部门针对涉案创作项目所做的项目补贴,其支持的对象是项目而非企业,且完全是无偿取得,与合同约定"分配给相关各方的奖励"具有相同性质,故朱展主张该140万元文化引导资金应当用于抵扣等额成本,具有合理性,本院予以支持。

(38)如不服本判决,被告程江来、程鑫沥、桐庐鑫宏针织厂、雷海秀可在判决书送达之日起十五日内,原告郭金禄、被告香港鑫宏集团有限公司可在判决书送达之日起三十日内向本院递交上诉状,并按对方当事人的人数提交副本,上诉于浙江省高级人民法院。

本书收集14篇民事、15篇刑事以及2篇行政,共计31篇38万字

---

① 张成福,余光武.论汉语的传信表达——以插入语研究为例[J].语言科学,2003(3):54-55.

大陆(内地)法庭判决书为考察语料,对其中具有推理总结功能的实据性成分的来源类型和使用频次进行穷尽性人工标注和字数统计,发现大陆(内地)法庭判决书中大量使用因果推理,仅有 2 篇判决书中没有使用,单篇因果推理频次最多为 25 次;较少使用条件推理,有 6 篇判决书中没有使用,单篇条件推理频次最多为 6 次。民事判决书中使用因果推理频次占其推理总结总频次的 85.4%,条件推理占 14.6%;刑事判决书中使用因果推理占 83.0%,条件推理占 17.0%;行政判决书中使用因果推理占 77.8%,条件推理占 22.2%,因此大陆(内地)三种类型法庭判决书中因果推理都是实据性的推理总结功能的主要形式,具体推理总结频次如表 6-8 所示:

表 6-8　大陆(内地)法庭判决书实据性推理总结频次统计表

判决书类型	条件推理		因果推理		总计	
	使用频次	所占比率	使用频次	所占比率	使用频次	所占比率
刑事判决书	19	17.0%	93	83.0%	112	100%
民事判决书	18	14.6%	105	85.4%	123	100%
行政判决书	2	22.2%	7	77.8%	9	100%

二、香港法庭判决书

香港法庭判决书中普遍使用因果复句、条件复句进行案件事实和司法观点的推理,并在此基础上总结得出结论,也具有推理总结的实据功能,如例(39)中"故此"标记以案件事实为原因进行归纳推理出"法官裁定以该路段而言,根本不可能有车辆,突然出现在货车的左方,即是在慢线"的案件事实,再总结出"纯属揣测,没有证据支持"的司法观点;例(40)中两次使用"如果"标记假设前提进行演绎推理,第一次总结出"游法官做出这结论根本不合常理"的司法观点,第二次总结出"'曾'给她酬劳的说法可信性便很高"的案件事实。

(39)控方第四证人作供,确认左一线的巴士行车速度,与货车和的士相若,故不存在巴士在慢线突然加速的可能性。至于车辆的相对位置,他指出在案发时他只看到一辆巴士,而巴士的车头,维持在货车的后方。<u>故此</u>法官裁定以该路段而言,根本不可能有车辆,突然出现在货车的左方,即是在慢线。大律师所提及在三角地旁、从轩尼诗道克街路口旁转向庄士敦道的车辆,纯属揣测,没有证据支持。

(40)申请人任职会计经理,每月只是收取微薄薪金港币＄13 000至＄14 000。申请人证供显示她的工作量已经非常繁重,在2007至2009年她在职期间,她负责替涉案的六间公司造假账,共十几盘账目,<u>如果</u>没有额外报酬,她贸贸然怎么可能愿意冒着如此大的风险,替老板绞尽脑汁造假账,游法官做出这结论根本不合常理。申请人于审讯前,在警诫下和在证人台上都毫无保留地承认自己造虚假账目和行使虚假文件而获得酬劳,罪名不比"盗窃"罪轻,但她坚持做出如此对自己不利的招认。<u>如果</u>她真的有造假账,"曾"给她酬劳的说法可信性便很高。

本书收集15篇民事、15篇刑事,共计30篇35万字香港法庭判决书为考察语料,对其中具有推理总结功能的实据性成分的来源类型和使用频次进行穷尽性人工标注和字数统计,发现香港法庭判决书中普遍大量使用因果推理,单篇因果推理频次最多为36次,最少为2次;较少使用条件推理,有6篇判决书中没有使用,单篇条件推理频次最多为8次。民事判决书中使用因果推理频次占其推理总结总频次的86.9％,条件推理占13.1％;刑事判决书中使用因果推理占83.6％,条件推理占16.4％,因此香港刑事和民事法庭判决书中因果推理都是实据性的推理总结功能的主要形式,具体推理总结频次如表6-9所示:

表6-9 香港法庭判决书实据性判决推理总结频次统计表

判决书类型	条件推理		因果推理		总计	
	使用频次	所占比率	使用频次	所占比率	使用频次	所占比率
刑事判决书	36	16.4％	183	83.6％	219	100％
民事判决书	27	13.1％	179	86.9％	206	100％

三、澳门法庭判决书

澳门法庭判决书中普遍使用因果复句、条件复句进行法理解释、案件事实和司法观点的推理,并在此基础上总结得出结论,如例(41)中"因此"标记以法理解释为原因对被告的主张进行归纳推理,再总结出"上诉的所有依据均不成立"的司法观点;例(42)中因果和条件推理的复合使用,先由"如果"标记假设前提进行演绎推理,总结出"'甲甲'组织和上述支派是黑社会"的案件事实,随后又使用"因为"标记以案件事实为原因对前面条件推理得出的结论做进一步的因果推理。

(41)被告称,随着与预约合同目标相似的公证文书的签订,这第一个合同即告消灭。让我们来看一看。履行是义务消灭的一种方式。随着行为的履行,其效力正常终止。随着确定性合同的签订和相关价金的交付,买卖预约合同便完全履行,预约合同的效力亦即消灭。但是,在本案中,预约合同未被履行,这不仅因为确定性合同与约定的不符,而且特别是因为确定性合同被撤销了,被各审法院正确地撤销了。因此,上诉的所有依据均不成立。

(42)如果根据所有被认定的事实而不是仅仅考虑一个显著事实,那么,毫无疑问,为着《有组织犯罪法》(第 6/97/M 号法律)之效力,"甲甲"组织和上述支派是黑社会,因为已经证实,上述"甲甲"组织的支派拥有以被告甲为指挥的等级架构,目的是通过实施不法行为和恐吓他人及公共当局人员取得不法利益或好处。为达到该目的,上诉人和该支派成员一直以协议的途径以该组织全体成员的名义以及为了该组织的利益实施第 6/97/M 号法律第 1 条第 1 款(a)至(c)项及(h)、(j)、(l)、(u)和(v)项所指的犯罪。

本书收集 6 篇民事、21 篇刑事、2 篇行政,共计 29 篇 50 万字澳门法庭判决书为考察语料,对其中具有推理总结功能的实据性成分的来源类型和使用频次进行穷尽性人工标注和字数统计,发现澳门法庭判决书中大量普遍使用因果推理,单篇因果推理频次最多为 276 次,最少为 6 次;较少使用条件推理,有 8 篇判决书中没有使用,单篇条件推理频次最多为 42 次。民事判决书中使用因果推理频次占其推理总结总频次的 68.8%,条件推理占 31.2%;行政判决书中使用因果推理占 79.0%,条件推理占 21.0%;刑事判决书中使用因果推理占 89.9%,条件推理占 10.1%,因此澳门三种类型法庭判决书中因果推理都是实据

性的推理总结功能的主要形式,具体推理总结频次如表 6-10 所示:

表 6-10　澳门法庭判决书实据性推理总结频次统计表

判决书类型	条件推理		因果推理		总计	
	使用频次	所占比率	使用频次	所占比率	使用频次	所占比率
刑事判决书	72	10.1%	643	89.9%	715	100%
民事判决书	64	31.2%	141	68.8%	205	100%
行政判决书	17	21.0%	64	79.0%	81	100%

四、台湾法庭判决书

台湾法庭判决书中普遍使用因果复句、条件复句进行法理解释、案件事实和司法观点的推理,并在此基础上总结得出结论,如例(43)中"因……故"标记以案件事实"侦讯录像光盘"为原因进行归纳推理,总结出"尚不足采"的司法观点;例(44)中因果和条件推理的复合使用,先由"如"标记假设前提进行演绎推理,总结出"为维持公益,均不应承认其判决之效力"的司法观点,随后又使用"因……应"标记以法理解释为原因对前面条件推理得出的结论做进一步的因果推理。

(43)况依本院勘验侦讯录像光盘结果,检察官讯问当时之劝谕态度严谨平和,态度尚佳,并无出言胁迫或恐吓,亦未要求被告应为一定内容之陈述或承认犯罪之自白,更无要求被告不得拒绝供述,或有妨碍被告行使缄默权之事实,自无违反"刑事诉讼法"第 95 条之可言。从而辩护人辩称系因检察官一再质疑,被告受到压力方改变原有真正意思,违反"刑事诉讼法"第 95 条缄默权之规定,故陈述不具任意性云云,尚不足采。

(44)外国法院确定判决之内容是否有悖于公共秩序或善良风俗,应依我国社会之一般观念为区别之标准,如外国法院判决所宣告法律上之效果或其宣告之原因,有悖于我国之公共秩序或善良风俗者,为维持公益,均不应承认其判决之效力,以保护本国人民之权益。而善良风俗则系国民之道德观念,常因社会之进化而变迁,外国法院之判决是否有违我国之公共秩序与善良风俗,自应以该外国法院判决作成时我国国民之道德观念为判断之准则。

本书收集 17 篇民事、8 篇刑事、1 篇行政,共计 26 篇 49.7 万字台湾法庭判决书为考察语料,对其中具有推理总结功能的实据性成分的来源类型和使用频次进行穷尽性人工标注和字数统计,发现台湾法庭判决书中普遍使用因果推理,单篇因果推理频次最多为 20 次,最少为 4 次;而较少使用条件推理,有 2 篇判决书中没有使用,单篇条件推理频次最多为 35 次。行政判决书中使用因果推理频次占其推理总结总频次的 94.4%,条件推理占 5.6%;民事判决书中使用因果推理占 78.0%,条件推理占 22.0%;刑事判决书中使用因果推理占 65.1%,条件推理占 34.9%,因此台湾地区三种类型法庭判决书中因果推理都是实据性的推理总结功能的主要形式,具体推理总结频次如表 6-11 所示:

表 6-11　台湾法庭判决书实据性推理总结频次统计表

判决书类型	条件推理		因果推理		总计	
	使用频次	所占比率	使用频次	所占比率	使用频次	所占比率
刑事判决书	44	34.9%	82	65.1%	126	100%
民事判决书	38	22.0%	135	78.0%	173	100%
行政判决书	1	5.6%	17	94.4%	18	100%

五、小结

本书收集整理 116 篇 174 万字中国法庭判决书语料,对其中实据性成分使用推理总结功能频次进行穷尽性人工标注和频次统计,发现在四地刑事判决书中,澳门刑事判决书平均每篇使用推理总结功能 34 次,远高于大陆(内地)平均每篇 7.5 次、香港平均每篇 14.6 次和台湾平均每篇 15.8 次。在四地民事判决书中,澳门民事判决书平均每篇使用推理总结功能 34.2 次,远高于大陆(内地)平均每篇 8.8 次、香港平均每篇 13.7 次和台湾平均每篇 10.2 次。而在三地行政判决书中(香港地区没有收集到行政判决书),澳门行政判决书平均每篇使用推理总结功能 40.5 次,远高于大陆(内地)平均每篇 4.5 次和台湾平均每篇 18.0 次。

总体而言,统计数据显示中国法庭判决书中实据性的推理总结在各类型判决书中都体现出相同性特征,即推理总结功能的主要形式都为因果推理,通过对法理解释、案件事实和司法观点的推理并在此基础上总结得出结论。中国法庭判决书实据性的推理总结功能具体使用情况如表 6-12 所示:

表 6-12　中国法庭判决书实据性推理总结频次使用情况

判决书类型	大陆(内地)		香港		澳门		台湾	
	使用频次	平均频次	使用频次	平均频次	使用频次	平均频次	使用频次	平均频次
刑事判决书	112	7.5	219	14.6	715	34.0	126	15.8
民事判决书	123	8.8	206	13.7	205	34.2	173	10.2
行政判决书	9	4.5	0	0	81	40.5	18	18.0
总计	244	7.9	425	14.2	1001	34.5	317	12.2

第五节　实据性功能的信度层级

本书认为实据功能的信度高低受到语境、交际目的等多种语用因素的影响和制约,其信度层级排列不可能是唯一的、固定的。如张成福和余光武依据陈述所依靠证据的可靠程度,认为汉语插入语的六种实据功能信度关系等级为:陈实功能＞总结功能＞引证功能＞推测功能＞阐释功能＞转述功能[1]。而罗桂花基于大量实证庭审语料,提出法庭话语中,引证型实据性具有最高信度,感官型次之,推断型再次之,转述型最低,构成以零据素为极性的关于信息信度的连续统[2]。虽

---

① 张成福,余光武.论汉语的传信表达——以插入语研究为例[J].语言科学,2003(3):56.

② 罗桂花.法庭话语中的言据性[J].语言研究,2013(4):92.

然由于语言环境的差异性和交际目的的特殊性,实据功能无法形成统一的,具有普遍适用性的信度层级系统,但是通过对特定语篇的实据性研究,可以推导出适合单一语篇类型的实据功能信度层级。承认信息来源获取方式存在着差异,必然导致与其对应的信息具有信度差异,因此传递实据性意义的信息承载的语言功能也相应地具有信度层级差异。

本书基于法庭判决书实据性信息来源的信度层级排列,认为实据性的引证支持功能由于其文化信念型信息来源的客观性、权威性和稳定性,具有高于直接经验的可靠性和确定性,其信度层级最高。实据性信息来源从"直接经验"到"虚构"形成一个信度连续统①,陈实归纳功能基于"直接经验"的感官亲历型信息来源,而推理总结和转述分责功能基于"间接经验"的推断假设型和言语传闻型信息来源,因此陈实归纳功能的信度层级高于后两者。从逻辑角度而言,命题是建立在可感知的信息来源基础上还是说话者自以为真,这二者是相互独立的,但说话人使用自然语言时通常从自身角度处理信息来源,即说话者一般会认为自己的命题是真值②。因此,法庭判决书中法官对于自己推理得出的结论常常持较高的确信度并需承担相应的法律责任,而当判决书明显表示所提供信息来源于转述他人信息,则表明判决书不对该信息真实性做出承诺,即减轻分离对所述信息真实性的法律和现实责任。因此,相对于法庭判决书实据性转述分责功能,推理总结功能得出判决书对所述信息的较高确信度和承诺。法庭判决书实据功能的信度层级如图 6-1 所示:

引证支持 ⟶ 陈实归纳 ⟶ 推理总结 ⟶ 转述分责

图 6-1 法庭判决书实据功能的信度层级

---

① 胡壮麟.语言的可证性[J].外语教学与研究,1994(1):10.
② 罗桂花.法庭话语中的言据性[J].语言研究,2013(4):94.

第六节　本章小结

实据功能是实据性信息来源和语言形式承载的实际效能,本章展示了中国法庭判决书语篇中实据功能的类型和分布情况。根据对自建语料库中四地判决书语篇的人工标注和数据统计,本书通过实例和统计表分析了不同类型实据功能在四地法庭判决书语篇中的分布情况,包括在不同案件类型判决书中的分布特征、频次、比率等。

四地法庭判决书语篇中的实据功能的分布各有其特点。在刑事判决书中,澳门刑事判决书使用实据性引证支持功能频次最多,达到平均每篇 110 次,远高于大陆(内地)的 33.3 次、香港的 18.6 次和台湾的 60.1 次;台湾刑事判决书中使用陈实归纳功能频次最多,为平均每篇 9.1 次,略高于大陆(内地)的 3.1 次和香港的 4.1 次,而澳门仅为 0.6 次;大陆(内地)刑事判决书使用转述分责功能频次最多,为平均每篇 22.3 次,明显高于香港的 14.9 次和台湾的 14 次,而澳门仅为 5.2 次;澳门刑事判决书中使用推理总结功能频次最多,为平均每篇 34 次,明显高于香港的 14.6 次和台湾的 15.8 次,而大陆(内地)仅为 7.5 次。由此可见,在四地刑事判决书实据功能分布中,大陆(内地)和香港平均每篇共计使用实据功能 66.2 次和 55.2 次,使用最多的都为引证支持和转述分责功能,而澳门和台湾平均每篇共计使用实据功能 149.8 次和 99 次,使用最多的都为引证支持和推理总结功能。在民事判决书中,澳门民事判决书使用实据性引证支持功能频次最多,达到平均每篇 70.7 次,远高于大陆(内地)的 12.3 次、香港的 19.3 次和台湾的 46.9 次;香港民事判决书中使用陈实归纳功能频次最多,为平均每篇 2.5 次,略高于台湾的 2.1 词,而大陆(内地)仅为 0.6 次、澳门没有使用;香港民事判决书使用转述分责功能频次最多,为平均每篇 19.8 次,明显高于大陆(内地)的 3.5 次和台湾的 5.7 次,而澳门仅为 1.7 次;澳门民事判决书中使用推理总结功能频次最多,为平均每篇 34.2 次,远高于大陆（内地）的 8.8 次、香港的 13.7 次和台湾的 10.2 次。由此可见，在四地民事判决书实据性信息来源分布中，大陆（内地）、澳门和台湾平均每篇共计使用实据功能分别为 25.2 次、106.6 次和 64.9 次，使用最多的都为引证支持和推理总结功能，而香港平均每篇共计使用实据功能 55.3 次，使用最多的为引证支持和转述分责功能。在行政判决书中，澳门行政判决书中使用实据性引证支持功能频次最多，达到平均每篇 171 次，远高于大陆（内地）的 15.5 次和台湾的 33 次；三地行政判决书均未使用实据性的陈实归纳功能；仅大陆（内地）行政判决书平均每篇使用转述分责功能 2.5 次，其他两地均未使用；澳门行政判决书中使用推理总结功能频次最多，为平均每篇 40.5 次，远高于大陆（内地）的 4.5 次和台湾的 18.0 次。由此可见，在三地行政判决书实据功能分布中（香港地区没有收集到行政判决书），大陆（内地）、澳门和台湾平均每篇共计使用实据功能分别为 22.5 次、211.5 次和 51 次，使用最多的都为引证支持和推理总结功能。中国法庭判决书实据功能具体使用情况如表 6-13 所示：

表 6-13　中国法庭判决书实据功能平均频次使用情况

类型	地区	大陆（内地）	香港	澳门	台湾
引证支持	刑事判决书	33.3	18.6	110	60.1
	民事判决书	12.3	19.3	70.7	46.9
	行政判决书	15.5	0	171.0	33.0
	总计	22.7	18.9	106.1	50.4
陈实归纳	刑事判决书	3.1	4.1	0.6	9.1
	民事判决书	0.6	2.5	0	2.1
	行政判决书	0	0	0	0
	总计	1.8	3.3	0.4	4.2

类型	地区	大陆(内地)	香港	澳门	台湾
转述分责	刑事判决书	22.3	14.9	5.2	14.0
	民事判决书	3.5	19.8	1.7	5.7
	行政判决书	2.5	0	0	0
	总计	12.5	17.3	4.1	8.0
推理总结	刑事判决书	7.5	14.6	34.0	15.8
	民事判决书	8.8	13.7	34.2	10.2
	行政判决书	4.5	0	40.5	18.0
	总计	7.9	14.2	34.5	12.2

　　本书在对中国法庭判决书中实据功能进行标注统计的基础上，提出了适合法庭判决书的实据功能信度层级模式：(1)引证支持功能由于其文化信念型信息来源的客观性、权威性和稳定性，具有高于直接经验的可靠性和确定性，其信度层级最高。(2)基于"直接经验"的陈实归纳功能次之。(3)再次是基于"间接经验"的推理总结功能，其承担着较高的法律和现实责任，也具有较高的信度支持。(4)最次是同样基于"间接经验"的转述分责功能，表示法庭判决书所提供信息来源于转述他人信息，减轻分离了对所述信息真实性的法律和现实责任，即不对该信息真实性做出承诺，因此，转述分责功能对判决书信度支持最低。

　　本书经过分析认为在中国法庭判决书中，实据功能的分布情况存在着很多相似和差异之处：(1)四地法庭判决书中使用频次最多的实据功能都是引证支持功能，但澳门平均每篇使用引证支持功能频次最多，是台湾的两倍，是大陆(内地)和香港判决书的四倍，可见其对信度支持的实际效能远超其他三地。(2)四地法庭判决书中使用频次最少的实据功能都是陈实归纳功能，但在实据性理论研究中，基于"直接经验"的陈实归纳功能也具有较高的信度支持。(3)大陆(内地)和香港法庭判决书中使用转述分责功能的频次明显高于澳门和台湾,体现出前两地判决书注重降低和分离其对所述信息真实性的法律和现实责任,同时也降低了对判决书实据性的信度支持。(4)如果对四地法庭判决书中使用推理总结功能的频次进行层级划分,澳门法庭判决书明显居于高频区,香港和台湾处于中频区,而大陆(内地)仅在低频区,实际数据差异明显体现出大陆(内地)法庭判决书论证说理的匮乏。

第七章

"目的推进式"法庭判决书实据性分析模式的数据验证

　　本书提出的"目的推进式"实据性分析模式认为,法庭判决书实据性的信息来源分为文化信念型、感官亲历型、言语传闻型和推断假设型四种,其中传递实据性意义的语言形式分为词汇形式、短语形式和复句形式三类,且判决书实据性成分具有引证支持、陈实归纳、转述分责和推理总结四项实据功能。本书运用"目的原则"的目的关系理论对法庭判决书实据性信息来源与语言形式、实据功能和信度支持三者之间的关系进行目的解释,认为实据性信息来源和语言形式之间存在目的整合关系,信息来源和实据功能之间存在目的支持关系,而信息来源和信度支持之间存在目的澄清关系。本书对海峡两岸及香港、澳门共计116篇174万字的真实案件法庭判决书语料中表示信息来源、语言形式和实据功能的语言标记进行穷尽性人工标注和统计分析,并在此基础上对这三类统计数据进行相关分析,以真实数据验证信息来源与语言形式和实据功能之间具有显著相关的目的关系,以及"目的推进式"实据性分析模式的有效性。

第一节　实据性信息来源与语言形式 Spearman 相关分析与理论解释

　　虽然实据性信息来源与语言形式之间没有完全对应的联系,但语言形式是传递信息来源的语言手段,承担了信息来源的显性标记,信息来源为语言形式提供了背景图式信息,提供完整的图式知识即为整合①,即两者间存在目的整合关系。本书对中国法庭判决书的实据性信息来源和语言形式进行穷尽性人工标注和统计,运用 Spearman 对两组统计数据进行相关分析,观察两者之间的数据关系。

一、实据性信息来源的数据统计

本书对 116 篇中国法庭判决书语料中传递实据性意义的四类信息来源成分进行字数统计,再计算各类型信息来源在每篇语料中的使用字数比率,具体统计数据如表 7-1 和表 7-2 所示。

表 7-1　内地和香港法庭判决书实据性信息来源字数比率

（单位:%）

信息来源\语料目录	内地				香港			
	文化信念	感官亲历	言语传闻	假设推断	文化信念	感官亲历	言语传闻	假设推断
语料 1	8.70	11.97	21.25	2.37	2.01	20.70	6.50	25.80
语料 2	15.37	4.47	12.88	13.86	6.41	3.05	14.28	48.89
语料 3	19.21	1.69	6.96	27.75	9.17	0.00	19.22	31.85
语料 4	12.68	3.56	27.27	14.61	3.96	2.06	30.40	28.74
语料 5	20.55	0.00	0.00	2.21	28.96	0.00	11.38	20.56
语料 6	24.66	0.00	9.41	24.29	15.64	1.16	28.32	12.94
语料 7	21.96	0.00	16.69	7.38	16.49	12.78	5.55	5.20
语料 8	40.98	1.83	5.08	6.61	16.34	12.48	11.87	11.41
语料 9	32.04	2.29	1.49	11.05	6.75	8.44	12.52	15.41
语料 10	18.77	0.00	12.76	9.22	18.84	0.12	15.71	14.40

---

① PARISI D,CASTELFRANCHI CA Goal Analysis of Some Pragmatic Aspects of Language[C]//PARRET H,SBISA M,VERSCHUEREN J.Possibilities and Limitations of Pragmatics.Amsterdam:Benjamins,1981:551-567.

（续表　单位:%)

信息来源 语料目录	内地				香港			
	文化信念	感官亲历	言语传闻	假设推断	文化信念	感官亲历	言语传闻	假设推断
语料 11	27.06	0.00	4.87	10.23	8.45	4.74	40.16	16.52
语料 12	41.26	0.00	3.66	11.86	17.98	0.00	4.23	23.38
语料 13	31.22	0.72	8.25	6.34	7.83	0.14	8.12	10.62
语料 14	31.34	0.00	2.34	9.28	3.38	0.00	39.70	15.35
语料 15	16.71	0.00	0.00	6.35	2.83	2.72	12.41	16.48
语料 16	16.28	0.00	6.45	10.36	13.13	2.03	14.14	18.68
语料 17	14.94	0.00	3.12	7.98	7.27	0.00	10.19	22.82
语料 18	32.44	0.00	0.70	17.38	8.78	3.69	24.56	20.02
语料 19	32.94	1.18	12.15	3.99	11.27	0.00	7.34	16.62
语料 20	13.26	4.14	25.92	7.96	6.87	0.47	27.02	16.97
语料 21	13.54	4.77	0.00	16.08	14.48	0.00	11.14	19.05
语料 22	15.73	0.00	1.47	17.81	10.18	2.55	11.26	12.09
语料 23	44.31	0.00	6.21	5.58	6.42	0.00	7.61	21.11
语料 24	16.49	0.12	15.47	7.46	9.07	0.00	11.00	20.81
语料 25	8.19	0.82	11.32	20.66	4.42	12.98	14.32	8.05
语料 26	22.49	0.15	9.92	10.08	5.92	0.00	19.44	14.86
语料 27	9.66	3.80	10.48	29.00	14.19	0.00	1.03	11.20
语料 28	7.49	0.00	10.68	11.50	6.07	0.00	3.50	24.52
语料 29	8.22	2.42	21.20	10.39	14.89	0.27	19.84	21.86
语料 30	27.94	0.00	4.19	13.97	7.47	1.03	2.64	23.87
语料 31	35.00	0.00	0.00	13.08				

表 7-2 澳门和台湾法庭判决书实据性信息来源字数比率

(单位:%)

信息来源 语料目录	澳门				台湾			
	文化信念	感官亲历	言语传闻	假设推断	文化信念	感官亲历	言语传闻	假设推断
语料 1	25.51	0.00	0.49	29.57	19.66	1.09	0.37	16.03
语料 2	25.23	0.00	0.00	50.27	11.56	2.42	0.16	15.36
语料 3	29.24	0.00	2.82	27.42	25.22	7.95	0.40	17.08
语料 4	45.09	0.44	0.08	13.03	15.08	28.40	6.72	3.68
语料 5	32.24	0.00	6.13	16.71	8.26	0.00	13.01	23.37
语料 6	17.97	0.00	0.00	20.96	10.39	0.00	1.41	10.63
语料 7	14.85	0.00	2.76	30.67	23.52	6.46	2.52	24.11
语料 8	20.15	0.00	0.00	32.37	18.99	3.71	4.23	13.36
语料 9	15.61	0.00	0.00	33.96	23.51	21.85	4.59	9.72
语料 10	21.04	0.00	0.00	10.25	35.86	0.00	0.00	13.17
语料 11	15.71	0.07	1.00	20.95	27.59	0.00	4.67	15.07
语料 12	20.89	0.00	0.00	12.90	15.77	5.50	10.40	11.40
语料 13	24.21	0.00	6.95	9.27	15.87	0.00	4.34	10.13
语料 14	17.68	0.70	2.38	31.11	19.08	2.62	0.00	12.79
语料 15	16.17	0.00	0.00	12.69	8.12	5.02	0.00	17.48
语料 16	31.10	0.00	0.49	33.21	16.45	27.04	33.06	10.13
语料 17	61.80	0.00	0.00	15.40	24.80	5.60	2.66	15.86
语料 18	31.07	0.12	1.32	25.40	12.27	5.67	6.31	14.85
语料 19	26.70	1.40	0.64	21.62	22.73	0.00	0.00	14.38
语料 20	18.74	0.00	0.36	32.27	14.06	10.66	9.35	9.81
语料 21	24.26	0.00	3.75	20.87	14.67	0.00	5.70	22.64

（续表　单位：%）

信息来源 语料目录	澳门				台湾			
	文化信念	感官亲历	言语传闻	假设推断	文化信念	感官亲历	言语传闻	假设推断
语料 22	20.23	0.00	0.69	17.97	25.61	0.00	2.63	11.26
语料 23	11.84	4.36	2.00	21.04	26.22	6.96	2.20	12.34
语料 24	28.33	0.00	3.44	29.27	10.18	9.56	7.28	12.00
语料 25	36.52	0.00	0.00	23.94	13.80	24.88	1.63	29.30
语料 26	19.18	0.00	0.00	20.47	17.52	0.00	2.01	6.92
语料 27	19.35	0.00	4.08	22.83				
语料 28	19.24	0.87	5.21	19.98				
语料 29	16.01	0.00	2.43	30.35				

二、实据性语言形式的数据统计

本书对 116 篇中国法庭判决书语料中传递实据性意义的三类语言形式进行字数统计，再计算各类型语言形式在每篇语料中的使用字数比率，具体统计数据如表 7-3 和表 7-4 所示。

表 7-3　内地和香港法庭判决书实据性语言形式字数比率

（单位：%）

语言形式 语料目录	内地				香港			
	词汇形式	短语形式	复句形式	总计	词汇形式	短语形式	复句形式	总计
语料 1	1.61	0.71	0.35	2.67	1.66	0.07	0.48	2.21
语料 2	0.52	1.18	0.26	1.96	2.36	0.42	0.51	3.28
语料 3	0.69	0.28	0.36	1.33	1.24	0.32	0.56	1.84
语料 4	2.03	1.10	1.23	4.36	1.96	0.10	0.64	2.70
语料 5	0.85	0.64	0.21	1.71	1.07	0.23	0.77	2.06
语料 6	1.82	0.86	0.96	3.64	2.24	0.23	0.46	2.93

（续表 单位：%）

语料目录 ＼ 语言形式	内地				香港			
	词汇形式	短语形式	复句形式	总计	词汇形式	短语形式	复句形式	总计
语料 7	0.29	0.58	0.21	1.09	1.24	0.18	0.32	1.91
语料 8	0.72	1.05	0.26	2.04	1.78	0.10	0.54	2.42
语料 9	1.13	0.91	0.49	2.52	2.21	0.08	0.38	2.67
语料 10	1.15	0.56	0.37	2.08	1.10	0.37	0.85	1.21
语料 11	1.13	0.93	0.53	2.59	1.95	0.10	1.31	3.36
语料 12	0.82	1.45	0.46	2.73	1.57	0.22	0.73	2.52
语料 13	0.75	1.62	0.31	2.69	0.49	0.11	0.18	0.77
语料 14	1.61	1.22	1.07	3.90	1.73	0.35	0.47	2.55
语料 15	0.29	1.40	0.73	2.42	1.76	0.28	0.83	2.86
语料 16	1.76	0.53	0.79	3.07	1.05	0.20	0.65	1.90
语料 17	0.36	0.87	0.65	1.89	0.67	0.17	0.70	1.55
语料 18	0.56	1.33	0.91	2.81	1.87	0.03	0.73	2.63
语料 19	1.35	1.39	0.15	2.90	1.25	0.15	0.75	2.16
语料 20	1.56	1.15	0.28	2.98	1.71	0.19	0.41	2.31
语料 21	1.14	1.31	0.67	3.12	1.36	0.26	1.13	2.75
语料 22	0.59	1.06	0.90	2.54	2.71	0.05	0.56	3.32
语料 23	0.76	1.68	0.16	2.60	1.69	0.06	0.26	2.02
语料 24	0.48	1.70	0.26	2.44	1.71	0.14	0.20	2.04
语料 25	1.44	0.60	1.25	3.29	2.00	0.07	0.50	2.57
语料 26	0.65	1.62	0.37	2.65	1.69	0.01	0.96	2.67
语料 27	1.65	0.69	0.60	2.94	1.19	0.14	0.55	1.88

用来衡量相关性的强弱,绝对值越大,相关性越强,反之,绝对值越接近于 0,相关度越弱①。不同变量之间的相关关系有三种情况:正相关、负相关和零相关。正相关表示两个变量的变化方向相同,即当一个变量增加时,另外一个变量随之增加,反之亦然。负相关是指两个变量同时发生变化时方向相反,即当一个变量增加时,另外一个变量却随之减少②。中国法庭判决书实据性信息来源和语言形式的 Spearman 相关分析情况如表 7-5 所示:

表 7-5　实据性信息来源和语言形式的相关关系

语言形式 ＼ 信息来源	文化信念型	感官亲历型	言语传闻型	推断假设型
词汇形式	－.408＊＊ .000	.296＊＊ .001	.461＊＊ .000	.084 .370
短语形式	.548＊＊ .000	－.361＊＊ .000	－.511＊＊ .000	.090 .339
复句形式	.018 .847	－.249＊＊ .007	－.086 .358	.413＊＊ .000

＊＊.在置信度(双测)为 0.01 时,相关性是显著的。

注:N＝116。

统计学中将一般绝对值低于 0.20 以下的相关系数称为最低相关,一般忽略不计;±0.20 至 ±0.40 之间为低相关;±0.40 至 ±0.70 为切实相关,即较显著的相关;±0.70 至 ±0.90 为高相关,即显著的相关;绝对值大于 0.90 则为最高相关③。观察四地语料判决书中实据性信息来源和语言形式的相关系数可知,实据性词汇形式与言语传闻型信息来源的相关系数为 0.461,即达到切实相关,与感官亲历型信息来源的相关系数为 0.296,即为低相关,而与文化信念型和推断假设型信息来源为负相关和不相关,相关系数说明实据性词汇形式主要标记出言

---

① 陈伟.基于语料库的汉英法律施为动词应用研究[D].武汉:华中师范大学,2013:181.

② 秦晓晴.外语教学研究中的定量数据分析[M].武汉:华中科技大学出版社,2003:237.

③ 秦晓晴.外语教学研究中的定量数据分析[M].武汉:华中科技大学出版社,2003:238.

语传闻型和感官亲历型信息来源。而与文化信念型的负相关是在语料语篇总数字一定的基础上，产生了此消彼长的比率关系，因此本书只关注正值的相关系数。短语形式与文化信念型信息来源的相关系数最高为 0.548，即达到切实相关，而与其他三类信息来源为负相关和不相关，相关系数说明实据性短语形式主要标记出文化信念型信息来源。复句形式与推断假设型信息来源的相关系数最高为 0.413，即达到切实相关，而与其他三类信息来源为负相关和不相关，相关系数说明实据性复句形式主要标记出推断假设型信息来源。因此总体而言，相关系数说明实据性信息来源类型与不同语言形式之间具有切实的相关联系。

四、实据性语言形式与目的整合

表 7-5 的统计学相关系数证明法庭判决书中实据性信息来源类型与不同语言形式之间具有切实的相关联系，语言形式是传递信息来源的语言手段，承担了信息来源的显性标记，信息来源为语言形式提供了背景图式信息，提供完整的图式知识即为整合①，两者间存在目的整合关系。其中，词汇形式主要标记出言语传闻型和感官亲历型信息来源，如例（1）中使用名词化的言说动词"陈述"，认识动词"认识""确认"和"知道"以及感官动词"见过"标记出言语传闻型信息来源，而言语传闻型信息来源也为动词类别的预期、选择和提取提供了背景图式知识。又如例（2）中使用感官动词"见到"、言说动词"表示"和"说"标记出视觉和听觉信息来源，同时感官亲历型的信息来源也预设了使用感官动词的必然性。

（1）申请人被捕后和警员录像会面时曾做出过一些<u>陈述</u>，包括：（一）他<u>认识</u>张婉菁，但不认识龙世勋、龙镇濠或豪哥；（二）他不<u>知道</u>龙世勋和龙镇濠的地址；（三）陈荷飞是他的母亲，在屯门居住；（四）他以

---

① 　PARISI D,CASTELFRANCHI C.A Goal Analysis of Some Pragmatic Aspects of Language[C]//PARRET H,SBISA M,VERSCHUEREN J.Possibilities and Limitations of Pragmatics.Amsterdam:Benjamins,1981:551-567.

前职业是收数,但案发时失业;(五)他没有<u>见过</u>龙世勋收到的任何信件;(六)他<u>确认</u>在其住所搜获的名片属于他本人,而他以前所用的电话号码为65568869。

(2)公园那里,He-man <u>见到</u> D3、D7(申请人)、D10、D11、D12 与一名为"阿嫂"的女子。D3 走近 He-man、D4 和 D5,与他们闲谈十三张、三公、德州扑克等赌博游戏。D3 <u>表示</u>自己想找些"生客"。D4 <u>说</u>会协助。这时,D2 和 D9 加入,D3 则再<u>表示</u>希望能找些好赌的"生客"。

表7-5的统计学相关系数证明短语形式主要标记出文化信念型信息来源,如例(3)中使用介词短语"根据"法律条文"《中华人民共和国民法通则》……的有关规定","参照"案件证据"有关统计数据"后提出司法观点,为判决书所述信息建立起强力的信度支持,介词短语"根据……"和"参照……"标记出文化信念型信息来源,而文化信念型信息来源也为短语形式的预期、选择和提取提供了背景图式知识,两者间形成了目的整合关系。

(3)对上述双方争议的关于原告请求的赔偿项目及数额问题,本院<u>根据</u>《中华人民共和国民法通则》及《最高人民法院关于审理人身损害赔偿案件适用法律若干问题的解释》的有关规定,<u>参照</u>福建省2012年度的有关统计数据,予以审查认定如下:……

表7-5的统计学相关系数证明复句形式主要标记出推断假设型信息来源,如例(4)中使用复句结构"因为……故"构成因果逻辑推理,标记出推断假设型信息来源,同时此类信息来源也预设了使用复句结构的必然性,为复句形式提供了背景图式知识。

(4)本院认为,婚姻关系应以夫妻感情为基础。原被告双方经人介绍相识,在认识两个月后办理了结婚登记手续,双方均系再婚。婚后双方<u>因为</u>家庭琐事发生纠纷,原告向法院提起诉讼,被告同意与原告离婚,<u>故</u>对原告的离婚诉请予以支持。

总而言之,法庭判决书的语言形式是以实据性信息来源类型为背景知识构建起来的,判决书中对实据性信息来源的说明直接表明出信息来源的途径和方式,根据不同类型的信息来源,判决书语篇预期、选择和提取了不同的词汇、短语和复句形式。法庭判决书中传递实据性意义的语言形式取决于判决书对其述信息来源的图示和整合,因此两者间具有目的整合关系。

第二节 实据性信息来源与实据性功能 Spearman 相关分析与理论解释

本书认为法庭判决书实据性的信息来源与其实据性功能存在直接对应的目的关系,文化信念型实据性信息来源为判决分析提供法律依据,具有引证支持功能;感官亲历型为证据证言提供基于"直接经验"信息,具有陈实归纳功能;言语传闻型实据性信息来源转述他人信息,减轻分离了判决书本身对所述信息真实性所需承担的法律和现实责任,具有转述分责功能;推断假设型实据性信息来源对判决结论的认定进行推理说明,具有推理总结功能。总之,信息来源是判决书实据功能的信息支持,语言形式是表达实据功能的语言手段,信息来源与实据功能之间具有目的的支持关系。本书对中国法庭判决书的信息来源和实据功能进行穷尽性人工标注和统计,运用 Spearman 对两组统计数据进行相关分析,观察两者之间的数据关系。

一、实据性功能的数据统计

本书对 116 篇中国法庭判决书语料中四类实据功能的使用频次进行统计,再计算各类功能在每篇语料中的使用比率,具体统计数据如表 7-6 和表 7-7 所示。

表 7-6　内地和香港法庭判决书实据性功能使用频次比率

(单位:%)

实据功能 语料目录	内地				香港			
	引证支持	陈实归纳	转述分责	推理总结	引证支持	陈实归纳	转述分责	推理总结
语料 1	22.00	24.00	46.00	8.00	6.90	43.10	18.97	31.03
语料 2	32.05	6.41	47.44	14.10	23.94	8.45	19.72	47.89
语料 3	35.29	2.94	17.65	44.12	37.70	0.00	31.15	31.15

（续表　单位：%）

语料目录＼实据功能	内地				香港			
	引证支持	陈实归纳	转述分责	推理总结	引证支持	陈实归纳	转述分责	推理总结
语料 4	35.00	10.00	40.00	15.00	14.44	3.33	44.44	37.78
语料 5	83.33	0.00	0.00	16.67	56.76	0.00	17.57	25.68
语料 6	26.00	0.00	14.00	60.00	23.26	2.33	62.79	11.63
语料 7	36.96	0.00	39.13	23.91	51.28	25.64	10.26	12.82
语料 8	61.90	9.52	14.29	14.29	41.82	9.09	27.27	21.82
语料 9	56.52	4.35	13.04	26.09	45.31	6.25	34.38	14.06
语料 10	46.15	0.00	48.72	5.13	42.17	1.20	32.53	24.10
语料 11	60.00	0.00	13.33	26.67	8.54	8.54	64.02	18.90
语料 12	50.00	0.00	15.00	35.00	64.08	0.00	6.80	29.13
语料 13	72.94	2.35	18.04	6.67	34.29	2.86	34.29	28.57
语料 14	60.00	0.00	10.00	30.00	23.08	0.00	61.54	15.38
语料 15	80.00	0.00	0.00	20.00	10.00	20.00	30.00	40.00
语料 16	42.86	0.00	28.57	28.57	34.62	3.85	26.92	34.62
语料 17	66.67	0.00	11.11	22.22	23.53	0.00	35.29	41.18
语料 18	74.19	0.00	3.23	22.58	19.23	23.08	23.08	34.62
语料 19	53.85	3.85	34.62	7.69	37.14	0.00	25.71	37.14
语料 20	39.39	16.67	36.36	7.58	19.05	2.38	54.76	23.81
语料 21	48.48	9.09	0.00	42.42	33.33	0.00	30.95	35.71
语料 22	63.16	0.00	5.26	31.58	53.62	8.70	24.64	13.04
语料 23	84.00	0.00	8.00	8.00	46.67	0.00	20.00	33.33
语料 24	50.33	0.66	43.05	5.96	46.34	0.00	26.83	26.83

（续表　单位：%）

实据功能／语料目录	内地				香港			
	引证支持	陈实归纳	转述分责	推理总结	引证支持	陈实归纳	转述分责	推理总结
语料 25	29.17	4.17	33.33	33.33	30.77	23.08	25.64	20.51
语料 26	52.53	1.01	27.27	19.19	32.35	0.00	47.06	20.59
语料 27	41.18	5.88	17.65	35.29	54.55	0.00	9.09	36.36
语料 28	25.00	0.00	50.00	25.00	69.44	0.00	8.33	22.22
语料 29	28.89	6.67	44.44	20.00	39.86	1.40	32.17	26.57
语料 30	60.00	0.00	12.50	27.50	50.00	5.00	10.00	35.00
语料 31	72.73	0.00	0.00	27.27				

表 7-7　澳门和台湾法庭判决书实据功性能使用频次比率

（单位：%）

实据功能／语料目录	澳门				台湾			
	引证支持	陈实归纳	转述分责	推理总结	引证支持	陈实归纳	转述分责	推理总结
语料 1	56.34	0.00	1.41	42.25	66.67	3.70	3.70	25.93
语料 2	57.30	0.00	0.00	42.70	45.57	1.27	2.53	50.63
语料 3	63.11	0.00	4.92	31.97	61.54	15.38	2.56	20.51
语料 4	85.65	0.48	0.48	13.40	65.38	16.35	11.54	6.73
语料 5	69.23	0.00	11.97	18.80	44.12	0.00	14.71	41.18
语料 6	70.83	0.00	0.00	29.17	52.38	0.00	9.52	38.10
语料 7	46.30	0.00	12.96	40.74	62.07	12.07	3.45	22.41
语料 8	52.17	0.00	0.00	47.83	69.33	2.67	13.33	14.67
语料 9	45.45	0.00	0.00	54.55	71.25	8.13	11.88	8.75
语料 10	78.75	0.00	0.00	21.25	89.39	0.00	0.00	10.61

（续表　单位:%）

实据功能 语料目录	澳门				台湾			
	引证支持	陈实归纳	转述分责	推理总结	引证支持	陈实归纳	转述分责	推理总结
语料 11	76.69	0.14	1.50	21.68	75.68	0.00	8.11	16.22
语料 12	79.05	0.00	0.00	20.95	63.97	5.88	18.38	11.76
语料 13	78.53	0.00	7.98	13.50	76.74	0.00	13.95	9.30
语料 14	54.39	1.75	8.77	35.09	68.42	5.26	0.00	26.32
语料 15	81.43	0.00	0.00	18.57	61.11	5.56	0.00	33.33
语料 16	70.00	0.00	0.71	29.29	53.51	17.54	10.53	18.42
语料 17	80.77	0.00	0.00	19.23	65.71	8.57	8.57	17.14
语料 18	62.20	0.96	3.83	33.01	57.81	9.38	17.19	15.63
语料 19	64.29	4.76	2.38	28.57	86.84	0.00	0.00	13.16
语料 20	63.50	0.00	0.73	35.77	62.96	4.17	25.00	7.87
语料 21	66.67	0.00	5.88	27.45	69.37	0.00	13.51	17.12
语料 22	70.00	0.00	2.50	27.50	85.26	0.00	2.56	12.18
语料 23	52.78	11.11	5.56	30.56	81.48	1.85	3.70	12.96
语料 24	67.24	0.00	6.90	25.86	42.86	16.33	14.29	26.53
语料 25	81.27	0.00	0.00	18.73	62.86	5.71	8.57	22.86
语料 26	84.00	0.00	0.00	16.00	80.88	0.00	4.41	14.71
语料 27	71.07	0.00	7.44	21.49				
语料 28	75.66	1.06	10.05	13.23				
语料 29	65.91	0.00	4.55	29.55				

二、Spearman 相关分析

从表 7-8 中实据功能和信息来源的相关系数可知,引证支持功能与文化信念型信息来源的相关系数为 0.657,即达到切实相关,而与其

他三类信息来源为负相关和不相关,相关系数说明引证支持功能与文
化信念型信息来源具有直接对应的相关联系。陈实归纳功能与感官
亲历型信息来源的相关系数高达 0.968,即达到最高相关,与言语传闻
型信息来源的相关系数为 0.359,即为低相关,而与其他两类信息来源
为负相关和不相关,相关系数说明陈实归纳功能与感官亲历型信息来
源具有直接对应的相关联系,也有与言语传闻型信息来源混合使用的
情况。转述分责功能与言语传闻型信息来源的相关系数高达 0.938,
即达到最高相关,与感官亲历型信息来源的相关系数为 0.279,即为低
相关,而与其他两类信息来源为负相关,相关系数说明转述分责功能
与言语传闻型信息来源具有直接对应的相关联系,也有与感官亲历型
信息来源混合使用的情况。推理总结功能与推断假设型信息来源的
相关系数为 0.655,即达到切实相关,而与其他三类信息来源为负相关
和不相关,相关系数说明推理总结功能与推断假设型信息来源具有直
接对应的相关联系。总体而言,相关系数说明实据性信息来源类型与
不同实据功能之间具有切实的相关联系,信息来源为实据功能的提供
了信息支持,实据功能是信息来源和语言形式承载的实际效能。中国
法庭判决书实据功能和信息来源的 Spearman 相关分析情况如表
7-8 所示:

表 7-8　实据功能和信息来源的相关关系

信息来源 实据功能	文化信念型	感官亲历型	言语传闻型	推断假设型
引证支持	.657 * * .000	−.318 * * .001	−.711 * * .000	−.140 .135
陈实归纳	−.334 * * .000	.968 * * .000	.359 * * .000	−.160 .086
转述分责	−.516 * * .000	.279 * * .002	.938 * * .000	−.206 * .027
推理总结	−.227 * .014	−.226 * .015	−.173 .064	.655 * * .000

＊＊.在置信度(双测)为 0.01 时,相关性是显著的。

＊.在置信度(双测)为 0.05 时,相关性是显著的。

注:N=116。

三、实据性功能与目的支持

表 7-8 的统计学相关系数证明法庭判决书中信息来源类型与其实据功能之间具有切实的相关联系,信息来源为实据功能的提供信息支持,实据功能是信息来源承载的实际效能,两者存在直接对应的目的支持关系,其中文化信念型实据性信息来源为司法观点和判决结论提供法律和事实依据,具有引证支持功能,如例(5)中引证文化信念型信息来源的案件证据"外资企业登记情况表、企业法人营业执照,户籍证明等"和法律条文"《中华人民共和国刑法》第三百九十三条、第三十条、第三十一条之规定"支持了信息来源承载的效能目的,即司法观点"应以单位行贿罪追究其刑事责任",以此为判决书所述信息建立起强力的信度支持。

(5)柘荣县人民检察院就指控的犯罪事实提供了被告人李某的供述,证人石某甲、黄某、王某、杨某、吴某甲、叶某某、吴某乙的证言,外资企业登记情况表、企业法人营业执照,户籍证明等证据,认为被告单位福建闽东福星机电有限公司、福建闽东捷成金属制品有限公司、福建宁德市葆谊金属制品有限公司为谋取不正当利益而向国家工作人员行贿,数额达人民币 220 000 元,被告人李某作为该三家公司直接负责的主管人员,其行为均已触犯《中华人民共和国刑法》第三百九十三条、第三十条、第三十一条之规定,应以单位行贿罪追究其刑事责任。

感官亲历型信息来源为证据证言提供基于"直接经验"信息,具有陈实归纳功能,如例(6)中直接陈述了被告人与他人的对话内容,法庭以此进行归纳分析后,支持了信息来源承载的效能目的,即"被告人作为主席是问题字句的发布者,原告人起诉他是正确的"的司法观点,为判决书所述信息建立起较强的信度支持。

(6)被告人曾口头上承认主席需就会议记录负责,而秘书是代表主席的:"阮伟忠:即系话依家潘志雄个委员嘅资格可以凌驾主席,可以凌驾个会嘅决定,佢话点就点系咪。蔡力恒:呀呀阮生系度我就不发表意见嘞,因为其实我地就编印咗果个啫系个会议记录嘅,咁但系如果未盖章嘅话呢我地管理处就唔会。阮伟忠:你知唔知果份会议纪

录系主席出架,但系代行架,知唔知呀.有乜事,我负责架,你知唔知
呀。蔡力恒:但系我地明呀,但系未有会印吸吗?会唔会呢度大家倾
返。阮伟忠:果秘书同埋个委员可以无法无天,无大无细啰喎。"……
综观 A 部的分析,本席毫无疑问地裁定,被告人作为主席是问题字句
的发布者,原告人起诉他是正确的。

言语传闻型信息来源转述他人信息,减轻分离了判决书本身对所
述信息真实性所需承担的法律和现实责任,具有转述分责功能,如例
(7)中转述"原告人的说法",支持了信息来源承载的效能目的,即分离
判决书本身对这个信息点真实性的责任,随后使用文化信念型信息来
源的"文件证据"对转述信息进行批驳,支持"说法二并不可信"的司法
观点。

(7) 原告人的说法是,怡星国际并没有欠被告人任何董事贷款,因
此被告人需提供全数约 3 343 000 港元的股东贷款才可获发 94 817 股。
被告人以支票方式支付了 1 343 000 港元,2 000 000 港元由原告人借
给他。被告人的说法却是撇除怡星无锡尚欠被告人的董事贷款以换
取怡星国际的股票。但文件证据显示,怡星无锡于 2010 年 3 月 12 日
起至 2010 年 5 月 10 日还被告人超过 4 000 000 人民币(见麦大律师
所呈上的修订附表),超逾被告人所称怡星无锡欠他的款项。无论如
何,既然怡星无锡已清还欠款,又何来有"债"来换股? 必然是被告人
另备资金作购买新股之用。故说法二并不可信。

推断假设型信息来源是在前三类信息来源的基础上进行假设或
推理说明后,总结出司法观点或判决结论,因此具有推理总结功能。
如例(8)中使用了因果复句结构"因……故",支持了信息来源承载的
效能目的,即在文化信念型信息来源"门诊收费票据"基础上进行推理
"其来源合法、内容真实,与本案具有关联性,且证据间相互印证",总
结为"该票据予以确认"的司法观点。

(8) 本院经审查认为,原告提供的证据 5 其中一张编号为 1835434,
金额为 300 元的门诊收费票据,因该票据中的费用是因交通事故对原
告陈顺庆进行验血而支出,也是本案处理事故之所需的,故该票据予
以确认,其金额 300 元应予支持,其余证据系为原告实施治疗之所需,

其来源合法、内容真实,与本案具有关联性,且证据间相互印证,能够证明原告陈顺庆因本交通事故受伤到惠安县医院门诊治疗,并支出医疗费用 940.29 元,以及相关治疗诊断情况。

总而言之,法庭判决书的信息来源是其实据功能的信息支持基础,语言形式是表达实据功能的语言手段,实据功能是信息来源和语言形式承载的实际效能,根据不同类型的信息来源,判决书语篇达成和实现了各种实据功能,因此两者之间具有目的支持关系。

四、实据性信息来源与目的澄清

中国法庭判决中信息来源类型具有不同的分布和特点,但都是法庭审判行为基于立法意图的合理目的解释,是公正合理解决社会冲突的司法裁决目的推进下的结果。实据性信息来源不仅传递出判决书对所述信息的评价和态度,更是其实施司法审判裁决行为的依据,通过语言形式和实据功能一起反映出法官在判决书制作过程中对判决结论的目的推进过程。不同类型实据性信息来源对判决书审判结论、司法观点等信息的可信度进行了不同程度的说明和澄清,即两者间存在目的澄清关系。文化信念型信息主要来源于客观的文化真理性经验或事实存在,如法律条文、案件证据等,所以其信度层级最高,如例(9)中使用最高信度层级的文化信念型信息来源,以案件证据说明公诉机关的诉讼观点"被告人……故意违反海关法规,逃避海关监管,与走私罪犯通谋",又使用法律条文"《中华人民共和国刑法》……规定"澄清其诉讼目的为"以走私普通货物、物品罪追究其刑事责任",以此为判决书所述信息建立起强力的信度支持。

(9)公诉机关就上述事实提供了相应的证据,认为被告人黄资仁故意违反海关法规,逃避海关监管,与走私罪犯通谋,为走私提供运输方便,走私香烟入境,偷逃税款人民币 75,487.3 元,其行为触犯了《中华人民共和国刑法》第一百五十三条第一款第一项和第一百五十六条之规定,犯罪事实清楚,证据确实充分,应当以走私普通货物、物品罪追究其刑事责任。

感官亲历型信息主要来源于案件相关证据证人对案件情节的直

接经验,信息本身无须进行推理,具有现行性和现实性,因此对法庭判决书的信度支持也较高。如例(10)中判决书使用较高信度层级的感官信念型信息来源,以证人第一人称视角陈实了其视觉和听觉来源信息"听见我窗子外面的墙角下有女子大叫救命""看到一个女的全身赤裸,蹲在墙角边哭泣",说明法庭观点"被告人……劫取他人财物;违背妇女意志……发生性关系",进而澄清判决结论和司法目的为"其行为已构成抢劫罪、强奸罪,应分别予以处罚",以此为判决书所述信息建立起较强的信度支持。

(10) 2013 年 5 月 19 日 0 时左右,我在家里二楼的卫生间内<u>听见</u>我窗子外面的墙角下有女子大叫"救命",跑到围墙外的空地上,<u>看到</u>一个女的全身赤裸,蹲在墙角边哭泣,那个女的对我说他被一个男子强奸和抢劫,后直接用我的手机替女子拨打了 110 报了警,同时我打给她手电,让她自己在附近找到衣服的经过情况。……本院认为,被告人以非法占有为目的,使用暴力和胁迫手段,多次劫取他人财物;违背妇女意志,使用暴力和胁迫手段,强行与两名妇女发生性关系,其行为已构成抢劫罪、强奸罪,应分别予以处罚。

言语传闻型信息来源作为"二手",甚至"三手"来源信息,属于典型的间接来源信息,因此对于法庭判决书的信度支持要低于前两种信息来源类型。如例(11)判决书转述"原审法官所裁定的"的司法观点,用以说明"本庭"观点为"律师的陈词根本上是完全漠视控方第一及第二证人的口供以及闭路电视录像带的片段",进而澄清判决结论和司法目的为"上诉理由无一成立,拒绝定罪上诉许可",以此为判决书所述信息建立起较强的信度支持。

(11) 本庭认为,李大律师的陈词根本上是完全漠视控方第一及第二证人的口供以及闭路电视录像带的片段。<u>正如原审法官所裁定的</u>,申请人并非一旁观者,他在整个袭击事件中担演领导的角色,陆被他的手下袭击长达 5 至 6 分钟,即使陆失去知觉,袭击仍然继续,过程中申请人一直在场,最后指令袭击者离开。……上诉理由无一成立,本庭因此拒绝定罪上诉许可。

而法庭判决书中的推断假设型信息来源是在案件相关的其他信

息来源基础上,进行推理、说明得到的信息来源,因此,其对判决书的信度支持的程度取决于其所依据的信息来源的信度。如例(12)中判决书前两句都以最高信度层级的文化信念型信息来源为推断依据,如案件证据"曾……被判处有期徒刑"和"违法所得"说明法庭观点"是累犯"和"予以追缴",进而澄清判决结论和司法目的为"应从重处罚",以此为判决书所述信息建立起强力的信度支持。而第三句中没有标注实据性信息来源,也未述明"酌情"的标准,所述信息的信度支持明显被削弱。

(12)杨志安曾因故意犯罪被判处有期徒刑,刑罚执行完毕后五年内再犯应当判处有期徒刑以上刑罚之罪,是累犯,应从重处罚。被告人杨志安的违法所得,应继续予以追缴。被告人杨志安归案后拒不认罪,认罪态度较差,应酌情从严处罚。

总而言之,法庭判决书的实据性信息来源是紧密围绕构建语篇信度的目的而形成的,判决书中对实据性信息来源的说明能直接表明判决书对于信息真实性和确定性的观点和态度,根据不同类型的信息来源,实据性意义获得不同程度的信度支持。法庭判决书实据性信度支持的高低取决于判决书对其述信息来源的说明和澄清,因此两者间具有目的澄清关系。

第三节 本章小结

信息来源是实据性研究的核心问题,表明判决书对于信息真实性和确定性的观点和态度,语言形式是信息来源的显性标记,是表达实据功能的语言手段,而实据功能是信息来源和语言形式承载的实际效能。本章对 116 篇法庭判决书语料中表示信息来源、语言形式和实据功能的实据性成分标记进行穷尽性人工标注和统计,并在此基础上对这三组统计数据进行 Spearman 相关分析,以真实数据验证信息来源与语言形式和实据功能之间具有切实相关联系,并运用多种目的关系结合实例对此相关性进行理论解释。

四地法庭判决书语料中实据性信息来源和语言形式的相关系数

显示:(1)实据性词汇形式与言语传闻型信息来源的相关系数为0.461,达到切实相关,与感官亲历型信息来源的相关系数为0.296,达到低相关;(2)短语形式与文化信念型信息来源的相关系数最高为0.548,达到切实相关;(3)复句形式与推断假设型信息来源的相关系数最高为0.413,达到切实相关。总体而言,相关系数说明实据性信息来源类型与不同语言形式之间具有切实的相关联系。法庭判决书的语言形式是以实据性信息来源类型为背景知识构建起来的,根据不同类型的信息来源,语篇预期、选择和提取了不同的词汇、短语和复句形式,即语言形式取决于信息来源的图示和整合,因此两者间具有目的整合关系。

四地判决书语料中实据功能和信息来源的相关系数显示:(1)引证支持功能与文化信念型信息来源的相关系数为0.657,达到切实相关;(2)陈实归纳功能与感官亲历型信息来源的相关系数高达0.968,达到最高相关,与言语传闻型信息来源的相关系数为0.359,为低相关;(3)转述分责功能与言语传闻型信息来源的相关系数高达0.938,达到最高相关,与感官亲历型信息来源的相关系数为0.279,为低相关;(4)推理总结功能与推断假设型信息来源的相关系数为0.655,达到切实相关。总体而言,相关系数说明实据性信息来源类型与不同实据功能之间具有切实的相关联系,信息来源为实据功能提供了信息支持,实据功能是信息来源和语言形式承载的实际效能,根据不同类型的信息来源,判决书语篇实现了各种实据功能,因此两者之间具有目的支持关系。构建语篇信度是法庭判决书的信息来源、语言形式和实据功能的总目的,对信息来源的说明直接表明判决书对于信息真实性和确定性的观点和态度,根据不同类型的信息来源,实据性意义获得不同程度的信度支持。法庭判决书实据性信度支持的高低取决于判决书对其述信息来源的说明和澄清,因此两者间具有目的澄清关系。总而言之,目的整合、目的支持以及目的澄清关系贯穿于法庭判决书语篇实据性构建之中,呈现出逐步推进态势,即构成了"目的推进式"实据性分析模式。

第八章

结　语

　　本书收集了中国各级法院的一手法庭判决书语料，经过整理与标注，自建 174 万字的中国法庭判决书语料库，力图从真实的语料调查、分析和研究中寻找特点与规律，用材料和事实说话。在自建语料库的基础上，对中国法庭判决书的实据性分布和特征进行系统的描写与分析，探讨其信息来源、语言形式、实据功能以及三者与信度支持的关系，运用"目的原则"的目的关系理论对"目的推进式"实据性分析模式构建进行阐释，并对统计数据进行 Spearman 相关分析和验证。根据研究结果对我国法庭判决书的现状进行反思，为司法裁判文书的改革提供参考和建议。

第一节　发现与结论

一、主要发现

　　第一，法庭判决书实据性的信息来源分为文化信念型、感官亲历型、言语传闻型和推断假设型四种类型。在文化信念型信息来源的分布中，大陆（内地）和台湾法庭判决书引证最多的是案卷证据，香港法庭判决书引证最多的是判例参考，而澳门法庭判决书引证最多的是法律条文。在感官亲历型实据性信息来源的分布中，四地法庭判决书中具体感官来源主要为视觉感官和听觉感官，香港和澳门判决书中还使用了肤觉感官来源以及机体觉感官。感官亲历型信息来源的表现形式在四地法庭判决书中略有不同，大陆（内地）法庭判决书中主要使用

"第一人称/第三人称＋感官动词"或"第一人称＋言说动词"；香港和澳门法庭判决书中主要为"第三人称＋感官动词"；而台湾法庭判决书中主要使用"第一人称＋感官动词/言说动词"。四地法庭判决书中言语传闻型实据性信息来源的言语转述形式略有不同，大陆（内地）法庭判决书中言语转述的形式主要为：(1)信息来源主体＋言说动词＋直接引用；(2)信息来源主体＋言说动词＋间接引用；(3)说话人＋信息来源主体＋言说动词＋直接引用；(4)说话人＋信息来源主体＋言说动词＋间接引用。香港法庭判决书主要呈现为：(1)"对话式"的说话人＋言说动词＋信息来源主体＋直接引用；(2)信息来源主体＋言说动词＋说话人＋直接引用；(3)信息来源主体＋言说动词＋直接引用；(4)信息来源主体＋言说动词＋间接引用。澳门法庭判决书主要呈现为：(1)信息来源主体＋言说动词＋直接引用；(2)信息来源主体＋言说动词＋间接引用；(3)不使用信息来源主体或说话人为第一人称的言语转述。而台湾法庭判决书主要呈现为：(1)"对话式"的说话人＋言说动词＋直接引用；(2)"对话式"的说话人＋信息来源主体＋言说动词＋间接引用；(3)信息来源主体＋言说名词＋直接引用；(4)说话人＋信息来源主体＋介词＋间接引用＋言说名词。在推断假设型实据性信息来源的分布中，四地法庭判决书都较少使用条件推理，强调因果推理，其中以香港和澳门判决书最为注重实据性信息来源的因果推理过程。

第二，法庭判决书实据性的语言形式分为词汇形式、短语形式和复句形式三类。在词汇形式的动词分布中，大陆（内地）法庭判决书中使用频率最高的言说动词分别为"说""称"和"主张"，香港为"说""称"和"问"，澳门为"说""表示"和"答"，台湾为"称""主张"和"认"；四地法庭判决书中使用频率最高的感官动词都为"看"和"听"；四地使用频率最高的认识动词都是"认为"和"知道"；四地使用频率最高的情态动词都是"应该"。在副词分布中，大陆（内地）法庭判决书中使用频率最高的高信度支持副词是"肯定"，香港和澳门为"根本""一定"和"肯定"，台湾为"一定"；大陆（内地）法庭判决书中使用频率最高的中信度支持副词是"可能""大概"和"大约",香港和澳门为"可能"和"大约",而台湾仅使用"可能";大陆(内地)、香港和台湾法庭判决书中使用频率最高的低信度支持副词是"好像",而澳门使用的是"也许"。在传递实据性意义的短语形式分布中,大陆(内地)法庭判决书中使用频率最高的介词短语分别为"以/由……""按照……"和"依据……",香港为"根据……""以……"和"按……",澳门为"根据……""以/用……"和"按……",台湾为"依……""按……"和"有……可稽";大陆(内地)法庭判决书中使用频率最高的动宾短语分别为"证实/证明……事实""认定……事实"和"综上(所述)",香港为"述明……法律""认定……事实"和"援引……案例",澳门为"规定……法律""认定……事实"和"参照……案例",台湾为"认定……事实""参照……案例"和"综上(所陈)"。在传递实据性意义的复句形式分布中,大陆(内地)和台湾法庭判决书中使用频率最高的条件复句为"如(果)……",而香港和澳门为"如(果)……"和"假如……";大陆(内地)法庭判决书中使用频率最高的因果复句为"因(为)……""故……"和"因此……",香港为"因(为)……""因此……"和"所以……",澳门为"因此……""因(为)……"和"由于……",台湾为"因(为)……""故……"和"因此……"。

第三,法庭判决书实据性功能分为引证支持、陈实归纳、转述分责和推理总结四种。四地法庭判决书语篇中的实据功能的分布各有其特点:澳门法庭判决书使用实据性引证支持功能频次最多,达到平均每篇 106.1 次,远高于大陆(内地)的 22.7 次、香港的 18.9 次和台湾的 50.4 次;台湾法庭判决书中使用陈实归纳功能频次最多,为平均每篇 4.2 次,略高于大陆(内地)的 1.8 次和香港的 3.3 次,而澳门仅为 0.4 次;香港法庭判决书使用转述分责功能频次最多,为平均每篇 17.2 次,略高于大陆(内地)的 12.5 次和台湾的 8 次,而澳门仅为 4.1 次;澳门法庭判决书中使用推理总结功能频次最多,为平均每篇 34.5 次,远高于香港的 14.2 次和台湾的 12.2 次,而大陆(内地)仅为 7.9 次。由此可见,在四地法庭判决书实据功能分布中,大陆(内地)和香港平均每篇共计使用实据功能 44.9 次和 53.7 次,使用最多的都为引证支持和转述分责功能,而澳门和台湾平均每篇共计使用实据功能 145.1 次和 74.8次,使用最多的都为引证支持和推理总结功能。

第四,四地法庭判决书语料中实据性信息来源和语言形式的相关系数显示:(1)实据性词汇形式与言语传闻型信息来源的相关系数为 0.461,达到切实相关,与感官亲历型信息来源的相关系数为 0.296,达到低相关;(2)短语形式与文化信念型信息来源的相关系数最高为 0.548,达到切实相关;(3)复句形式与推断假设型信息来源的相关系数最高为 0.413,达到切实相关。总体而言,相关系数说明实据性信息来源类型与不同语言形式之间具有切实的相关联系。

第五,四地判决书语料中实据功能和信息来源的相关系数显示:(1)引证支持功能与文化信念型信息来源的相关系数为 0.657,达到切实相关;(2)陈实归纳功能与感官亲历型信息来源的相关系数高达0.968,达到最高相关,与言语传闻型信息来源的相关系数为 0.359,为低相关;(3)转述分责功能与言语传闻型信息来源的相关系数高达0.938,达到最高相关,与感官亲历型信息来源的相关系数为 0.279,为低相关;(4)推理总结功能与推断假设型信息来源的相关系数为 0.655,达到切实相关。总体而言,相关系数说明实据性信息来源类型与不同实据功能之间具有切实的相关联系。

二、主要结论

第一,中国法庭判决书实据性信息来源的分布情况存在着很多相似和差异之处:(1)同属大陆法系的大陆(内地)、澳门和台湾法庭判决书都大量使用文化信念型实据性信息来源,而属英美法系的香港法庭判决书在这方面则明显低于其他三地。(2)在使用推断假设型实据性信息来源中,四地法庭判决书都较少使用条件推理,强调因果推理,但香港和澳门在判决书的论证说理方面明显强于大陆(内地)和台湾判决书。(3)大陆(内地)、香港和澳门法庭判决书都较少使用感官亲历型信息来源,而台湾判决书略多,但从具体感官类型而言,香港和澳门法庭判决书中感官信息类型更具多样性。(4)大陆(内地)、香港和台湾法庭判决书较多使用了言语传闻型信息来源,而澳门法庭判决书中很少使用,从信度支持的角度而言,此类型信息来源对判决书信度支持的层级最低。

第二,法庭判决书实据性信息来源的信度层级模式不是线性的,在此基础上提出了双层信度支持结构模式:(1)文化信念型信息来源的信度支持高于感官亲历型信息来源,接下来是言语传闻型信息来源,而推断假设型信息来源与前三者不处于同一个信度层面,而是基于三种信息来源进行推理加工后的信息,所以从信度支持上,基于文化信念的推断假设型信息来源高于基于感官亲历的推断假设型信息来源,而基于言语传闻的推断假设型信息来源则排第三位。(2)两个层面之间也存在信度层级的差异,文化信念型信息来源的信度支持高于基于文化信念的推断假设型信息来源,感官亲历型信息来源高于基于感官亲历的推断假设型信息来源,同样言语传闻型信息来源高于基于言语传闻的推断假设型信息来源。

第三,中国法庭判决书实据性语言形式的分布情况存在着很多相似和差异之处:(1)四地法庭判决书使用最多的都是"第三方信息来源主体+动词"结构,但澳门法庭判决书中"第一方信息来源主体+动词"结构明显高于其他三地,从信度支持的角度而言,此类动词结构传递的实据性信度更高。(2)四地法庭判决书使用最多的都是中信度支持副词,但香港和澳门的高信度支持副词比率明显高于大陆(内地)和台湾,从信度支持的角度而言,此类副词传递的实据性信度更高。(3)大陆(内地)、香港和台湾法庭判决书中使用介词短语传递实据性意义的比率明显占主要地位,而澳门法庭判决书则更多使用了动宾短语,两类短语都具有较高的信度层级。(4)四地法庭判决书中使用因果复句传递实据性意义的比率明显占主体地位,从信度支持的角度而言,因果复句明显强于条件复句。

第四,法庭判决书实据性词汇形式的信度层级模式为:(1)第一方信息来源主体+动词结构高于第三方信息来源主体+动词结构,而无明确信息来源主体+动词结构最低,并且在同一层级的信息来源主体

搭配不同类动词也存在着信度差异,言说动词或感官动词对法庭判决
书的信度支持要高于认识动词或情态动词。(2)实据性信度高量值副
词对法庭判决书信度支持最高,中量值副词次之,低量值副词最低。
(3)法庭判决书中介词短语和动宾短语标记的实据性信息来源主要为
文化信念型或基于文化信念的推断假设型,因此也具有较高的信度层
级。(4)无论是基于文化信念、感官亲历或言语传闻的推理,因果复句
的因果关系都要强于条件复句的假设关系,故在同一信息来源层级下
的因果复句对法庭判决书的信度支持要高于条件复句,而其本身对法
庭判决书的信度支持层级取决于其所依据的信息来源类型。

　　第五,中国法庭判决书实据功能的分布情况存在着很多相似和差
异之处:(1)四地法庭判决书中使用频次最多的实据功能都是引证支
持功能,但澳门平均每篇使用引证支持功能频次(106.1次)最多,是台
湾(50.4次)的两倍,是大陆(内地)(22.7次)和香港(18.9次)判决书的
4倍,可见其对信度支持的实际效能远超其他三地。(2)四地法庭判决
书中使用频次最少的实据功能都是陈实归纳功能,但在实据性理论研
究中,基于"直接经验"的陈实归纳功能也具有较高的信度支持。
(3)大陆(内地)(12.5次)和香港(17.3次)法庭判决书中使用转述分责
功能的频次明显高于澳门(4.1次)和台湾(8次),体现出前两地判决
书注重降低和分离其对所述信息真实性的法律和现实责任,同时也降
低了对判决书实据性的信度支持。(4)如果对四地法庭判决书中使用
推理总结功能的频次进行层级划分,澳门法庭判决书(34.5次)明显居
于高频区,香港(14.2次)和台湾(12.2次)处于中频区,而大陆(内地)
(7.9次)仅在低频区,实际数据差异明显体现出大陆(内地)法庭判决
书论证说理的匮乏。

　　第六,法庭判决书的实据功能信度层级模式:(1)引证支持功能由
于其文化信念型信息来源的客观性、权威性和稳定性,具有高于直接
经验的可靠性和确定性,其信度层级最高。(2)基于"直接经验"的陈
实归纳功能次之。(3)再次是基于"间接经验"的推理总结功能,其承
担着较高的法律和现实责任,也具有较高的信度支持。(4)最次是同

样基于"间接经验"的转述分责功能,表示法庭判决书所提供信息来源于转述他人信息,减轻分离了对所述信息真实性的法律和现实责任,即不对该信息真实性做出承诺,因此,转述分责功能对判决书信度支持最低。

第七,法庭判决书的语言形式是以实据性信息来源类型为背景知识构建起来的,根据不同类型的信息来源,语篇预期、选择和提取了不同的词汇、短语和复句形式,即语言形式取决于信息来源的图示和整合,因此两者间具有目的整合关系。信息来源为实据功能提供了信息支持,实据功能是信息来源和语言形式承载的实际效能,根据不同类型的信息来源,判决书语篇实现了各种实据功能,因此两者之间具有目的支持关系。构建语篇信度是法庭判决书的信息来源、语言形式和实据功能的总目的,对信息来源的说明直接表明判决书对于信息真实性和确定性的观点和态度,根据不同类型的信息来源,实据性意义获得不同程度的信度支持。法庭判决书实据性信度支持的高低取决于判决书对其述信息来源的说明和澄清,因此两者间具有目的澄清关系。总而言之,目的整合、目的支持以及目的澄清关系贯穿于法庭判决书语篇实据性构建之中,呈现出逐步地"目的推进式"态势。

第二节 对司法实践的启示

法庭判决书是法院基于对立法意图的合理解释所形成的司法过程所做的判决文书,是法庭判决的书面表现形式,是法院审判活动的最终载体。因此,法庭判决书应该是整个裁判行为的综合再现,是其过程、依据和理由的真实记录,能具体表现出法官审理案件的程序和经过,记录当事人在诉讼中攻击和防卫的行动和态势,体现法官解决社会冲突的逻辑思路。而一篇合格的法庭判决书首先应当具备的是"言之有据、据而有信、信而有征",因此,判决书语篇实据性模式的构建,对判决书撰写司法实践具有重大意义。本书通过分析中国法庭判决书语篇实据性构建的研究结论,认为目前我国法庭判决书撰写实践在以下几个方面可以有所借鉴:

第一,合理平衡分配各类型实据性信息来源,加重高信度信息来源使用比率。在合理分配信息来源方面,澳门法庭判决书撰写的实践经验值得其他三地借鉴学习,其实据性信息来源分布为:文化信念型23.9%、感官亲历型0.17%、言语传闻型1.5%和推断假设型22.22%。而大陆(内地)信息来源分布为:文化信念型22.12%、感官亲历型1.59%、言语传闻型10.12%和推断假设型11.71%,从信度层级的角度,大陆(内地)法庭判决书应降低言语传闻型信息来源,提高推断假设型信息来源;香港信息来源分布为:文化信念型10.84%、感官亲历型2.72%、言语传闻型16.11%和推断假设型19.03%,从信度层级的角度,香港法庭判决书应降低言语传闻型信息来源,提高文化信念型信息来源;台湾判决书信息来源分布为:文化信念型17.84%、感官亲历型9.77%、言语传闻型7.21%和推断假设型12.51%,从信度层级的角度应提高推断假设型信息来源。具体而言,统计数据显示大陆(内地)、香港和台湾法庭判决书应更多的引用法律条文和学术刊物,而香港和澳门判决书还应加重案卷证据的使用比率。

第二,注重语言的逻辑和条理,选择信度层级较高的实据性语言形式。在词汇形式方面,应该合理适当提高"第一方信息来源主体+动词"结构和高信度副词使用比率,降低使用"第三方信息来源主体+动词"和中信度副词结构,极少使用"无明确信息来源主体+动词"结构和低信度副词。注重使用传递实据性意义的短语形式,因为法庭判决书中介词短语和动宾短语标记的实据性信息来源主要为文化信念型或基于文化信念的推断假设型,也具有较高的信度层级。在复句形式方面,多用因果复句、少用条件复句,从信度支持的角度而言,因果复句的因果关系明显要强于条件复句的假设关系。

第三,敢于承诺信息真实性、承担语言责任,善于论证说理、严谨逻辑推理,实现实据功能的"正效益"。在此方面,澳门法庭判决书撰写的实践经验值也得其他三地借鉴学习,其实据功能分布为:引证支持106.1次/篇、陈实归纳0.4次/篇、转述分责4.1次/篇和推理总结34.5次/篇。大陆(内地)实据功能分布为:引证支持22.7次/篇、陈实归纳 1.8 次/篇、转述分责 12.5 次/篇和推理总结 7.9 次/篇,因此大陆(内地)法庭判决书应更关注实现语篇的论证推理,减少对语言责任的剥离。香港实据功能分布为:引证支持 18.9 次/篇、陈实归纳 3.3 次/篇、转述分责 17.3 次/篇和推理总结 14.2 次/篇,因此香港法庭判决书需注重引证文化信念型信息来源,增强对语篇信度的支持,并敢于承担信息真实性的责任。台湾判决书实据功能分布为:引证支持 50.4 次/篇、陈实归纳 4.2 次/篇、转述分责 8 次/篇和推理总结 12.2 次/篇,因此台湾法庭判决书也需加强语篇的论证说理、推理总结过程。

总体而言,法庭判决是法院以中立的立场为解决各种社会冲突所做出的裁决,法院会当众宣读判决书,直接作用于诉求对象,而当事人、社会公众依据法庭判决书对法庭审判是否公正进行判断和评价,因此判决书是否做到"言之有据、据而有信、信而有征"具有重大的社会影响力和法律意义,不仅是向案件当事人、社会公众的送达裁判结果,更有利于公众了解法院审判活动,维护社会公正,促进社会和谐。

第三节　局限不足与未来研究展望

由于时间、能力以及语料等一些客观原因,本书尚存诸多不足之处,突出表现为:

第一,在理论方面,"目的推进式"实据性分析模式还有待进一步地完善。本书以"目的原则"的目的关系理论和 Chafe 的实据性理论框架为基础,结合法庭判决书的语篇特点,提出"目的推进式"实据性分析模式。但是这种理论还处于尝试与起步阶段,对其在其他与语篇类型中的适用性与解释力都有待进一步地验证。且就该理论模式本身而言,还有待进一步地细化与完善,在目的关系与实据性系统中各个方面的对应性上都有待进一步的思考与建构。

第二,在语料方面,语料的数量有待增加,类型有待丰富。尽管在网络信息高速发展的今天,由于中国地域局限、不同的司法政策和部分法庭判决书涉及个人隐私等因素,在一定程度上限制了法庭判决书语料采集的数量与类型。尽管这些并不会削弱本书基于真实语料而得出的结论的信度与效度,但不同案件类型法庭判决书在实据性信息来源选择上会略有不同。

第三,在相关知识与经验方面,判决书实据性研究属于交叉学科研究。法庭判决书内容涉及法学专业领域探讨,并与地方政治历史渊源关系密切,对研究者的知识储备与理论素养提出较高的要求。本书描述性成分较多,理论性解释较少,对法庭判决书实据性的描述和分析的深度、准确性和全面性还有待通过进一步加强。

法庭判决书实据性研究在以下几个方面有待继续开展:

第一,拓展语料的收集范围,增加语料数量,平衡案例类型,以便对更多国家或地区法庭判决书实据性进行研究,如中美、中德法庭判决书实据性研究,少数民族地区和非少数民族地区法庭判决书实据性研究等。

第二,法庭判决书实据性研究更需透过现象看其本质,不局限于对语言现象的简单描写,而应该深入挖掘语言背后的社会、文化、认知、意识形态等方面的运作机制,深入探究判决书实据性信度的构建和影响因素。

第三,法庭判决书实据性研究不仅对于判决书撰写司法实践有一定的启示意义,更可应用于其他类型专业语篇的研究和实践中,增加跨学科之间的研究互动。

附 录 一

大陆（内地）法庭判决书语料样本（标注实据性信息来源）

云南省大理白族自治州中级人民法院

刑 事 判 决 书

(2014)大中刑初字第 14 号

公诉机关云南省大理白族自治州人民检察院。

被告人杨志安，男，1973 年 4 月 29 日生，白族，云南省大理市人，小学文化，农民，住大理市大理镇才村村委会 1 组 5 号。因犯抢劫罪于 2004 年 12 月 15 日被大理市人民法院判处有期徒刑十年，2011 年 10 月 21 日被减刑释放。因本案于 2013 年 7 月 10 日被大理市公安局刑事拘留，同年 8 月 15 日经大理市人民检察院批准逮捕，当日被大理市公安局执行逮捕。现羁押于大理市看守所。

指定辩护人罗润辉，云南展腾律师事务所律师。

指定辩护人赵艳妮，云南展腾律师事务所实习律师。

大理白族自治州人民检察院以州检刑诉字（2014）第 10 号起诉书指控被告人杨志安犯强奸罪、抢劫罪，于 2014 年 1 月 15 日向本院提起公诉。本院受理后，依法组成合议庭，于 2014 年 3 月 4 日在本院不公开开庭审理了本案。大理白族自治州人民检察院指派检察员王坤、崔伟出庭支持公诉，被告人杨志安及其指定辩护人罗润辉、赵艳妮到庭参加诉讼。现已审理终结。

大理白族自治州人民检察院指控：1. 2012 年 9 月 4 日 3 时许，被告人杨志安将张雁萍及被害人梁晓婧骗至大理市大理镇才村码头，以暴力威胁，抢走梁晓婧价值 350 元的诺基亚 C503 型手机 1 部。2. 2013 年 5 月 19 日 0 时许，杨志安将被害人张××骗至大理镇西门水碓村中国移动基站南侧的空地上，以暴力威胁，强行与张××发生

性关系,并抢走张××的现金人民币 1 000 元和价值 1 950 元的
OPPO 牌 705 型手机 1 部。3. 2013 年 6 月 25 日 22 时许,杨志安将被
害人杨××骗至大理镇一塔路口,后胁迫至大理镇南门新村南侧路
边,强行与杨××发生性关系,并抢走杨××现金 300 元和价值 2 850
元的苹果手机 1 部。

针对上述指控,公诉机关当庭提供了物证、书证、现场勘查笔录、
鉴定意见、证人证言、被害人陈述及被告人供述和辩解等证据予以证
实,并认为被告人杨志安的行为构成抢劫罪、强奸罪,应实行数罪并
罚,且属累犯,应从重处罚。提请本院依法判处。

被告人杨志安在侦查、起诉阶段拒不供认犯罪事实。在庭审过程
中供认 2013 年 5 月 19 日 0 时许,抢回支付给被害人张××的人民币
900 元;2013 年 6 月 25 日 22 时许,抢了被害人杨××的人民币 300
元,但未对被害人实施强奸,不构成强奸罪,对抢劫罪请求从轻处罚。
其指定辩护人提出认定被告人杨志安于 2012 年 9 月 4 日 3 时,对被
害人梁晓婧实施抢劫的证据不足,本案证据存在矛盾,请求公正判决。

经审理查德明:(一) 2012 年 9 月 4 日 3 时许,被告人杨志安以提
供上门服务为由,将大理市大理镇鑫泉足浴养生会所的梁晓婧、张雁
萍骗至大理镇才村码头,以掐脖子和语言威胁的方式,抢走梁晓婧价
值 350 元的诺基亚 C503 型手机 1 部。认定上述事实的证据有:

1. 受案登记表、立案决定书和接受证据清单、报案单,证实 2012
年 9 月 4 日 3 时 49 分,梁晓婧向 110 报称,其被人以要求上门服务方
式从店内骗到才村码头后,被掐住脖子并被语言威胁,被抢走 1 个挎
包,内有 1 部价值 1 600 元的诺基亚 C503 型手机。大理市公安局于
2012 年 9 月 17 日立案侦查。(案卷证据)

2. 现场勘查笔录、现场示意图和照片,证实大理古城派出所民警
对梁晓婧被抢的现场进行了勘查。现场位于大理市大理镇才村码头,
中心现场位于旁边一家"唐宋闲居"客栈门前的空地上。(案卷证据)

3. 价格鉴定结论书,证实经大理市价格认证中心对梁晓婧被抢的
诺基亚 C503 型手机进行价格鉴定,鉴定价格为 350 元。(案卷证据)

4. 被害人梁晓婧的陈述和辨认笔录,证实 2012 年 9 月 4 日凌晨 3 时至 3 时 20 分之间,被人以提供上门服务为由骗至才村码头后,被抢了一部白色诺基亚 C503 型手机的经过情况,并辨认出杨志安就是在大理才村码头对其实施抢劫的男子。

5. 证人张雁萍的证言,证实 2012 年 9 月 4 日 2 时 30 分左右,我和梁晓婧被人以提供上门服务为由骗至才村码头后,梁晓婧被抢了一部白色诺基亚 C503 型手机。(言语传闻)

6. 证人赵继光的证言,证实 2013 年 9 月 4 日凌晨 1 时 30 分至 2 时之间,其开车在鑫泉足浴养生会所送一个客人和两个小姐到才村码头,返回后听说两个女的被抢了,其拉着鑫泉足浴养生会所的一个男人到才村码头找着那两个女的后报警的经过情况。(言语传闻)

7. 证人付金政的证言和辨认笔录,证实 2013 年 9 月 4 日凌晨 3 时许,有一个男的来到我在大理玉洱路经营的鑫泉足浴养生会所,带走两名女按摩师,一个叫梁晓婧、一个叫张雁萍。后张雁萍打电话给我说他俩被抢了,让我赶快下去。我就出门打了一辆出租车去找她们。出租车司机说刚才他刚好送我店里的按摩师去才村码头。(言语传闻)我们到才村码头接着梁晓婧和张雁萍回到店里后,我就报警了。梁晓婧被抢一部诺基亚手机、钱包、证件。张雁萍没被抢走东西。付金政辨认出杨志安就是 2012 年 9 月 4 日凌晨来其店里自称是出租车司机,帮客人找小姐的那名男子。

(二)2013 年 5 月 19 日 0 时许,杨志安以高价出台为由,将被害人张××骗至大理镇西门水碓村中国移动基站南侧的空地上,使用暴力和语言威胁的方式,强行与张××发生性关系,并抢走张××价值 1 950 元的白色 OPPO 牌 705 型手机 1 部。认定上述事实的证据有:

1. 受案登记表、立案决定书和接受证据清单、报案单、手机售后服务单,证实 2013 年 5 月 19 日 0 时 25 分,张××向 110 报称,其被人以高价出台方式骗至大理镇西门水碓村中国移动基站南侧的一块空地上,被强奸并被抢走现金 1 000 元和 1 部以 2 498 元购买的白色 OPPO705 型手机。大理市公安局于 2013 年 5 月 28 日立案侦查。手机售后服务单证实,2013 年 4 月 28 日,张××以 2 498 元购买 OPPO705 型手机 1 部。(案卷证据)

2. 现场勘查笔录、现场示意图和照片,证实大理市公安民警对张 ××被强奸、抢劫的现场进行勘查,现场位于大理市大理镇三月街赛 马场以东,三月街以北,214 线公路以西的大理市大理镇西门水碓村, 中心现场位于大理镇西门水碓村中国移动基站南侧空地,空地东面为 大理镇西门水碓村施赵成家,北面为中国移动基站。空地为水泥地 面,在距中国移动基站 170cm,距施赵成家 15cm 的水泥地面上发现有 一个使用过的避孕套(编为 1 号,原物提取),在距中国移动基站 105cm、距施赵成家 80cm 的水泥地面上发现有一个避孕套外壳(编为 2 号,原物提取)。(案卷证据)

3. (大)公(法医)鉴(DNA)字(2013)092 号、131 号法医学 DNA 检验鉴定报告,证实经大理市公安局司法鉴定中心于 2013 年 5 月 29 日对张××被强奸案现场提取的避孕套、避孕套外壳、张××所穿短 裤裆部的可疑斑迹、张××阴道拭子与张××的血样进行 DNA 鉴定, 于 2013 年 7 月 12 日对杨志安的血样进行 DNA 鉴定,张××被强奸 案现场提取的避孕套内检材与杨志安的血样基因分型一致;张××所 穿短裤裆部的可疑斑迹、张××阴道拭子的基因分型与张××的血样 基因分型一致;避孕套外壳检材无阳性扩增产物,无法进行比对。(案 卷证据)

4. 价格鉴定结论书,证实经大理市价格认证中心对张××被抢的 OPPO 牌 705 型手机进行价格鉴定,鉴定价格为 1 950 元。(案卷证据)

5. 被害人张××的陈述和辨认笔录,证实 2013 年 5 月 19 日 0 时 20 分左右,被一个男人以高价出台为名骗至大理古城水碓村中国移动 基站南侧的一块空地上,被其强奸并被抢了一部手机和 1 000 多元钱 的经过情况,并辨认出杨志安就是案发当晚对其实施强奸、抢劫的 男子。

6. 证人李松云的证言和辨认笔录,证实 2013 年 5 月 18 日 23 时 许,帮一个男子找小姐送到大理的经过情况。李松云辨认出杨志安就是 2013 年 5 月 18 日让其帮忙找小姐的男子。

7. 电话号码信息查询记录,证实 2013 年 8 月 23 日,大理古城派出所民警到中国移动大理分公司查询,2013 年 5 月 18 日让李松云帮忙找坐台小姐的男子的手机号码 18314293032 的信息,该号码的所有人为杨志安,身份证号码:53290119704291816。(案卷证据)

8. 证人杨继光的证言,证实 2013 年 5 月 19 日 0 时左右,我在家里二楼的卫生间内听见我窗子外面的墙角下有女子大叫"救命",跑到围墙外的空地上,看到一个女的全身赤裸,蹲在墙角边哭泣,(感官亲历)那个女的对我说他被一个男子强奸和抢劫,后直接用我的手机替女子拨打了 110 报了警,同时我打给她手电,让她自己在附近找到衣服的经过情况。(言语传闻)

(三)2013 年 6 月 25 日 22 时许,杨志安以高价出台为由,将被害人杨××骗至大理镇一塔路口,后带至大理镇南门新村 37 号旁路边,使用暴力和语言威胁的方式,强行与杨××发生性关系,并抢走杨××现金 300 元和价值 2 850 元的白色苹果 16G 手机 1 部。认定上述事实的证据有:

1. 受案登记表、立案决定书和接受证据清单、报案单、购机凭证,证实 2013 年 6 月 25 日 22 时 51 分,杨××向 110 报称,其在下关金鹰酒店被二名男子以到大理出台为由骗至大理镇一塔路口,后胁迫至大理南门新村 37 号旁路边,被其中一名男子强奸,并被抢走现金 300 元和 1 部以 4 999 元购买的苹果 16G 手机。大理市公安局于 2013 年 6 月 27 日立案侦查。购机凭证证实,杨××于 2012 年 11 月 8 日以 4 488 元购买白色苹果 16G 手机 1 部。(案卷证据)

2. 现场勘查笔录、现场示意图、照片,证实大理古城派出所民警对杨××被强奸的现场进行了现场勘查。现场位于大理市大理镇南门村委会新村南侧空地。(案卷证据)

3. 扣押清单、扣押笔录、提取笔录及物证照片,证实 2013 年 6 月 26 日 3 时 50 分,侦查人员将杨××送到大理市第二人民医院进行妇科检查时,向杨××提取到五根杨××进行妇科检查时用于提取其阴

道分泌物的医用棉签。同日 14 时 32 分,侦查人员扣押了案发时杨×
×穿在身上的内裤一条。(案卷证据)

4. (大)公(法医)鉴(DNA)字(2013)121 号、131 号法医学 DNA
检验鉴定报告,证实经大理市公安局司法鉴定中心于 2013 年 7 月 3
日对杨××阴道拭子、案发时杨××所穿内裤、杨××的血样进行
DNA 鉴定,于 2013 年 7 月 12 日对杨志安的血样进行 DNA 鉴定,杨
××阴道拭子、案发时其所穿内裤上的检材与杨志安的血样基因分型
一致。(案卷证据)

5. 价格鉴定结论书,证实经大理市价格认证中心对杨××被抢的
白色苹果 16G 手机进行价格鉴定,鉴定价格为 2 850 元。(案卷证据)

6. 被害人杨××的陈述和辨认笔录,证实 2013 年 6 月 25 日 22
时左右,在金鹰酒店被客人以高价出台为名,骗到大理一塔寺附近被
强奸和被抢走一部手机和人民币 300 多元的经过情况。杨××辨认
出杨志安就是对其实施强奸、抢劫的男子。

7. 证人马毅的证言和辨认笔录,证实 2013 年 6 月 25 日 14 时左
右,有一个客人租车跑丽江,后陪客人在金鹰酒店找了一名小姐送到
大理一塔路口,后无法联系的经过情况。其辨认出杨志安就是租车的
男子。

8. 证人马盛宇的证言和辨认笔录,证实 2013 年 6 月 25 日中午,
一个自称叫杨兵的人来租云 L78W78 银灰色长安之星微型车去丽江,
后安排马毅、马志伟跟着去香格里拉。当晚 21 时 30 分左右,杨兵用
马毅的手机打给我电话说要去帮台湾人找几个小姐,后马毅来电话说
杨兵带着一个小姐在大理一塔附近下车后打电话无法联系,台湾人也
不存在。2013 年 6 月 26 日早上才知道小姐被抢。(言语传闻)其辨认
出杨志安就是到鑫隆租车行租车的男子。

9. 证人吴自琼的证言和辨认笔录,证实 2013 年 6 月 25 日 21 时
30 分,有两个男人开着云 L78W78 银灰色长安之星微型车来到金鹰
酒店六楼美容厅,要找个小姐帮一个来自台湾的老板按摩,杨××就
跟他们走了。6 月 26 日凌晨 4 时 30 分,杨××从大理回到下关,她说

她在大理被人抢了,还被强奸了。(言语传闻)其辨认出杨志安就是案发当天到其经营的金鹰酒店六楼美容厅带她的员工杨××出台的男子。

另有抓获经过,证实大理市公安局古城派出所对 2012 年 9 月至 2013 年 6 月内大理境内发生的多起抢劫、强奸女性案件并案侦查,发现大理镇才村杨志安有重大作案嫌疑,2013 年 7 月 9 日 21 时许,在大理镇银苍路 85 号的麻将馆将杨志安抓获。户口证明、刑事判决书、释放证明书,证实杨志安的身份情况和前科情况。(案卷证据)被告人杨志安供述和辩解称,在 2013 年的 4、5 月,以出台为名,在大理三月街和大理才村抢劫得两名小姐的两部手机,(言语传闻)但其供述前后矛盾,与在案证据证实不符。

上述证据均经庭审举证、质证,证据来源合法,并相互印证,足以认定。

本院认为,被告人杨志安以非法占有为目的,使用暴力和胁迫手段,多次劫取他人财物;违背妇女意志,使用暴力和胁迫手段,强行与两名妇女发生性关系,其行为已构成抢劫罪、强奸罪,应分别予以处罚。公诉机关指控的罪名成立,予以支持。被告人杨志安一人犯数罪,应实行数罪并罚。杨志安曾因故意犯罪被判处有期徒刑,刑罚执行完毕后五年内再犯应当判处有期徒刑以上刑罚之罪,是累犯,应从重处罚。被告人杨志安的违法所得,应继续予以追缴。被告人杨志安归案后拒不认罪,认罪态度较差,应酌情从严处罚。被告人杨志安及其指定辩护人"不构成强奸罪,认定抢劫罪证据不足"的辩护意见,与本案查证事实和在案证据不符,不予采纳。(推断假设)据此,根据被告人杨志安犯罪的事实、犯罪的性质、情节以及对社会的危害程度,依照《中华人民共和国刑法》第二百六十三条、第二百三十六条第一款、第四十七条、第五十二条、第五十三条、第六十四条、第六十五条、第六十九条之规定,(法律条文)判决如下:

一、被告人杨志安犯抢劫罪,判处有期徒刑十二年,并处罚金人民币 10 000 元;犯强奸罪,判处有期徒刑六年;数罪并罚,决定执行有期徒刑十六年,并处罚金人民币 10 000 元,罚金限判决生效后一个月内缴纳。

（刑期从判决执行之日起计算。判决执行以前先行羁押的，羁押一日折抵刑期一日，即自 2013 年 7 月 10 日起至 2029 年 7 月 9 日止。）

二、违法所得，继续予以追缴。

如不服本判决，可在接到判决书的第二日起十日内，通过本院或者直接向云南省高级人民法院提出上诉。（推断假设）书面上诉的，应当提交上诉状正本一份，副本二份。

附 录 二

香港法庭判决书语料样本(标注实据性信息来源)

HCA1993/2012

香港特别行政

高等法院

原讼法庭

民事诉讼 2012 年第 1993 号

———————

原告人	周港峯
对	
被告人	汇丰控股有限公司

———————

主审法官:	高等法院原讼法庭暂委法官朱佩莹
聆讯日期:	2013 年 2 月 20 日
判决日期:	2013 年 3 月 1 日

———————

判 案 书

———————

引言

1. 被告人("汇丰控股")提出申请,要求法庭根据香港法例《高等法院规则》第 18 号命令第 19 条规则及/或法庭的固有司法管辖权(法律条文),命令剔除原告人的申索陈述书和撤销其诉讼,并要求法庭根据其固有司法管辖权,发出限制展开法律程序令("限制程序令")。

2. 汇丰控股的申请本安排在 2013 年 1 月 18 日聆讯但当天原告人(周先生)申请押后因他须提出更多证据,本席后批准了他的申请。

背景

3. 周先生自 2004 年起开始对汇丰控股及它的附属公司,即香港上海汇丰银行有限公司("汇丰银行")作出投诉。历年至今周先生不时写信给汇丰控股及/或汇丰银行,投诉对方"黑箱作业"和没有承担或履行"谨慎责任"及"转承责任"及没有采取有效措施,引致他所指称的个人资料包括住址数据外泄事件发生。

4. 据本席了解,周先生约于 1989 年在汇丰银行庄士敦道分行认识一位姓陈的女职员("陈女士")。后来据周先生所指,陈女士告知他她将结婚故再没有来往,但当年某天,周先生指他曾在近湾仔地铁站遇上陈女士而当晚他接到两次陌生男子电话指周先生骚扰其女友陈女士及要求赔偿("陈女士事件")。(言语传闻)后在约 2004 年 4 月周先生指在汇丰银行北角分行再遇上陈女士后,该年 7 月及 8 月的月结单信封明显与之前的月份不同,因此他认为他在汇丰银行的账户出现问题,并怀疑陈女士曾查阅他的账户资料。周先生后指他已蓄意更改他在汇丰银行的个人资料包括电话号码但他思疑他的住址数据约于 2007/2008 年外泄又指他的账户曾被汇丰银行诬蔑为用作"洗黑钱"。(言语传闻)

5. 周先生就本诉讼提交的申索陈述书乃基于他上述投诉及他所指汇丰控股的疏忽和没有履行"谨慎责任"及"转承责任"。他在申索书中指称,尽管他于 2007 至 2012 年期间多次向汇丰银行及/或汇丰控股及/或其行政总裁要求他们履行"谨慎责任"和"转承责任",汇丰控股都没有理会而导致事件还是在发展中。周先生又指,由于汇丰控股没有履行其谨慎责任,也没有采取行动,导致他蒙受损失和损害,包括出售物业差价、租金和心理伤害等。(言语传闻)因此,周先生要求汇丰控股应承担及履行"谨慎责任"及"转承责任",作出合理的响应,及赔偿港币三百万元。

6. 在本诉讼之前,周先生已曾两度入禀区域法院,分别向汇丰银行("第一宗诉讼")即 DCCJ 3235/2010 及汇丰控股("第二宗诉讼")即 DCCJ 1929/2011 兴讼,而上述周先生的指称,已在当时两宗诉讼中列出。代表汇丰控股的冯律师在他 2012 年 12 月 24 日的誓章中呈交该两宗诉讼的申索陈述书的副本以支持本申请。

7. 于 2010 年 12 月 7 日,区域法院暂委法官葛倩儿剔除第一宗诉讼的申索陈述书和撤销有关诉讼。

8. 于 2011 年 8 月 9 日,区域法院法官黄庆春同样地剔除第二宗诉讼的申索书和撤销有关诉讼。黄法官在判决书中指出,周先生于剔除申请的聆讯中曾承认,第二宗诉讼的申索跟第一宗诉讼相同。黄法官因此将第二宗诉讼的申索剔除,并裁定周先生就第一宗诉讼的事项再次展开第二宗诉讼为滥用司法程序。(言语传闻)

剔除申请

9. 汇丰控股是次的申请见根据《高等法院规则》第 18 号命令第 19 条规则所列的四项理由(法律条文)剔除周先生的申索陈述书。

10. 其实在汇丰控股提出本申请之前,周先生曾于 2012 年 11 月 24 日自行致函高等法院司法常务官,表示自己已对汇丰控股作出刑事举报,故此请求法庭剔除他在本诉讼中的申索陈述书"以免滥用司法程序及妨碍刑事侦讯的进行"。(言语传闻)司法常务官曾覆函告知周先生他是应该提出正式的申请。

11. 周先生也曾于 2012 年 11 月 26 日致函汇丰控股的律师,告知他们自己已向法庭申请剔除本诉讼。汇丰控股的律师于 2012 年 12 月 18 日回复表示对周先生该申请没有异议,但会要求周先生支付讼费。

12. 尽管周先生曾致函司法常务官和汇丰控股的律师,最终他却没有作出正式申请。

13. 周先生在本诉讼中提交的申索陈述书只有两段。他声称本诉讼跟之前在区域法院的两宗诉讼不同。(言语传闻)在本诉讼的申索陈述书中周先生列出了他所指称的损失和损害的赔偿数额现为港币三百万元,而本诉讼现改为于高等法院展开,但除此以外,本诉讼跟之前两宗区域法院的诉讼是明显地建基于相同的指称。

14. 周先生在最近存档的一份 2013 年 1 月 24 日的誓章中指他现

时的诉讼是根据香港法例第 284 章《失实陈述条例》第 3(1)条及香港法例第 210 章《盗窃条例》第 18 条(法律条文)而作出的。他在该誓章中所指控的事项是没有列在他的申索陈述书内。不论如何,如冯律师所指,周先生新的申索是必定失败的。(言语传闻)

15. 第 284 章《失实陈述条例》第 3(1)条列出如下:

"凡任何人在立约的另一方向他作出失实陈述后订立合约,结果因此蒙受损失,又若该失实陈述是欺诈地作出,会引致作出失实陈述的人要承担损害赔偿的法律责任,则即使该失实陈述并非欺诈地作出,该人亦须承担该损害赔偿的法律责任,但如他证明他有合理理由相信,而且至立约时他仍相信所陈述的事为真实,则属例外。"(法律条文)

16. 以上的条例列明该条例适用的情况为一方的失实陈述之后和另一方订立合约而另一方因此受到损失。在本诉讼中,周先生并没有在他任何宣誓书中指出在他所称的失实陈述后他曾和汇丰控股订立任何合约。并且周先生并没有在他的宣誓书中列出任何他称所谓"失实陈述"的详情。周先生只是指汇丰控股曾泄露他的私人数据及他收到可疑的电话。他在聆讯中指在 2007 年住址外泄及 2008 年被人诬告"洗黑钱"及指汇丰控股已承认"洗黑钱"。本席在阅读汇丰控股/汇丰银行向周先生的回信及有关的宣誓书后,认为周先生所谓汇丰控股/汇丰银行曾经承认"洗黑钱"的事件是周先生自己断章取义。汇丰控股/汇丰银行并没有承认有该事件发生过。不论如何,周先生这些指控并不构成"失实陈述",并且这些指控在第一宗诉讼及第二宗诉讼已被剔除。(推断假设)

17. 周先生又称"在刑事方面疑有人违反《盗窃条例》第 18 条以欺骗手段而不诚实地为自己或另一人而取得金钱利益"。(言语传闻)他没有在宣誓书中指出该人是谁。至于周先生所指"有人干犯严重的职业失德"而引致破坏公众利益,他也是没有在宣誓书中指出该人是谁。在聆讯中他却指是汇丰控股的代表律师行"违反诚信"及"职业失德"。这些指控毫无证明或理据。(推断假设)

18. 从上述看来，本诉讼何以跟第一宗诉讼及第二宗诉讼不同实在不得而知。事实上，周先生于本诉讼的申索陈述书中自己也引述了之前两宗区域法院诉讼的誓章所列出的详情。他所指的所谓"新"依据的两条法律条例根本不适用。本席同意冯律师所指，周先生这些"新"的法律依据只是遮掩他事实上在重申以往的申索。（言语传闻）

19. 正如冯律师所指，周先生没有在本诉讼的申索陈述书中述明汇丰控股何以被指没有履行"谨慎责任"或"转承责任"或没有采取行动，而就周先生对"陈女士事件"所作出的指称，以至该事件或汇丰控股的"转承责任"被指对他造成的损失和损害，周先生一概没有在申索陈述书中提供任何数据。（言语传闻）

20. 周先生在2013年1月24日的誓章中呈交了一份土地注册处就一项物业的登记数据，但周先生从不是该物业的登记业主。他在聆讯中指登记业主"Anna Cheung"是他的妻子。他也提供了数份租约，虽然租约是周先生现时在本诉讼中提供的地址但周先生不是租客，而租客是"张安娜"。本席曾将聆讯押后一个月以便周先生可呈交更多数据但他并没有呈交他和Anna Cheung或张安娜关系的证明。他在聆讯中指物业首期为他付款，而每月按揭及售楼后的租金是由他付钱给妻子支付，因此他在物业中是有权益。即使他所述全部为真实，因业主名字不是周先生本人，任何有关售楼损失的申索，如有的话，是应由业主提出。（推断假设）

21. 周先生在他的誓章内曾重复提及泄露个人资料和账户被诬蔑用作洗黑钱的指控，却没有提供支持该指控的证据或数据。

22. 周先生对"陈女士事件"所作出的指称、该事件被指对他造成的损失和损害，以及何以汇丰控股被指须负上"转承责任"，周先生也是一概没有在申索陈述书中阐明事实。本席接纳冯律师所指，汇丰控股没可能在周先生未能在陈述书中说明这些事实的情况下了解他的案情和就此作出答辩，这会对诉讼的公平审讯造成损害、妨碍或延误。正如冯律师所指，申索陈述书不足欠妥之处甚为严重，即使命令周先生提供更详尽清楚的数据都不能弥补。（言语传闻）

23. 无论如何,本席认为周先生在本诉讼中所列的事项及申索显然是就第一和第二宗诉讼中所列的事项再次展开诉讼,而该两宗诉讼已被剔除。本席因此认为周先生现是滥用司法程序。(推断假设)

24. 在综合了上述和经考虑本庭席前的所有证据后,本席裁决周先生的申索陈述书并无披露合理的诉讼因由,属于无理缠扰,及会对有关诉讼的公平审讯造成损害、妨碍或延迟,并且是滥用法庭的法律程序。本席因此命令剔除周先生于 2012 年 10 月 25 日在本诉讼中提交的申索陈述书和撤销本诉讼。

限制程序令

25. 冯律师要求法庭参考香港终审法院吴逸之对上润有限公司及另一人(2005)8 HKCFAR 1 的案件,及特别是其中第 48 段。(判例参考)根据该案本法庭是有固有的司法管辖权发出"限制程序令"及本席认为周先生有如该案中第 48 段所描述的一些诉讼人。(推断假设)

26. 本诉讼已是在过去差不多两年半中,周先生第三次基于同类指控提起法律程序,以图向汇丰银行或汇丰控股索偿并且前两次的诉讼均被剔除。本席确信在这种情况下,按汇丰控股的要求作出限制程序命令是恰当的。因此,本席按照汇丰控股的传票中第 3 段至第 10 段的内容作出有关的命令及指定法官为本席。(推断假设)

按弥偿基准计算的讼费

27. 在上述,本席已曾提及,汇丰控股的代表律师行曾于 2012 年 12 月 18 日致函周先生,通知他据法庭档案所显示,他仍没有作出剔除诉讼的申请。律师行建议周先生倘若有意作出有关申请,可征询法律意见,又提醒他因本诉讼尚未剔除,汇丰控股将继续抗辩,包括申请将本诉讼剔除及请求法庭作出有关命令,并要求周先生支付讼费。

28. 冯律师现申请获得按弥偿基准计算的讼费。根据 2013 年《香港民事程序》第一册第 62/APP/12 段,凡法律程序属恶意中伤、无理缠绕、恶意地提出或进行、别有用心,或以压迫手段进行,则法庭可命令按弥偿基准评定胜诉一方的讼费。(法律条文)当然法庭可能作出弥偿讼费的情况并不仅限于上列情况。

附 录 三

澳门法庭判决书语料样本（标注实据性信息来源）

编号：第 489/2014 号（刑事上诉案）

上诉人：A（A）

日期：2014 年 7 月 31 日

主要法律问题：

—量刑过重

—缓刑

—羁押措施的上诉

摘要

1. 上诉人所触犯的一项第 6/2004 号法律第 21 条所规定及处罚的非法再入境罪（法律条文），可被判处一个月至一年之刑罚，上诉人被判处六个月徒刑，量刑符合犯罪的一般及特别预防要求，并不存在过重的情况。

2. 考虑到澳门社会的现实情况，同时也考虑立法者以刑罚处罚非法入境行为所要保护的法益及由此而产生的预防和打击同类罪行的迫切要求，需要重建人们对被违反的法律规定及正常的法律秩序的信任和尊重。故此，对已具触犯非法再入境罪前科的行为人再次给予缓刑的机会将不能达到对该类罪行一般预防的要求，亦未能遏止其他人犯罪。（推断假设）

3. 由于上诉人对有罪判决的上诉理由并不成立，须服被原审判处的实际徒刑，因此，有关羁押的强制措施亦因此而消灭（《刑事诉讼法典》第 198 条第 1 款 d 项）。故此，无须审理有关上诉。（推断假设）

裁判书制作人

谭晓华　　合议庭裁判书

一、案情叙述

于 2014 年 6 月 5 日，上诉人 A 在初级法院刑事法庭第 CR3-14-0112-PSM 号卷宗（案卷证据）内被裁定触犯一项第 6/2004 号法律第 21 条所规定及处罚的非法再入境罪（法律条文），被判处六个月实际徒刑。同日，原审法官作出批示，根据《刑事诉讼法典》第 186 条第 1 款 b 项、第 188 条 a 项之规定，决定对上诉人 A 采取羁押之强制措施。（推断假设）

上诉人不服，向本院提起上诉，并提出了以下的上诉理由（结论部分）：

1. 在本案中，初级法院经审理及听证后，判处上诉人一项"非法再入境罪"罪名成立及判处六个月实际徒刑，实时执行。

2. 在上诉人对上述判刑提起上诉后，被上诉法院决定在上诉期间对上诉人采取羁押的强制措施。

3. 同样，上诉人亦不服上述强制措施的适用及对之提起上诉。

4. 首先，关于羁押的强制措施方面，被上诉法院认为，考虑到上诉人现时所面对的刑罚的威吓，如不作出羁押，上诉人极有可能逃跑，因此，根据刑事诉讼法第 186 条第 1 款 b 项，以及第 188 条 a 项的规定，对上诉人作出羁押。（推断假设）

5. 然而，上诉人认为，在审判听证中被证实的事实中，根本没有任何一点足以让被上诉法院可以合理地怀疑上诉人具有逃跑的可能。（言语传闻）

6. 被上诉法院认为上诉人存在逃走的可能纯粹属于一个猜测，但实际上并没有任何实质的迹象作支持。

7. 再者，羁押措施并非防止被审判之人逃跑的唯一选择，被上诉法院完全可以透过要求上诉人支付相对大数额的担保去达到同一目的。

8. 然而，被上诉法院并没有对之作出考虑。

9. 基于此，被上诉法院对上诉人采取羁押措施的处理方式明显违反适度原则。

10. 而关于被上诉法院就上诉人所触犯的"非法再入境罪"的判决,上诉人认为判刑过重。

11. 根据卷宗第29页背页第7段所显示,上诉人在庭审中已自愿承认控诉书所载之犯罪事实。(案卷证据)

12. 上诉人承认,由于在2014年2月1日已因"非法再入境罪"而被判七个月徒刑及缓刑五年,而是次"非法再入境罪"在不足半年的期间内再次触犯同类型的犯罪,情节的确较诸于第一次为严重。(推断假设)

13. 然而,在性质相同的案件中,对嫌犯的判处亦大致上为三至四个月的实际徒刑(参照中级法院第522/2013、417/2013、193/2013及521/2013号合议庭裁决)。(判例参考)

14. 因此,本案中被上诉法院判处六个月的实际徒刑明显较诸于先前的同类型案件为重。(推断假设)

15. 再者,上诉人是次入境澳门的主要目的并非计划进行任何不法行为,其主要是希望接触一名居于澳门的债权人及与之商讨还款事宜,以免对方继续派人前往其国内住所骚扰其家人。

16. 因为上诉人的配偶刚于2014年5月26日诞下第二名女儿,为此,上诉人担心,倘其债权人继续对其家庭作出骚扰,将对其配偶产后的精神及情绪造成极大的伤害。(推断假设)

17. 上诉人十分重视其家庭生活,希望配偶及两名幼儿可以安逸的环境下生活。

18. 考虑到上诉人完全承认其所犯的罪行,而上诉人进入澳门的动机主要是为了保护其家人,可以相信,上诉人经过是次审判及吸取教训后,在将来重犯的可能并不高。

19. 为此,根据以上的事实,上诉人的情况中仍然符合刑法典第48条第1款所规定的关于缓刑的前提条件,亦即是仅对上诉人所作出的犯罪事实作谴责并以监禁作出威吓已足以实现处罚的目的。(推断假设)

20. 上诉人认为,缓刑的期限可设定为五年。

21. 基于此,上诉人认为,被上诉法院在本案中决定不给予上诉人缓刑亦违反上述关于缓刑的规定。

综上所述,请求阁下认定本上诉的理据成立,在此基础上,撤销被上诉法院在本案中所作的判决,同时改判为四个月的徒刑及准予缓刑,为期五年。

请求阁下作出公正判决!

检察院对上诉作出了答复,并提出下列理据(结论部分):

1. 上诉人认为原审法庭适用羁押强制措施之决定,明显违反适度原则。

2. 经过审判听证,原审法庭裁定上诉人所触犯的第 6/2004 号法律第 21 条所规定(法律条文)及处罚的一项非法再入境罪,罪名成立,判处六个月实际徒刑。

3. 考虑到上诉人非为澳门居民、现时面临实际徒刑,以及澳门与外地之间交通便利,过去上诉人非法进出本澳,来去自如。因此,有理由相信倘若对上诉人采用非羁押之强制措施,将会逃走。(推断假设)

4. 基此,根据《刑事诉讼法典》第 176 条、第 178 条、第 188 条 a 项及 186 条第 1 款 b 项的规定,对上诉人采取羁押是唯一合适的强制措施。(推断假设)

5. 上诉人又认为原审法庭判刑过重,且未有将对其适用之徒刑暂缓执行,违反《刑法典》第 48 条之规定。(法律条文)

6. 上诉人触犯的第 6/2004 号法律第 21 条所规定(法律条文)及处罚的一项非法再入境罪,可处最高一年徒刑,考虑案中各项情节,现时被判处六个月徒刑,亦属适当。

7. 上诉人是第三度犯案。本案是在第 CR2-12-0058-PCC 号卷宗及第 CR2-14-0025-PSM 号卷宗之徒刑暂缓执行期间实施。(案卷证据)上诉人在第二次判刑后不足半年再次触犯相同犯罪,从而显示过去所给予的徒刑暂缓执行未能使上诉人知法守法,重新纳入社会生活。上诉人以其实际行动排除了对其将来行为所抱有的任何期望。

因此,考虑到本案的具体情况,尤其是上诉人过往的犯罪前科,本案对上诉人处以缓刑并不能适当及充分实现刑罚的目的,尤其不能满足特别预防的需要。(推断假设)

8. 此外,上诉人的行为对社会安宁造成负面影响,亦大大损害人们对法律制度的期盼,因此,其刑罚必须足够反映事实的严重性,方能显示法律对其行为的响应及修补由该不法行为所造成的损害,从而重建人们的信心并警惕可能的行为人打消犯罪的念头。(推断假设)基此,为着一般预防犯罪的需要,上诉人仍然不符合给予缓刑执行徒刑的实质要件。

9. 因此,原审法庭不给予暂缓执行徒刑,完全正确。

基此,上诉人应理由不成立,原审法庭之判决应予维持,请求法官阁下作出公正判决。

案件卷宗移送本院后,驻本审级的检察院代表作出检阅及提交法律意见,经分析案件的具体情况,同意检察院司法官在其对上诉理由阐述的答复中所提出的观点和论据,因此,认为上诉人提出的上诉理由全都不成立,上诉应予以驳回。本院接受上诉人提起的上诉后,组成合议庭,对上诉进行审理,各助审法官检阅了卷宗,并作出了评议及表决。

二、事实方面

原审法院经庭审后确认了以下的事实:

1. 于 2014 年 06 月 05 日,00 时 25 分,治安警察局警员在 B 娱乐场门外,发现上诉人 A。

2. 于 2014 年 02 月 06 日,上诉人签署了由治安警察局出入境事务厅人员对其发出的驱逐令编号:115/2014-P.223,清楚知悉其被禁止 4 年内进入澳门特区,由 2014 年 02 月 07 日至 2018 年 02 月 06 日,且知悉如在禁令期间入境,将受到徒刑处分。

3. 其后,上诉人被驱逐出境。

4. 然而,上诉人 A 于 2014 年 06 月 04 日,在珠海某岸边登船非法偷渡进入澳门。

5. 上诉人是在有意识、自由及自愿的情况下作出上述行为的。

6. 上诉人清楚知道此等行为是法律所禁止和处罚的。

同时，亦证实上诉人的个人状况如下：

7. 上诉人 A，无业，无须供养任何人。

8. 上诉人的文化程度：大学本科毕业。

9. 根据刑事纪录证明，上诉人并非初犯。

1. 上诉人曾因触犯一项信任之滥用罪，于 2012 年 11 月 23 日被判处一年九个月徒刑，暂缓执行，为期两年。（合议庭普通刑事案卷宗编号：CR2-12-0058-PCC）。（案卷证据）

2. 上诉人因触犯一项非法再入境罪，于 2014 年 02 月 01 日被判处七个月徒刑，暂缓执行，为期五年。（简易刑事案卷宗编号：CR2-14-0025-PSM）。（案卷证据）

未获证实的事实：没有尚待证实的事实。

同日，原审法官作出批示，内容如下："嫌犯 A 于本卷宗 CR3-14-0112-PSM 因触犯一项第 6/2004 号法律第 21 条所规定及处罚的非法再入境罪，判处六个月实际徒刑。嫌犯为非法入境者。

现嫌犯对实际徒刑提起上诉。

根据澳门《刑事诉讼法典》第 186 条第 1 款 b 项规定，可对嫌犯适用羁押措施。

考虑到嫌犯面对刑罚威吓，法庭认为，倘不作出羁押，嫌犯极有可能逃走，基于此，根据适当及适度原则，为防止嫌犯逃走，根据澳门《刑事诉讼法典》第 186 条第 1 款 b 项、第 188 条 a 项之规定，决定对嫌犯 A 采取羁押之强制措施。

上述的批示即场通知了检察院代表、嫌犯、辩护律师以及其他在场人士，他们都表示清楚明白其内容；并通知被判刑人倘不服上述批示可自作出本批示后的二十日期限内提出诉。"（言语传闻）

三、法律方面

首先解决有罪判决的上诉，有关上诉涉及下列问题：

一量刑过重

一缓刑

1. 上诉人认为原审法院的判决违反了《刑法典》第 40 条及第 65 条的规定（法律条文），应对上诉人处以较轻的刑罚。

《刑法典》第 40 条及第 65 条规定量刑的标准。

犯罪的预防分为一般预防和特别预防二种：前者是指通过适用刑罚达到恢复和加强公众的法律意识，保障其对因犯罪而被触犯的法律规范的效力、对社会或个人安全所抱有的期望，并保护因犯罪行为的实施而受到侵害的公众或个人利益的积极作用，同时遏止其他人犯罪；后者则指对犯罪行为和犯罪人的恐吓和惩戒，且旨在通过对犯罪行为人科处刑罚，尤其是通过刑罚的执行，使其吸取教训，铭记其犯罪行为为其个人所带来的严重后果，从而达到遏止其再次犯罪，重新纳入社会的目的。（法律条文）

根据原审法院已确认之事实，于 2014 年 2 月 6 日，上诉人因实施非法再入境罪而被驱逐出境并禁止在四年期间内进入澳门；再于 2014 年 6 月 5 日，被司警截查发现其再次非法进入澳门。

在量刑时，法院亦须考虑上诉人并非本澳居民，在自由、自愿及有意识的情况下故意进行非法入境行为，其主观故意程度较高。

另外，根据刑事纪录，上诉人并非初犯，并且存有同类型罪行的犯罪前科，曾获得两次缓刑。上诉人于缓刑期间再犯，因此对上诉人的犯罪特别预防的要求亦相对提高。

上诉人所触犯的一项第 6/2004 号法律第 21 条所规定及处罚的非法再入境罪，可被判处一个月至一年之刑罚，上诉人被判处六个月徒刑，量刑符合犯罪的一般及特别预防要求，并不存在过重的情况。

因此，上诉人提出的上述上诉理由并不成立。（推断假设）

2. 上诉人提出了原审法院没有对上诉人处以缓刑是违反了《刑法典》第 48 条之规定。

根据《刑法典》第 48 条之规定，经考虑行为人之人格、生活状况、犯罪前后之行为及犯罪情节后，认定仅对事实作谴责并以监禁作威吓

可适当及足以实现处罚之目的,法院得将所科处不超逾三年之徒刑暂缓执行。（法律条文）

换言之,法院若能认定不需通过刑罚的实质执行,已能使行为人吸收教训,不再犯罪,重新纳入社会,则可将对行为人所科处的徒刑暂缓执行。因此,是否将科处之徒刑暂缓执行,必须考虑缓刑是否能适当及充分地实现处罚之目的。（推断假设）

上诉人在实施本次犯罪时已曾触犯相同罪行,但仍未引以为戒,不知悔改,在第二次被判刑后不足半年的期间再次触犯相同的罪行。从中可以得出以往判决的处刑对上诉人而言仍未能产生足够的阻吓作用,不能阻止他再次犯罪的结论。上诉人以其实际行动排除了法院再次对其将来行为抱有合理期望、希望他不再犯罪,重新纳入社会的可能性。

因此,考虑到本案的具体情况,尤其是上诉人过往的犯罪前科,本案对上诉人处以缓刑并不能适当及充分实现刑罚的目的,尤其不能满足特别预防的需要。（推断假设）

另一方面,需考虑对犯罪一般预防的要求。

虽然与其他犯罪相比,上诉人所触犯的并不属严重的罪行,但考虑到这种犯罪在本澳十分普遍,而且非法入境问题对澳门社会治安和法律秩序带来相当严峻的挑战,对社会安宁造成相当的负面影响。考虑到澳门社会的现实情况,同时也考虑立法者以刑罚处罚非法入境行为所要保护的法益及由此而产生的预防和打击同类罪行的迫切要求,需要重建人们对被违反的法律规定及正常的法律秩序的信任和尊重。

基于上述原因,对已具触犯非法再入境罪前科的行为人再次给予缓刑的机会将不能达到对该类罪行一般预防的要求,亦未能遏止其他人犯罪。

故此,上诉人所提出的有关上诉理由亦不成立。（推断假设）

上诉人亦提出了原审法院对上诉人采取羁押措施的决定违反了《刑事诉讼法典》第188条所规定的要件。由于上诉人对有罪判决的上诉理由并不成立,须服被原审判处的实际徒刑,因此,有关羁押的强制措施亦因此而消灭(《刑事诉讼法典》第 198 条第 1 款(d)项)。(法律条文)故此,无须审理有关上诉。

四、决定

综上所述,合议庭一致裁定上诉人 A 对有罪判决的上诉理由不成立,维持原审判决。

另外,决定无须审理上诉人对强制措施批示提起之上诉。

判处上诉人缴付 6 个计算单位之司法费,上诉的诉讼费用。

着令通知。

附 录 四

台湾法庭判决书语料样本(标注实据性信息来源)

台湾"高等法院"民事判决书

台湾"高等法院"民事判决　　　　　　　　2006 年度上字第 745 号

上　诉　人　乙○○

诉讼代理人　柯清贵律师

被 上 诉 人　桃园县政府警察局

法定代理人　甲○○

诉讼代理人　戴文进律师

　　上列当事人间请求容忍时效取得地上权登记事件,上诉人对于 2006 年 7 月 20 日台湾桃园地方法院 2006 年重诉字第 129 号第一审判决提起上诉,本院于 2007 年 1 月 17 日言词辩论终结,判决如下:

主　　　文　上诉驳回。

第二审诉讼费用由上诉人负担。

事实及理由

　　一、上诉人起诉主张:

　　(一)上诉人自 1987 年起即以行使地上权之意思、公然、和平、善意且无过失,在被上诉人管理之坐落桃园县中坜市○○段 31-166 地号,面积 87 平方公尺之土地,及同段 31-61 地号,面积 3 平方公尺之土地(下称系争土地)上,自行将门牌桃园县中坜市○○路 170 号建物改建为 2 层砖造建物(下称系争建物),并继续占有使用迄今,嗣于 2005 年 12 月 15 日备妥相关文件,向桃园县中坜地政事务所(以下简称中坜地政事务所)申请办理时效取得地上权登记,经审查确认相符且资料无误后,进行公告 30 天,自 2005 年 12 月 21 日起至 2006 年 1 月 20 日止,公告期间,被上诉人就系争 31-166 地号土地提出书面异议,请中坜地政事务所停止办理本件时效取得地上权登记,然其所持理由非属地政机关应审酌之事项,纵使被上诉人主张业已对上诉人提出拆屋还地诉讼,仍无碍上诉人申请时效取得地上权登记。讵中坜地政事务所竟未依法行政,径自召开不动产纠纷调处会议,并请未提出异议之另笔土地所有人列席陈述意见并记明会议记录,经上诉人当场提出异议,且进行程序抗议及声明程序瑕疵并拒绝于出席会议记录上签名后,中坜地政事务所犹仍违法进行调处,并于 2006 年 2 月 21 日作成驳回上诉人时效取得地上权登记申请案之决定。就系争 31-61 地号土地,被上诉人迄未提出书面异议,足见被上诉人已认上诉人之申请时效取得地上权登记有理,因而未予异议,惟中坜地政事务所却公然违法行事,故本件时效取得地上权登记案有声请被上诉人容忍之必要。(推断假设)另由上诉人提出房屋税籍设立证明而观,上诉人系于 1988 年 1 月份起开始缴纳房屋税,且邻地建物住户即诉外人孙竟成亦书立保证书证明系争建物系上诉人居住使用,(案件证据)上诉人占有使用系争建物之初,并不知系争 31-166、31-61 地号土地所有人及管理人为何,上诉人系自始以公然、和平、继续、善意且无过失之占有使用系争建物,况台湾桃园地方法院 2005 年诉字第 1514 号(下称前案)判决,既认两造间就系争建物未成立任何使用借贷关系,复认诉外人陈秀金已于 1974 年调职,则上诉人进住系争建物与被上诉人毫无关系,该判决认上诉人继受陈秀金与被上诉人间之使用借贷关系,并无根据。

(二)系争建物应分为 2 个不同建物,原审混为一谈,容有误解:依证人陈秀金之证言可知,目前系争建物乃其居住时之建物及空地合并改建,并非全为其居住时之大小,可见系争建物应分为原有房屋及原为空地两部分论断。陈秀金原居住时之房屋乃日式木造一层楼房屋,大部分土地系坐落在诉外人向子平所有之 31-63 地号土地,非被上诉人管理之系争土地。被上诉人所管理之系争土地上之二层楼钢筋混凝土房屋(乙建物),原为陈秀金居住时空地部分,乃上诉人于 1987 年间自行搭建而原始取得所有权,有墙壁及屋顶,可供遮风避雨,有独立之通道供出入,属独立之建筑物,被上诉人主张系争建物为配住与陈秀金居住之职务宿舍云云,上诉人否认之。**上诉人于 1987 年间在系争土地搭建建筑,并居住于其间,自符行使地上权之要件及主观意思,故上诉人已取得地上权。**(推断假设)

(三)上诉声明:

原判决废弃。被上诉人应就被上诉人所管理之坐落桃园县中坜市○○段 31-166 地号,面积 87 平方公尺,及同段 31-61 地号,面积 3 平方公尺之土地,容忍上诉人时效取得地上权之登记。

第一、二审诉讼费用由被上诉人负担。

二、被上诉人则以:

(一)前案已判决上诉人应拆除系争建物,并将所占用之系争土地返还被上诉人。系争建物原属被上诉人基于陈秀金之任职关系,而准予配住使用之警察宿舍,嗣于 1987 年间,陈秀金在未征得被上诉人同意下,私下同意诉外人刘福田及其妻即上诉人进住系争建物,然此仅系基于私谊之借用行为,非谓上诉人即有基于行使地上权之意思而占有系争土地。此外,于台湾桃园地方法院 2003 年度坜简字第 554 号、2004 年度简上字第 41 号迁让房屋事件审理中,上诉人亦仅单纯否认两造间就系争建物有成立使用借贷之法律关系,从未主张其系以行使地上权之意思而占有系争土地,则其主张系以行使地上权之意思而占有系争 31-166、31-61 地号土地,洵非有据。又上诉人虽曾于 2005 年 12 月 15 日向中坜地政事务所申请时效取得地上权登记,然此办理时效取得地上权登记之申请程序事项,本不足以作为上诉人有无因时效而取得地上权登记之实体认定依据,况上诉人本件时效取得地上权登记案,亦经桃园县政府不动产纠纷调处委员会予以调处后,**依土地登记规则第 57 条第 1 项第 3 款规定**(规章条例)驳回上诉人时效取得地上权登记申请之决定。再者,系争建物税籍设立证明仅系供课税参考资料,系政府依法向附着于土地之各种房屋,及有关增加该房屋使用价值之建筑物课征税捐,于未办理所有权第一次登记之房屋,则向现住人或管理人征收,故由何人缴纳房屋税款,乃属行政管理之事项,与缴款人是否得依时效取得地上权之私法上判断无关,是纵然上诉人为系争建物之房屋税纳税义务人,亦不足为有利于上诉人主张时效取得地上权登记之依据。

(二)系争建物(不论上诉人所谓之甲建物或乙建物)在系争土地及相邻之同地段第 31-63 地号土地上,系一相连之整体建物。虽上诉人主张系争建物部分,并非桃园县中坜市○○路 170 号内原即有之建筑物,但该等主张,不仅与前开 2004 年度简上字第 41 号判决认定相悖,亦与实情不符。况依陈秀金之证言可知,无论上诉人所称之甲、乙建物本体或围墙中的院子,均为陈秀金所配住之职务宿舍之使用范围,纵有增建或改建,亦不足认有行使地上权之意思。(言语传闻)况上诉人于陈秀金所配住之宿舍使用范围内,改建或增建后之房屋仍与改建或增建前之门牌号码相同,上诉人所称之甲建物或乙建物实际上已因附合之法律关系,而构成具有同一性之建筑物,(言语传闻)本无区分之必要,均不得认上诉人系基于行使地上权之意思而为增建或改建乙建筑之行为,上诉人之主张为无理由。

(三)答辩声明:上诉驳回。

三、两造不争执之事实:

(一)系争 31-166、31-61 地号土地为政府所有,而以被上诉人为管理机关,系争建物原为 1 层木造建物,于 1987 年间经上诉人自行改建为 2 层砖造建物,占有使用系争 31-166、31-61 地号土地分别为 97 平方公尺及 3 平方公尺,上诉人占用使用迄今已将近 20 年等情,为两造所不争执,复有上诉人提出土地登记誊本为证,应堪信为真实。

(二)被上诉人曾提起前案,请求上诉人迁让系争建物(包含 31-63 地号部分),嗣经台湾桃园地方法院中坜简易庭判决被上诉人败诉,被上诉人不服提起上诉,同院以 2004 年度简上字第 41 号判决上诉驳回确定之事实(案件证据),为两造所不争执,复经本院依职权调阅上开民事卷宗查核属实。

四、两造争点之论述:

上诉人主张其系以行使地上权之意思,以系争建物和平、继续占有系争土地,被上诉人应容忍其为地上权登记;被上诉人则以上诉人并非以行使地上权之主观意思占有使用系争土地,及系争房屋与改建、增建前之房屋为同一物等语置辩。(言语传闻)爰就上开争执点析述之:

(一)按以所有之意思,10 年间和平继续占有他人未登记之不动产,而其占有之始为善意并无过失者,得请求登记为所有人,民法第 770 条定有明文;此规定于所有权以外财产权之取得,准用之,同法第 772 条亦有明文。(法律条文)是以行使地上权之意思,10 年间和平继续占有他人之不动产者,而其占有之始为善意并无过失者,得请求登记为地上权人;且按地上权为土地他项权利,其登记必须于办理土地所有权登记同时或以后为之,如土地未经办理所有权登记,即无从为地上权之登记。故依据"民法"第 772 条准用取得时效之规定,申请为地上权之登记时,并不以未登记之土地为限,固无疑义(法律条文)("最高法院"1971 年台上字第 1317 号判例参照)。(判例参考)然,主张因时效取得地上权者,须以行使地上权之意思而占有他人之土地,经过一定之期间,始得请求登记为地上权人。若依其所由发生事实之性质,无行使地上权之意思者,非有变为以行使地上权之意思而占有之情事,其取得时效不能开始进行。而占有人在他人土地上有建筑物或其他工作物或竹木之原因,或系本于所有权之意思或系基于无权占有之意思,或基于越界建筑使用,或界址不明致误认他人土地为自己所有,或因不知为他人土地而误为占有使用,或基于借用之意思,不一而足,非必皆以行使地上权之意思而占有,尚不能仅以占有人在他人土地上有建筑物或其他工作物或竹木之客观事实,即认占有人主观上系基于行使地上权之意思而占有。故如主张以行使地上权之意思而占有土地者,自应就其主张负举证责任(推断假设)("最高法院"2002 年台上字第 2225 号、2003 年台上字第 1169 号裁判参照)(判例参考)。

(二)上诉人并非以行使地上权之意思占用系争土地:诉外人陈秀金于台湾桃园地方法院 2004 年度简上字第 41 号准备程序中到庭结证称:"当时上开房屋是桃园县政府警察局配住给我的职务宿舍,大概是在 1948 年 9 月间,我认识刘福田,他是我的老同事,当时因为他没有房子住,所以我就把上开房屋让给他住,我当时也住在里面,1971年12月间刘福田搬进来,我是在1972年4月间搬离系争房屋"、"(你在任职桃园县警察局之后你调职的时间?)1964年调到台北"、"(你调职后桃园县警察局有无再跟你说房子要归还?)没有。"(感官亲历)等语(见台湾桃园地方法院2004年度简上字第41号卷第84、86页)(案件证据);而上诉人本人于该事件第二审准备程序中亦陈称:"(你住进系争房屋有无自己盖或自己买的情形?)没有。是陈秀金先生同情我们才让我们住进来。他可以住我们也可以住"(感官亲历)等语(见前开卷第91页);可知,系争建物原属被上诉人基于诉外人陈秀金之任职关系而准予配住使用之警察宿舍。嗣陈秀金于1964年即自被上诉人机关调离,但仍续住于系争地上物内,并于1987年间同意诉外人刘福田及配偶即上诉人进住,惟刘福田早于1963年1月1日即已自屏东县政府警察局之警职退休,与被上诉人间不具职务关系,且上诉人及其配偶刘福田进住系争建物,并未得被上诉人之同意,衡情上诉人及其配偶刘福田于1978年间,系基于与陈秀金间私谊之借用行为而占有使用系争建物,并于陈秀金搬离系争建物后继续使用迄今。上诉人固主张陈秀金早已调职台北,已无权继续使用系争建物,于1978年间亦无权与上诉人就系争建物成立使用借贷关系云云,惟查,使用借贷契约乃债权契约,非以贷与人对借贷物有所有权或管理使用权为必要,纵陈秀金因早已调职台北,于1978年间就系争建物已无使用权限,惟此对于上诉人与陈秀金间就系争建物成立使用借贷关系不生影响。上诉人于1978年间既系基于与陈秀金间之使用借贷关系而占有使用系争建物,且无任何事实足资证明其嗣后已变更最初基于使用借贷之意思而占有使用系争建物,自难认其已符时效取得地上权之主观要件(即基于行使地上权之意思占用系争土地)。虽上诉人提出邻人孙竞成出示之证明书,证明上诉人确于出具证明书之时居住于系争建物之中,但并无法证明上诉人开始居住在系争建物之时间,亦无法证明上诉人占有使用系争建物之内在心里意思。(推断假设)至于系争建物税籍设立证明仅系供课税参考资料,系政府依法向附着于土地之各种房屋,及有关增加该房屋使用价值之建筑物课征税捐,于未办理所有权第一次登记之房屋,则向现住人或管理人征收,故由何人缴纳房屋税款,乃属行政管理之事项,与缴款人占有使用系争建物之主观意思无关,是纵然上诉人为系争建物之房屋税纳税义务人,亦不足作为上诉人系基于行使地上权之意思占有土地之证明。(推断假设)

(三)上诉人所谓之甲建筑及乙建筑乃为不可分割之整体:系争地上物系与系争土地旁同段第 31 之 63 地号、第 31 之 103 地号土地上之建物相连,构成一整体,其中木造之部分为 1 层建物,砖造之部分则为 2 层建物,其中面积 77 平方公尺之地上物,其构造为 2 层砖造,面积 10 平方公尺之地上物,其构造则为木造,面积 1 平方公尺之地上物之构造则为钢架造(见前案判决第 10 页即原审卷第 86 页正、反面)(案件证据),且依上诉人于本院及原法院 2004 年简上字第 41 号所提出之照片观之(见本院卷第 47-50 页、原法院 2004 年简上字第 41 号卷第 175-178 页)(案件证据),上诉人所谓之甲建筑及乙建筑乃为不可分割之整体,只有一个门牌(中坜市○○路 170 号),内部亦相通,显因附合而构成具有同一性之建筑物,上诉人虽主张应以二个不同主体认定,但系争建物既无从分割,自无分别论断之余地。

(四)上诉人不能主张因时效取得地上权登记请求权:上诉人主张于 1978 年间入住系争建物,但上诉人及其配偶刘福田于入住系争建物时,系以借住人之名义入住,则上诉人系明知系争土地属陈秀金因任职关系而经被上诉人同意配住使用者,上诉人未取得土地所有权人或管理者之同意,擅自在系争土地上,即陈秀金配住之职务宿舍使用范围内,有增建或改建之行为,乃无权占用他人土地,显不符"占有之始为善意并无过失"之要件,不得主张时效完成而取得地上权登记请求权。

(五)上诉人未能证明其系依行使地上权之意思占有使用系争土地,而其占有系争土地之始亦非善意且无过失,故上诉人主张其于 1978 年间入住系争建物之主张,仅能证明上诉人对系争土地迄今有近 20 年无权占有之事实,尚不足认有时效取得地上权之权利,上诉人既

未取得地上权,则上诉人起诉请求被上诉人容忍时效取得地上权之登记,于法自属无据。(推断假设)

五、综上所述,上诉人之主张不能采信,从而,上诉人依"民法"第772条准用770条之规定(法律条文),主张被上诉人就系争土地,应容忍其为时效取得地上权登记,为无理由,应予驳回。

六、本件判决之基础已臻明确,两造其余之攻击防御方法及举证,核与判决无影响,毋庸一一论述,并此叙明。

七、据上论结,本件上诉为无理由,依"民事诉讼法"第449条第1项、第78条(法律条文),判决如主文。

2007年1月31日

民事第二庭

审判长法官　吴谦仁

法　官　李琼荫

法　官　苏瑞华

正本系照原本作成。

如不服本判决,应于收受送达后20日内向本院提出上诉书状,其未表明上诉理由者,应于提出上诉后20日内向本院补提理由书状(均须按他造当事人之人数附缮本)上诉时应提出委任律师或具有律师资格之人之委任状(推断假设);委任有律师资格者,另应附具律师资格证书及释明委任人与受任人有"民事诉讼法"第466条之1第1项但书或第2项(详附注)(法律条文)所定关系之释明文书复印件。

2007年2月1日

书记官　赖以真

附注:"民事诉讼法"第466条之1(第1项、第2项):对于第二审判决上诉,上诉人应委任律师为诉讼代理人。但上诉人或其他法定代理人具有律师资格者,不在此限。

上诉人之配偶、三亲等内之血亲、二亲等内之姻亲,或上诉人为法人、中央或地方机关时,其所属专任人员具有律师资格并经法院认为适当者,亦得为第三审诉讼代理人。(法律条文)

后　记

　　岁月如歌，光阴似箭，经历了喧嚣与浮躁，体会了宁静与思考。春梦秋云，聚散容易，毕业论文写作也进入了尾声。回首三年半的求学历程，思绪万千、百感交集，心中充满不舍，同时感激之情油然而生。

　　首先要诚挚地感谢我的导师廖美珍教授。老师悉心的教导使我得以一窥学术领域的深奥。与老师不时地讨论指点我前进的方向。老师对学术研究的严谨和勤勉更是时时鞭策着我。恩师的点拨迷津，让我如沐春风；恩师的关怀备至，让我感念至深。心中一直感恩当年老师给我继续学习的机会，学生无以为报，只能继续努力前行，不使恩师挂心。

　　感谢外语学院的各位老师，特别是张维友教授、秦晓晴教授、周统权教授、王勇教授以及华中科技大学的杨文秀教授、武汉大学的马萧教授为我的博士论文提出的很多修改意见和建议，使我获益匪浅。

　　特别感谢我的硕士导师武汉科技大学的张四友教授，十年来让我感受到"一日为师，终身为父"的温暖。感谢广西科技大学张树德教授和黄锦华教授，是他们的关怀和理解使我能顺利地完成学业。

　　感谢同门的陈伟师兄、柯贤兵师兄、杨锐师兄、李元胜师兄、孙炳文师兄、吴红军师兄、罗桂花师姐、贺小聃师姐、谢群师姐、曾敏师姐、周静师姐、夏丹师姐、姚琳霜师姐、刘春丽师姐，在三年半的日子里，共同的生活点滴、学术上的讨论、言不及义的闲扯，同门的陪伴让我的学习生活变得美好丰富。

　　感谢马蓉教授、华满元博士两位姐姐总能在我迷惘时为我解惑，忘不了同窗的彭雪、卢水林、向波阳、孙亚迪、张睿、邓之宇的鼓励帮助，以及舍友庄蕊蕊、胡晓梅的欢笑爱护，恭喜我们都顺利走过这三年，同窗之谊，铭感在心。

感谢爱人司海逢在这三年半里的默默支持、体谅包容,感谢他的家人对我的理解和关心,使我没有后顾之忧地投入学习。

最后,感谢我的父母,虽然我很少陪伴在他们身边,但每当我遇到挫折或取得进步时,总有他们在。焉得谖草,言树之背,养育之恩,无以回报,你们永远健康快乐是我最大的心愿,谨以此文献给我挚爱的双亲。

吴晶晶

2015 年 11 月于华师东 13 栋 401 室